善于活着的人

shanyuhuozhederen

蒙田

【奥】斯蒂芬·茨威格（Stefan Zweig） 著

王雪娇 编译

中华工商联合出版社

古往今来，所有的成功者，他们的人生和他们所激赏的人生，不外是：有志者，事竟成。励志并非粘贴在生命上的标签，而是融汇于人生中一点一滴的气蕴，最后成长为人的格调和气质，成就人生的梦想。无论从事哪一行，有志不论年少，无志枉活百岁。

图书在版编目（CIP）数据

善于活着的人——蒙田 / （奥）茨威格著；王雪娇
编译. --北京：中华工商联合出版社，2016.1
ISBN 978-7-5158-1587-9

Ⅰ．①善… Ⅱ．①茨… ②王… Ⅲ．①蒙田，M. E. （
1533～1592）－传记 Ⅳ．①K835.655.1

中国版本图书馆 CIP 数据核字（2016）第 018808 号

善于活着的人
——蒙田

作　　者：【奥】斯蒂芬·茨威格（Stefan Zweig）
译　　者：王雪娇
出 品 人：徐　潜
策划编辑：魏鸿鸣
责任编辑：林　立
封面设计：周　源
营销总监：曹　庆
营销推广：王　静　万春生
责任审读：李　征
责任印制：迈致红
出版发行：中华工商联合出版社有限责任公司
印　　刷：汇昌印刷（天津）有限公司
版　　次：2016 年 2 月第 1 版
印　　次：2022 年 1 月第 4 次印刷
开　　本：710mm×1020mm　1/16
字　　数：200 千字
印　　张：15.5
书　　号：ISBN 978-7-5158-1587-9
定　　价：38.00 元

服务热线：010－58301130
销售热线：010－58302813
地址邮编：北京市西城区西环广场 A 座
　　　　　19－20 层，100044
http：//www.CHGSLCBS.cn
E-mail：cicap1202@sina.com（营销中心）
E-mail：gslzbs@sina.com（总编室）

工商联版图书
版权所有　侵权必究

凡本社图书出现印装质量
问题，请与印务部联系。
联系电话：010－58302915

序

　　为了给《传世励志经典》写几句话，我翻阅了手边几种常见的古今中外圣贤大师关于人生的书，大致统计了一下，励志类的比例，确为首屈一指。其实古往今来，所有的成功者，他们的人生和他们所激赏的人生，不外是："有志者，事竟成。"

　　励志是动宾结构的词，励是磨砺，志是志向，放在一起就是磨砺志向。所以说，励志不是简单的立志，是要像把刀放在石头上磨才能锋利一样，这个磨砺，也不是轻而易举地摩擦一下，而是要下力气的，对刀来说，不仅要把自身的锈磨掉，还要把多余的部分毫不留情地磨掉，这简直是一场磨难。所有绚丽的人生都是用艰难磨砺成的，砥砺生命放光华。可见，励志至少有三层意思：

　　一是立志。国人都崇拜的一本书叫《易经》，那里面有一句话说："天行健，君子以自强不息。"这是一种天人合一的理念，它揭示了自然界和人类发展演化的基本规律，所以一切圣贤伟人无不遵循此道。当然，这里还有一个立什么样的志的问题，孔子说："士不可以不弘毅，任重而道远。"古往今来，凡志士仁人立的都是天下家国之志。李白说：大丈夫必有四方之志，白居易有诗曰：丈夫贵兼济，岂独善一身，讲的都是这个道理。

二是励志。有了志向不一定就能成事，《礼记》里说："玉不琢，不成器。"因为从理想到现实还有很大的距离。志向须在现实的困境中反复历练，不断考验才能变得坚韧弘毅，才能一步一个脚印地逐步实现。所以拿破仑说：真正之才智乃刚毅之志向。孟子则把天将降大任于斯人描述得如此艰难困苦。我们看看历代圣贤，从世界三大宗教的创始人耶稣、穆罕默德、释迦牟尼到孔夫子、司马迁、孙中山，直至各行各业的精英，哪一个不是历经磨难终成大业，哪一个不是砥砺生命放射出人生的光芒。

三是守志。无论立志还是励志都不是一朝一夕、一蹴而就的，它贯穿了人的一生，无论生命之火是绚丽还是暗淡，都将到它熄灭的最后一刻。所以真正的有志者，一方面存矢志不渝之德，另一方面有不为穷变节、不为贱易志之气。像孟子说的那样："富贵不能淫，贫贱不能移，威武不能屈。"明代有位首辅大臣叫刘吉，他说过：有志者立长志，无志者常立志，这话是很有道理的。

话说回来，励志并非粘贴在生命上的标签，而是融汇于人生中一点一滴的气蕴，最后成长为人的格调和气质，成就人生的梦想。不管你做哪一行，有志不论年少，无志空活百年。

这套《传世励志经典》共收辑了100部图书，包括传记、文集、选辑。为读者满足心灵的渴望，有的像心灵鸡汤，营养而鲜美；有的就是萝卜白菜或粗茶淡饭，却是生命之必需。无论直接或间接，先贤们的追求和感悟，一定会给我们带来生命的惊喜。

徐　潜

前　言

　　蒙田是 16 世纪法国杰出的思想家和散文家，是莎士比亚的老师，生于 1533 年，卒于 1592 年。蒙田在文学界被誉为"近代散文之父"。蒙田所著的《随笔集》开创了一种新的文体体裁——随笔，是一本"生活的哲学"。他的《随笔集》既不是传记也非历史著作，而是探讨人性问题，它与《培根人生论》《帕斯卡尔思想录》一起被誉为欧洲近代哲理散文三大经典。

　　正如一位英国历史学家在他的《蒙田》一书中所描述的那样："从某种意义上来说，蒙田和莎士比亚一样，是我们的同时代的人。16 世纪的作家，很少有人能够像蒙田那样，容易被现代人接受，也很少有人像他那样，直接和我们对话。不喜欢蒙田，是件不容易做到的事情，不把他看成是我们同辈中的一员，同样也是不容易的。他是启蒙运动之前，挑战知识权威的批评家，是精神分析学说出现之前对人类情欲冷峻审视的观察家，也是社会人类学兴起之前对其他民族文化进行冷静研究的学者。因此，我们很容易把他看成是在他那个时代出现的一位现代人。"①

　　蒙田出身于一个贵族家庭，幼年学习拉丁文，中学毕业之后专修法律，成为波尔多市法院的一名推事。任职一段时间后，蒙田选择隐居田园的生活，开始追寻心中的自由。了解蒙田，可以使我们更热爱生命；了解蒙田，可以让我们更热爱生活。

---

① （英）彼得·博克著. 蒙田. 孙乃修译. 北京：工人出版社出版，1986.

目 录

第一章　无拘无束的童年时代

第一节　蒙田家族

　　米歇尔·德·蒙田是法国著名的思想家和散文家，被誉为欧洲近代散文之父。蒙田的家族本是一个平民家族，可后来却一跃成为贵族。蒙田家族的姓氏原本是一个普普通通平民的姓——埃康，后来却成了高贵的贵族姓氏——蒙田。

　　那么，蒙田家族拥有的贵族姓氏是怎么获得的呢？蒙田为何能在《随笔集》上署名为"蒙田领主米歇尔"？蒙田为何能在《随笔集》上画上贵族的纹章？其实，这一简单的现象背后还有一段有趣的小故事呢。这样贵族的姓氏来之不易，是蒙田家族经过了几代的努力才获得的。

　　首先，故事要从 1477 年 10 月 10 日说起，这一天，蒙田家族的命运发生了变化，这一天是一个值得纪念的日子。蒙田的曾祖父从波尔多大教主那里买下蒙田城堡，共花费了九百法郎，完成了获得贵族姓氏的第一步。紧接着蒙田的父亲从军回来后，得到批准可以使用蒙田城堡领地的名称，并可将其作为贵族的头衔加在自己的姓名上，由此完成了获得贵族姓氏的至关重要的第二步。等到了蒙田这一代，蒙田对世界持有怀疑态度，当他留心观察这个世界时发现了有一个发音方便、好记的姓氏的重要性。于是，在父亲去世后，他把家族姓氏——埃康从羊皮纸文稿和证书中抹掉了，完成了获得贵族姓氏的最后一步。经过三代持之以恒的努力，蒙田家族才拥有了贵族的姓氏，完成了从平民阶层到贵族阶层的转变。从此以后，蒙田家族从平民一跃成为贵族，我们在世界文学史中查阅与蒙田相关的资料，不是从 E 开始查询，而是从 M 开始。蒙田家族在历史长河中终于留下了自己的印记。

在法国美丽的波尔多市，埃康家族从经营小生意的小商户变成富甲一方的大家族。但是，这个完成华丽转身的家族仍带一些鱼腥味儿。埃康家族到底来自哪里呢？有的人猜测他们来自英国。这种猜测源于蒙田曾经声称，他发现他的家族和英国的一户名门望族沾亲，据说是一门远房堂兄弟一辈的亲戚。但是，蒙田的祖先们的遗物中没有证据可以证明这一说法。还有种猜测认为埃康家族是从城市周边的某个地方迁到波尔多来的，但迄今为止学术界对此还没有明确的结论。唯一能证明的是，埃康家族曾经在拉卢塞耶小镇做了几十年海运货栈生意。

法国西南部的小镇拉卢塞耶的海港区，风光旖旎，碧水蓝天，海岸线一望无际，多条河流汇入河口再流入大西洋，海上交通便利，港口贸易繁忙。埃康家族在这美丽的海滨经营海运货栈长达几十年之久，主要做中间商，即把熏鱼、葡萄酒等其他商品从货栈通过海运运送到英国。

1402 年，蒙田的祖父拉蒙·埃康出生于梅多克地区布朗克福市。这一地区位于波尔多市的西北部，地势平坦，风景秀美。蒙田的祖父做海运船主的时候，有幸结识了波尔多市首富一家，并喜欢上了首富的女儿。后来，蒙田的祖父与波尔多市首富的女儿结为夫妻，并继承了非常可观的财产。蒙田的祖父是一个非常能干的人，再加上他经营有方、持家有道、勤俭节约，为家族奠定了一定的财富基础。财富的积累是一个漫长的过程，直到拉蒙·埃康七十五岁的时候，他才拥有一笔足够置办家业的财富。老天往往会垂青于努力的人，这时也正好有一个机会，一位大主教的府邸刚好要出售。于是，拉蒙·埃康和采邑领主——波尔多大主教协商，并从波尔多大主教手里购置了"贵族府邸"，这就是著名的蒙田城堡。

蒙田城堡是一座哥特式的古堡，高高的塔尖直冲云端，城堡里面有绿色延绵的葡萄园，像绿色的海洋，随风涌起一阵阵波浪，蒙田城堡外面是坚硬厚实的墙壁。根据当地的习俗，普通市民接收一座贵族城堡，要举行隆重的接收仪式：已经是七十五岁的拉蒙·埃康，步履缓慢地迈过城堡正门，影子拉得很长，他慢慢地把横杆门闩插上，紧紧地关上了大门。接着是仆人们、佃户们、雇农们和垦殖者们向这位新主人宣誓效忠表达敬意，这仪式也宣告了这座城堡的所有权。

在16世纪的法国，富有的资产阶级要想跻身贵族阶层，可以通过购买落魄贵族的爵位，以及他的城堡和所属的领地来实现。在当时，这些贵族被称作"穿袍贵族"。拉蒙·埃康就是"穿袍贵族"中的一员。当时有平民和贵族阶层之分，处于社会最底层的是农民，农场主雇佣农民干活，农民们居住的房子属于农场主，生产用的工具也要向农场主租借。拉蒙·埃康的儿子叫格里芒·埃康，他似乎有些不思进取，而且比较保守，只是满足于父亲留给他的遗产。格里芒·埃康也曾经扩建了庄园，增加了一条去教堂的小路，但是由于格里芒·埃康不擅经营，使父亲置办的产业——古老的城堡一直处于岌岌可危的状态。

使整个家族从平民阶层跻身贵族阶层，有一个人功不可没。那就是拉蒙·埃康的孙子，即蒙田的父亲皮埃尔·埃康。皮埃尔·埃康身材矮小健硕，身姿挺拔，充满活力。他没有继续走父亲的从商之路，而是选择了从军，开始了戎马生涯。在他年轻且精力旺盛的时候，他曾经跟随国王弗朗索瓦一世①征战意大利。1494 年以后，法国一直开疆拓土，向外扩张，不停地攻打亚平宁半岛上的国家。蒙田的父亲是在 1518 年来到战火纷飞的前线的。

战争的残酷是不言而喻的，16 世纪的战争更是如此。战场上兵戎相见，毫不留情。那时候医疗条件很差，战士们受了伤，得了疾病，也只能靠自己的意志咬牙坚持，没有有效的治疗措施。在当时，最残酷的要数围城战役，守城的士兵和城里的百姓被围困在城里，弹尽粮绝时，有的城池只好选择投降。但也不乏宁死不降的抵抗，整个村子宁愿选择集体自杀，血流成河，也不愿意投降。

由于皮埃尔·埃康骁勇善战、忠诚于君主，战争结束后，作为参加意大利战争的奖励，他得到了日夜期盼的贵族头衔——"蒙田领主"。在参加意大利战争期间，他曾写过一本日记来记录那段争战岁月。在征战意大利的时候，这些征服者也受到了先进的意大利文艺复兴文化的熏陶。蒙田的父亲皮埃尔·埃康也不例外，从征战意大利回来以后，他不仅成为了一位名副其实的贵族，而且也成为了一位意大利文化的热衷者。他的眼界开阔了许多，他把祖父的理想变成了现实，把庄园装饰一新，萧条破败的蒙田城堡变成了气派的领主庄园。

---

① 弗朗索瓦一世（Francois，1494～1547），法国瓦罗亚王朝国王。

这座城堡外观雄伟，墙壁坚厚，并配有塔楼和枪眼，矗立于一大片绿油油的良田中央。这些良田得来不易，都是蒙田的父亲通过无数次单独购置和无数次打官司而争取到的。蒙田城堡不仅是一座堡垒，同时还是接待宾客和进行人文主义教育的场所。蒙田父亲这样的"穿袍贵族"和世袭的贵族有一个显著的区别：穿袍贵族被称为"高贵人"。他们不以自己拥有的财富多少、贵族地位高低、赫赫战功为荣；最让他们引以为荣的是自己非凡的智慧、深厚的文化底蕴和高尚的人格修养。蒙田的父亲看到了意大利文艺复兴时期的文化艺术繁荣的景象，内心深受触动，有了要提高自身文化艺术修养的愿望。在他之前，他的祖先们更注重积聚物质财富，而他更注重积累精神财富——荣誉。他有自己的书房，收藏了大量图书，并且把文人学士、人文主义者和教授们邀请到家里，和他们一起探讨学术，与此同时他也注意财富的积累和管理。

在战争期间，蒙田的父亲以从军卫国为己任。到了和平时期，他以为自己家乡服务为己任。开始时他仅仅是波尔多市的一个区长和司库，也就是市政府的执行委员中的一分子，由于工作忘我，政绩显著，他后来被选为波尔多市的副市长、市长。他的工作态度、工作勤奋程度，赢得了市民的认可和尊敬。蒙田对于把自己的全部奉献给了波尔多市，自己却身患重病、疲惫不堪的父亲有过这样的描述："我记得，我在童年时就觉得他已经老了，他的心灵受到社会上诸多纷争的严重打击，他没有享受到家中温馨的氛围。生活在那样的时代，他也许早已未老先衰了吧。看来，无论是他的居家环境还是他的健康状况都受到了动乱时代的损害，而且他也一定厌倦那种他觉得已经越轨的生活。可是，为了这座城市的利益，他依然不辞辛劳地奔波。他的为人就是如此。确实，他是以伟大的天生善良忍受着当时的一切处境。没有比他更乐善好施和更受人爱戴的人了。"至此，蒙田的父亲完成了蒙田家族青云直上的关键几步，使得埃康家族从小商人逐渐变成城市的首富，从普通的埃康家族变成尊贵的蒙田贵族。

当蒙田家族经历了三代的努力：拉蒙·埃康、格里芒·埃康以及皮埃尔·埃康三代，从平民阶层一步步青云直上时，蒙田母亲的家族也同样有着类似的经历，经过几代人持之以恒的努力和拥有的远见卓识，也从平民变成了贵族。可见当时的阶层不是固定不变的，平民和贵族之间的界限是可以打破的。皮埃尔·蒙田有幸结识了维勒纳沃①的洛佩·德·维勒纳沃贵族家族，并对安托瓦内特·德·洛佩小姐一见钟情。于是，三十三岁的皮埃尔·蒙田与二十多岁的安托瓦内特·德·洛佩小姐结婚。从表面上来看，这是两大古老家族的联姻。但是，当我们从一纸浪漫的婚约回到朴实的羊皮纸族谱来看，我们就能发现，其实，洛佩·德·维勒纳沃家族和蒙田家族一样，成为贵族的历史也很短暂，也经历了卡萨诺瓦式②的冒险，和蒙田家族曾经做的一样，洛佩·德·维勒纳沃家族也曾抹掉自己的平民姓氏。

鱼商拉蒙·埃康在蒙田出生之前一百年时，从受人轻视的平民阶层一跃成为令人欣羡的贵族阶层。大约也是在这个时候，莫舍·帕萨贡③，一位住在萨拉戈萨④有钱的西班牙犹太人也改了自己的姓氏。与蒙田家族稍有区别的是，这位富商是通过宗教的

---

① 法国一地名。
② 卡萨诺瓦（1725～1798），意大利冒险家和作家，主要著作为其自传《我的生平》。
③ 莫舍·帕萨贡，蒙田母亲的曾祖父原来的西班牙姓名。
④ 西班牙一地名。

方式，即接受基督教的洗礼，使自己与受排斥的人划清界限。就像埃康家族极力向世人掩饰自己的平民出身一样，莫舍·帕萨贡称自己为加西亚·洛佩斯·德·维勒纳沃，把原来的犹太姓名抹掉了，这和埃康家族所做的事如此相似。

在当时的社会，通过改姓氏，进而从平民阶层上升为贵族阶层的现象屡见不鲜，但是改姓氏并不是一帆风顺的，是要承担非常大的风险的。在新基督教徒当中，有的人成功转换了身份，他们有的通过成为宫廷中的顾问，有的成为为宫廷提供钱财的人，成功跻身贵族阶层；有的人却为此付出了沉重的代价，可能是由于他们疏忽大意，也可能是运气不好，他们被当作马拉诺①用火烧死。

能够成功跻身贵族阶层，不仅需要勇敢，还需要机智和谨慎。这个家族和埃康家族一样机警，他们为了不暴露自己曾经的平民身份，在宗教裁判所要仔细审查他们是否具备高贵的基督教信仰前，就及时地搬出了西班牙。这个家族移居出西班牙后就形成了两个分支：一支移居到安特卫普变成了新教徒，而信仰天主教的另一支移居到了波尔多和图卢兹。他们完全法国化了，虽然移居到了国外，但还是小心谨慎，他们继续掩盖自己的平民出身，自称为洛佩·德·维勒纳沃家族。蒙田家族和维勒纳沃家族两大贵族家族之间有着密切的贸易往来，其实，与其说是蒙田家族和维勒纳沃家族，不如说是埃康家族和帕萨贡家族。1528 年 1月 15 日，皮埃尔·埃康娶了安托瓦内特·德·洛佩为妻。女方的嫁妆是一千金埃居②。后来蒙田曾说这嫁妆比较少，由此看来，

---

① 指十六七世纪时在西班牙和葡萄牙境内，被迫害改信基督教，而暗地依然信奉原来宗教的犹太人或摩尔人。
② 法国古代钱币名。

埃康家族当年的富有程度。

　　蒙田的母亲拥有犹太血统，蒙田和她一起在古堡生活了半个世纪，他的母亲的寿命比他还要长。她是一位勤俭持家、非常能干的母亲，曾为丈夫养育了五个孩子。她在遗嘱中自豪地写道："谁都知道，我在这个家中的四十年时间里一直在我丈夫身边操劳，由于我的勤勉、关怀和主持家务的才能，这个家族的财富增加了，社会地位提高了，这个家族变得更重要了。"蒙田的父亲曾经还说要把财产都留给蒙田的母亲，后来不知什么原因，又改变了想法，把财产留给了蒙田。

　　蒙田的书中从未提及他的母亲，这是为什么呢？可能是因为他想隐瞒自己的犹太血统。他在自己的遗嘱中要求被安葬在祖先们的墓地中，然而未能如他所愿，只有他的父亲被安葬在了蒙田家族的坟墓里。如同他从未提到关于母亲的事，他也同样未提及他的妻子和女儿，除了在一次献书题词中提及。这又是为什么呢？这要从蒙田接受的思想说起，蒙田的世界观是在古希腊罗马文化的影响下形成的，而在古希腊罗马时代，女人的地位较低，因此在思想文化圈中人们一般不提及女人。还有一个原因，由于蒙田和母亲建立依赖关系的时候，他被送到邻村奶养，这使得蒙田和母亲的关系一直不好，母子俩难以融洽相处。由于蒙田对母亲只字不提，我们无从知道蒙田的父亲对其母亲是否喜欢，也无从知晓他们的感情怎么样。但不论怎么说，蒙田父母的联姻，是两大贵族家族的联姻，这种联姻对于两大家族财富的增加和声望的提高，都有非常重要的意义。加斯科涅郡的鱼商们①和犹太经

---

①　指蒙田的父系祖辈。

纪人们①之前的矛盾，在蒙田身上得到了缓和。蒙田取得的成就应该归功于两种不同血统的结合，且已经分不出是哪种血统为蒙田带来了骄人的成绩。大概也正是由于这两种血统的融合，使得蒙田没有对血统的偏见，使得蒙田命中注定要始终保持中立的态度，充当不同派别的调解人，在两位国王之间斡旋。他拥有开阔的眼界，包容大海的胸怀。他是一个自由的思想家，是一位可以超越时代的世界公民。

蒙田的父亲兼顾巨额财产和地产管理，并将其管理得井井有条。在战争年代，他把为国王效忠看作是他身为贵族应尽的职责；在和平年代，他把为自己家乡服务看成他拥有贵族身份应尽的职责。1530 年蒙田的父亲是波尔多市的一名执行委员——一名区长和司库，直到 1537 年才被选为波尔多市的副市长，在 1554 年他达到了事业的顶峰，成为波尔多市的市长。蒙田的父亲在任期间，波尔多市发生了许多重大事件。1548 年，新加的盐税引发了民众的不满，当时皇室为了平息这一内乱，把波尔多市好几项法律权利剥夺了。蒙田的父亲面对这一困境，想尽一切办法，想让波尔多市重新焕发活力。工作的重压之下他日渐苍老，身体也一天不如一天。蒙田的父亲还想出了许多办法，他想要通过广告来刺激这个萧条的城市。比如，每个小镇都留出张贴广告的公告栏，每个人都可以在那里张贴广告，像各种招工广告等，但是这项举措没有实施就搁浅了。除此之外，蒙田的父亲还想过在城里专门设立一个机构，有人需要办事的时候，可以让这个机构的工作人员记录下来要办的事情。比如有的人想要找一位能干的仆人，有的人想要把珍珠出售，有的人想要结伴一起去巴黎，有的

---

① 指蒙田的母系祖辈。

人想要找活干，等等。

对于管理经营家中的事情，蒙田的父亲也有他的一套办法。他会把每天庄园里发生的事情都写在日记本上，比如雇工的工资、家里的收入支出情况等。他还让人找一张大纸，把家里有意思的事情都记录下来，这样等到以后有时间可以回味一下，这样也会为生活带来很多方便，如：通过记录可以知道某件工作是什么时候开始做的，什么时候应该结束这项工作；知道仆人的雇佣时间及离开时间；知道外出的时间和计划；知道购置的东西和支出情况等。他希望蒙田学习他管理家事的方法，但是蒙田尝试着做了一段时间后，就放弃了。不过蒙田很赞赏父亲的做法，认为这是一种好习惯，每个人都可以这样打理家中的大小事务。

蒙田的父亲完成了这个家族青云直上的第二步和倒数第二步。埃康家族从小商人转变为城市的首富，从埃康家族转变为贵族之家，完成了从财富到社会地位的提高。佩里戈尔地区和吉耶讷地区①一提到蒙田家族，人们对其的敬畏之情油然而生。但是，使蒙田家族的声望达到最高点的是皮埃尔·埃康引以为豪的儿子——蒙田。蒙田身上有着耀眼的光环：蒙田曾经是莎士比亚的老师，曾经当过法国两位国王的顾问，他成为了法语的光荣，成为了世界上自由思想的引路人。

第二节　蒙田的童年时代

1533 年 2 月 28 日，蒙田生于法国南部佩里戈尔地区的蒙田庄园里，这座庄园环境优雅，风景秀丽。白色的塔尖高高耸起，

---

① 佩里戈尔地区是蒙田城堡的所在地；吉耶讷地区是波尔多市所在地。

直冲苍穹。这是一座美丽的庄园，有着大片的葡萄园，好似绿色的海洋。登上塔楼远眺，可以看到低缓的平原，多尔多涅清澈的河水在阳光的照耀下熠熠发光，还有重峦叠嶂的山、美丽的村庄和茂盛的树木。

蒙田是他父母的第三个孩子，是在父母的期盼中来到这个世界的。他也是直到当时为止，唯一存活下来的孩子。他的两个姐姐还未来得及享受生命就已经夭折了。从蒙田呱呱坠地的那一刻起，父亲就对他寄予了厚望。蒙田犹如上天赐给蒙田家族的礼物，他的到来可以使贵族的姓氏传承下去，他的到来意味着财产有了继承人，蒙田一出生就有了一种使命。就像蒙田的父亲曾经在教育、文化以及社会地位上都超越了自己父亲那样，蒙田的父亲也希望自己的儿子能够在各方面都超过自己。这位曾经征战沙场的士兵在 16 世纪的加斯科涅郡的一所偏僻的城堡内，踱来踱去，认真思索，准备为儿子制订详细的教育计划。这位父亲的育儿计划，比让·雅克·卢梭[①]要早二百五十年，比裴斯泰洛齐[②]要早三百年。蒙田的父亲诚心邀请学识渊博、具有人文主义思想的朋友们到古堡来，想用人性的和上层阶级的思想，为儿子制订一套成为杰出人才的计划。这个计划刚一开始，就让大家非常吃惊，因为要将刚离开摇篮和母亲温暖怀抱的蒙田，送到邻村奶养。那是蒙田领地的一家贫穷的伐木工人家庭，这与当时的上流社会的育儿方法截然不同，当时的王室和王公贵族都是雇保姆来悉心照顾孩子。

---

① 让·雅克·卢梭（1712～1778），法国启蒙思想教育家、文学家、教育思想家。

② 约翰·海因里希·裴斯泰洛齐（1746～1827），瑞士教育思想家，主要著作有《隐士夕话》、《伦纳德和格特鲁德》等。

蒙田在破旧的小茅屋里度过了简单而快乐的童年。蒙田和养父母一块儿吃住，吃的是黑面包、猪油和大蒜，住的是简陋的小茅屋。在那时，他习惯吃简单的食物，以至于他一生都喜欢吃农民平常吃的食物：黑面包、猪油和大蒜，而不喜欢吃上流社会的人经常吃的甜食、糕点和果酱。小时候的经历对于蒙田性格的形成也有重要的影响。父亲想让孩子"了解民众和那些需要我们帮助的人的生活条件"，不想让蒙田一开始就有贵族的优越感，沾染上贵族傲慢的性格。他想让蒙田学会节俭和知足，知道自己所拥有的一切都来之不易，学会珍惜和感恩。从小受到这样的磨炼不仅锻炼了蒙田的体魄，对于蒙田之后生活习惯、性格的养成也起到了非常重要的作用。

当时蒙田父亲的朋友们建议，在孩子有一个强壮的体魄时，也该培养他有一个灵活的心智。于是三年之后，父亲决定把蒙田重新接回蒙田城堡居住，蒙田忽然从平民生活过渡到贵族生活，生活发生了翻天覆地的变化。蒙田的父亲不希望看到自己的儿子像那些纨绔子弟一样，整天无所事事，没有人生目标，浑浑噩噩过一辈子，游走于赌场、打猎场和酒店。他也不希望将自己的儿子培养成一位守财奴，一位唯利是图的商人。蒙田的父亲从一开始就对蒙田寄予厚望：他希望把孩子培养成有学识、有胸怀、有远见的人，希望孩子积极进取，拥有丰富的精神世界，从而能在国王的参政会上为国家效力。而成为这样的人，精神世界不能仅仅局限于眼前的地方，而是要拥有广阔的世界眼光。

当时社会人文主义盛行，掌握拉丁语是通往这个精神王国的钥匙。在文艺复兴时期，需要谙熟古希腊罗马贤哲们的经典著作，而这些著作都是用拉丁语写的。蒙田的父亲决定让三岁的儿子掌握拉丁语这门语言。蒙田三岁前在养父母家虽然每天都能听到佩里戈尔地区的方言，但是还不会模仿大人们说话。蒙田的父亲略懂一点儿拉丁语，而其他人从来没有接触过拉丁语。于是，父亲在古堡中开始了自己的实验，而蒙田就是实验的对象。为此，父亲不惜重金为蒙田聘请来一位德国学者，这位德国学者的拉丁语非常流利，但是一点儿法语都不会讲，这人后来成为一位出名的医生，也是在法国离世的。蒙田的父亲为了减轻这位学者照顾小蒙田的负担，还雇了两名学者来帮助他。三个人轮流抱着小蒙田，教他说拉丁语。他们教学和交流只能用拉丁语，不能用其他的语言。一段时间后，蒙田说拉丁语时充满了自信，而且可以流利自如地表达。连他的老师都有点儿被他的自信打败，有点儿不敢和他交流了。

蒙田说他在孩提时代就表现出来一种自信和自豪感。他自己形容是"从小时候，别人就发现我身上有某种连我自己也说不清楚的行为举止和派头，有种愚蠢的自豪"。蒙田认为自傲是人们对自己的评价太高，这种对于自己过分的爱，往往把自己看得和自己的实际情况不相符，就像情人眼里出西施一样，人们往往会把自己看得很完美。蒙田认为自己是一个普普通通的人，和其他人不同的是，他能够清楚地看到自己的缺点，他不会急着否定这些缺点，也不会为它们辩解。因为他清楚地知道自己的价值。蒙田很注意礼貌，他喜欢脱帽行礼，特别是在夏天。除了家里的仆人，只要是有人在路上对蒙田行礼，他都会还礼。但是在他看来，亲王不能行脱帽礼，如果这样的话，就和普通人没有区分，皇室应该有皇室的尊严。

为了保持蒙田的拉丁语的语言风格的纯洁性和完美性，父亲不让他学习母语法语，以防影响拉丁语纯正的发音。全家人为了父亲的教育实验做出努力，不论父母、仆人还是雇工，在与蒙田交流时都必须用拉丁语。所以，蒙田城堡里的人都不得不学习拉丁语，他们先把自己想对孩子说的话，向老师请教怎么用拉丁语说，再与孩子交流，不管是叫蒙田吃饭、洗澡和与他玩游戏都是用拉丁文。每个参与其中的人都有不小的收获，这一点大家事先没有预料到。此事还有一个戏剧性的影响：由于蒙田城堡里都使用拉丁语，一些拉丁语和拉丁文名字也在邻村传播开来，有些工具的拉丁语名称在这一地区生根发芽，并且一直沿用到现在。

父亲的教育实验还是成功的，直到六岁，蒙田还不会说自己的母语法语，他在没有词汇和语法的强迫下完美地掌握了纯正的拉丁语。这种当时世界性的语言成为蒙田的"母语"，在他最容易学习语言的时候很自然地被他掌握了。蒙田在《随笔集》中写道："我的父母以这种方式学会了日常拉丁文用语，平时伺候我的仆人也是这样。总而言之，我们受到了完全的拉丁化，这种影响还扩及周围的村子，今天还有很多工种和工具以拉丁文称呼。对于我来说，六岁之前对法文和佩里戈尔的方言，就像对阿拉伯文那样一点儿不懂。"这对他以后的阅读习惯产生了很大影响：他更喜欢阅读用拉丁语写的书籍，而非法语书籍。除此之外，在他害怕或者突然尖叫的时候，脱口而出的不是母语法语，而是拉丁语。假如在蒙田中年时人文主义没有走下坡路，他的《随笔集》很可能是用拉丁文写成的。如果真是这样的话，恐怕法国要失去一位非常优秀的作家了。那些人文主义学者所说的教育方式，以及蒙田父亲认同的教育方式，蒙田在《随笔集》中这样描述道："他应该通过唤醒我的自由意志，通过唤醒我自己的愿望来教会我对知识的鉴别力和对自己职责的鉴别力，而不是强迫；我的心智应该在完全的自由之中非常徐缓的提高，而不应该对我强硬拔高，不应该施加反常的压力。"

　　蒙田的父亲有意识地培养儿子的个人意志，连每一个细节都不会忽略。有一次，一位家庭教师提出"如果人们在早晨突然强行把孩子从睡眠中唤醒，对孩子娇嫩的大脑是有害的。"蒙田的父亲受到启发后，想出了一种对孩子神经刺激非常微弱的办法叫孩子起床：每天用音乐来唤醒睡梦中的孩子。每天清晨，拉小提琴的或者吹笛子的艺术家守候在孩子的床边，等到了起床的时间，小提琴和笛子优美的旋律就会把蒙田从睡梦中唤醒，蒙田会伴着美妙的音乐声开始新的一天，这样特别的起床铃声一天也没有间断。在童年时期，蒙田得到了无微不至的照顾，时时刻刻都有人在他身边，一家人都围绕着蒙田转，蒙田成了家庭的中心。蒙田的父亲如此精心地培育蒙田，犹如精心地呵护幼苗的成长，这在当时是不多见的。即使是波旁王朝国王的孩子、哈布斯堡王朝国王的孩子也不见得受到了父亲如此悉心的培养。在蒙田的记忆里，童年是色彩斑斓的，无拘无束的，他幸运地在父亲为他撑起的天空下茁壮成长。模糊记忆里的童年时代，蒙田仅仅被屈指可数地打过两次，即使是挨打也是被象征性地打几下。

　　蒙田父亲对孩子独特的教育方式——对孩子个性化的教育：不禁止孩子做什么，让孩子的天性自由发展，培养孩子的兴趣爱好。这种教育方法也不是没有缺点。蒙田性格温和，做什么事都慢条斯理，他很少听到有人对他说"不"，也不必遵守什么规矩，在蒙田的字典里没有"规矩"这两个字。如果这样任其自由发展，可能会培养出任性、懒散的孩子。蒙田后来自己认为："如果说，我今天能成为一个相当合乎礼仪的人，那么我想说，这在某种程度上并不是由于我的苛求，而是由于我的天性和运道好。假如我天生有一种相当懒散的素质，那么结果就恐怕相当令人忧虑了。"他喜欢自由，习惯于自作主张，没有人可以指挥他，把想法或观念强加给他，他总是走自己选择的道路，以自己的步伐前进。蒙田的性格中喜欢独立自由，不喜欢服从别人。或许在他看来，没有必要改变自己的懒散、迟钝、喜欢安静的性格。他的一生都受到童年家庭教育的影响，好的一方面是：他对多数人制定的规则、多数人屈从的权威，保持怀疑的态度；从不好的方面来说：宽松的成长环境，使得蒙田的意志力没有那么顽强。这样的童年使他养成了一种不好的习惯：当遇到费脑筋的事情的时候，他不是迎难而上，而是选择逃避。他习惯性地逃避一切按规律办事的事情、逃避需要承担的责任、逃避一切困难的事情。从另一方面来看，他具有一种可贵的品质：始终追求自己的内心的自由，从来不会轻易盲从任何一种自己不了解的说法，盲从于权威和纪律。他自豪地说："我拥有一颗完全属于自己的自由的心，并且习惯于心里喜欢干什么就干什么"。如果一个人在童年时代就感受到了自由的快乐和美好，那他将会在一生中再也不会忘记自由，自由会如影随形。以至于后来，蒙田从来没有做过繁重的工作，他可以做自己喜欢做的事情。在给别人做事情的时候，是有一定的条件的，那就是在他认为合适的时间，以他自己的方式来做。一般请蒙田做事的人都会很了解他，相信他，不会急着催他做事。蒙田的性格很直率、真诚，有什么想法就会直接说出来，不会拐弯抹角，对虚假和伪善深恶痛绝。他不会给别人留情面，所以从另一方面来说，他有些高傲。他习惯了无拘无束，不喜欢毕恭毕敬。一般在和大人物交往的时候，蒙田仍然同和自己的家人、朋友那样，言谈举止很随意。

　　这种宽容的家庭教育，对于还是孩子的蒙田来说是一种幸运，但如果继续接受这样的教育，可能会变成一种不幸。这种教育方法及时结束，对蒙田来说未尝不是一种幸运。有时带着镣铐跳舞，才会有真正的自由。自由不是指无拘无束，在一定条件下获得的自由才是真实的自由。

第三节　上学记

在蒙田六岁的时候，他被父亲送到波尔多市的吉耶讷学堂读书。自由自在的童年时代学习、生活要告一段落了，蒙田告别了家乡踏上了求学的征程。1539 年的一天，天气晴朗，蔚蓝色的天空飘着朵朵白云。蒙田和父亲坐着船随波而下，两岸的青山向身后跃去，岸边有葱绿的树木，树影倒映在水中，浑然一色，已经分不清哪里是水，哪里是山。到了波尔多市港口，就能看到货船贸易往来繁忙的景象，包装精美的葡萄酒、在阳光下闪闪发光的咸鱼、高大粗壮的木材都被从货船上卸下运往各地。陆地上宽阔的街道，高大的建筑，熙熙攘攘的叫卖声，一派车水马龙繁忙的景象，这一切都让从小镇而来的蒙田感到非常新鲜。一路上，蒙田一边好奇地观察着城市的景象，一边满怀期待地憧憬学校的生活，不知不觉已经来到了校门口。吉耶讷学堂远离市中心的闹市区，环境优雅静谧，大道两旁是繁茂的榆树。欧洲中世纪的学堂是不分小学和中学的。吉耶讷学堂在当时是最好的学堂之一。蒙田的父亲一路护送蒙田来到学校，尽管把蒙田送到了学堂，但是父亲还是放心不下。他为蒙田精心挑选了优秀的老师，对于蒙田的其他方面的教育也十分关心，甚至给蒙田留有一些小的特权。由于在家里提前接受了家庭老师的辅导，所以蒙田不用从头学起，一来到学校就直接读高级班。

蒙田满怀欣喜来到学校，可这里与蒙田想象中的景象完全不同，蒙田受到了和家中完全不同的教育——满堂灌式的教育。在学校里，蒙田不再是中心，他必须融入这个新的集体中。蒙田在学校的一天是这样的：清早被学校的起床铃声吵醒，清早的课程是对老师找出的例文结构进行分析；下午的课程是学习语法，没有例子，晦涩难以理解；晚上的课程是同学们一齐朗读课文。

如果学生不听话，是要受到老师责罚的。但是也有例外的情况，那些有钱有权人家的孩子一般不会受到严厉的斥责和打骂。在蒙田的记忆中，他仅被老师打过一次，而且打得也是非常轻的。但是，令他最难以忍受的是这种呆板程式化的训导，老师把他的观念强加给学生，不允许学生表达自己的想法。这一次，蒙田不能像在家一样，按照自己的意愿办事，必须遵守学校的规定。

蒙田在自由的家庭教育环境下成长起来，他总是本能地抗拒这种僵化的教育方式。他抱怨说："教师们总是对着我们的耳朵大声吼叫，好像要把知识灌进听筒里去似的，而我们要做的事情仅仅是重复他们对我们说过的话。"教师只是一味地把死教材灌输给学生，而不管学生们自己的想法，学生没有理解，更难以很好地掌握。蒙田认为这种教育方式，只会让学生丧失学习的兴趣。蒙田抱怨道："我们所做的事情只不过是死记硬背"，"纵使我们给自己填满一肚子肉，如果我们不能消化，不能使之变为我们自己身上的肉，不能因此而变得强壮，那么这一肚子肉对我们又有什么用呢？"学堂的老师让学生死记硬背许多史实细节、数字、定律和理论。这些书本知识大都脱离实际，用蒙田的话来说就是"纯粹为了炫耀书本知识"。教师评价学生优秀与否的标准就是，谁能把这些知识记得非常熟练，能倒背如流，谁就是好学生，反之，则是坏学生。当时人们将那些学校的校长叫作迂夫子。正是这些不经过理解强行记住的知识，扼杀了学生独立思考世界的能力。正如蒙田所说："犹如植物吸收太多水会死掉，油灯里的油太多会熄灭，我们的思维活动同样会受到过量知识的影响。""死记硬背不代表我们真正掌握了知识，而仅仅代表着我们记住了知识。"蒙田认为，记住了李维①和普鲁塔克②作品中迦太基王国的坎尼③战役的日期并没有那么重要，关键是要了解西庇阿④和汉尼拔⑤的人物性格；重要的不是历史事实本身，而是隐藏于历史事实背后人性的光芒。人们通过学习历史事件从中总结经验教训，为自己的人生道路指引方向，把书本中的那些知识转变为自己的一种人生的智慧，只有这样才是真正有意义的学习。而在学堂教师们只是把事实的细节填鸭式地灌输给蒙田，以至于在蒙田步入中年后，仍然难以释怀，给当时教自己的老师打了一个不好的分数。蒙田说："教师应该依据一个学生在生活中的实际表现来判断学生学到了什么，而不是根据一个学生单纯背了多少东西来判断学生学到了什么。应该让一个学生自己去选择、判断他所读的一切，而不应该让他仅仅由于教条或出于权威而相信任何东西。应该把不同的说法、看法摆在他面前。假如他有能力，他便会做出自己的选择；如果他还未具备这一能力，他就会一直处于怀疑中，一直思考，直到找出答案。但是，如果我们只是不经思考而一味听从别人的话，那么了解的东西永远只会浮于表面，他思考的不是问题本身，也找不出问题所在，换句话说，

① 李维（约前59～前17），古罗马历史学家，主要著作有《罗马建城以来的历史》等。

② 普鲁塔克（约46～120），罗马帝国时期希腊论理学家、传记作家，代表作有《希腊罗马名人比较列传》等。

③ 坎尼（今指意大利东南部城市），古城名。

④ 西庇阿（前237～前183），古罗马统帅。

⑤ 汉尼拔（约前247～前183），迦太基统帅。

他根本不是在找问题。"蒙田认为学生应该有质疑精神，不能盲目相信权威，要有自己的思考，不断地寻找答案。

虽然在教蒙田的老师中也有著名的人文主义者，可是那些优秀的老师却不能学以致用，不能把先进的教学思想运用到实际教学中。所以，蒙田离开母校时不是怀着依依不舍之情，而是很庆幸自己终于告别了那所学堂。蒙田说："现在看来没有一件可以称为成绩的事。"蒙田不喜欢他的老师，老师也可能对蒙田很不满意。由于刚从宽松的家庭教育转到死板的学校教育，蒙田从内心抗拒死记硬背的书本知识，抗拒学校的规章制度，不仅如此，他还缺乏敏捷的思考能力和悟性。他的许多优秀的特质，他的才华，他的天资是在青春期之后才苏醒过来。正是由于某种惰性存在于他的身体里，在青春期，他还未表现出后来拥有的好奇、清晰和机智的思想。蒙田说："虽然我的身体很健康，依照我的天性，我总是那么温顺和随和，但青春期的我却表现得慢慢悠悠、磨磨蹭蹭，在他们的眼里我就是一个懒散的小孩，他们很难邀我出去玩。"这时蒙田敏锐的观察力还未显露出来。蒙田说："凡是我能看到的，我都会仔细地观察；但由于我那木讷的天性，所以在我心中不会产生超越我年龄的大胆的想法和观点。"然而蒙田时刻留心观察外界事物只是对他自己的内心有了影响，老师们根本没有察觉。蒙田没有因此而责备老师，反而为自己的年轻时代做了这样的总结："我的思想很迟钝，仅仅能做到：人们把我的思想鞭策多远，我的思想就能前进到多远。我的思维能力是后来慢慢发展而来的；在当年，我的想象力非常贫乏；最主要的是，我的记忆力非常差。"其实从另一方面来讲，一位拥有天赋的人被禁锢在死板的学堂，是很难发挥他的天赋和才华的。但是，有些鸟儿是注定不会被关在牢笼里的，它们的每一片羽毛都闪耀着自由的光辉。

蒙田找到了教科书以外的精神慰藉：人文学家的著作。在这些浩如烟海的课外读物中，他可以逃脱学校思想的禁锢，自由自在畅游在文学家们的思想世界中，与他们对话，聆听他们的思想，感受他们的人格魅力。巴尔扎克在小说《路易·朗贝尔》中也曾经描述过这种情况，不仅巴尔扎克描述过，其他人也描述过。蒙田一旦进入读书的状态就会如痴如醉，进入忘我状态。年轻的他喜欢读拉丁语著作——奥维德①的《变形记》。奥维德的《变形记》是蒙田的启蒙读物，对于充满神奇幻想的小蒙田来说，《变形记》可以满足他精神世界的需求。《变形记》取材于古希腊罗马神话故事。这本书为蒙田打开了一扇通往奇幻世界的窗户。这本书充满想象力，书中的所有人物都可以变成其他的事物。在奥维德描绘的那个童话世界里，人可以变形为植物，如：月桂树、水仙、橡树、花朵等；也可以变形为动物，如：夜莺、比翼鸟、母熊、鹿、蛇、喜鹊、蜘蛛等；还可以变成冰冷的岩石，叮咚的泉水等。书中的一个人物库阿涅，因为极度悲伤，幻化为清澈碧绿的湖水；弥达斯由于不懂音律被福波斯拉长了耳朵，就变成了驴耳；刻宇克斯和海尔赛妮这对情侣在世时，受到种种因素的阻隔，没能在一起，他们死后变成了比翼鸟，比翼双飞，永不分离。等后来蒙田的思想成熟一些的时候，就不再喜欢这本书了。

有一次，蒙田觉得老师讲的内容枯燥乏味，于是偷偷地拿出课外读物阅读，正读得津津有味时，被老师发现了。蒙田当时很害怕，不知道该怎么办，他很害怕老师会把他的书没收，会训斥他，甚至会把家长叫来。但是这位辅导蒙田的老师很开明，不仅

---

① 奥维德（前43～约前18），古罗马诗人，代表作《变形记》等。

没有没收他的课外读物，也没有惩罚蒙田，而是装作什么也没发现，睁一只眼闭一只眼，使得蒙田有机会接触到课外读物中的精彩世界。蒙田心里很感激这位老师，得到默许后，他开始贪婪地吸收这些知识。蒙田很喜欢这位老师，他会因材施教，依据学生的兴趣，来引导学生学习。后来蒙田又读了维吉尔①的《埃涅阿斯纪》、泰伦斯②和普劳图斯③的戏剧。蒙田对戏剧很感兴趣，在他看来戏剧是一种很好的社会娱乐活动。

由于掌握了标准流利的拉丁语，蒙田可以自如运用拉丁语，加深对古典作品的理解。这些优势使他从学生中脱颖而出，他从老师眼中不知进取的学生变为聪明的好学生。他的老师中有一位是乔治·布坎南④，此人在研究苏格兰历史方面有重要贡献。在当时，乔治·布坎南是非常受大家推崇的拉丁语悲剧作家。一次偶然的机会，蒙田幸运地得到出演乔治·布坎南悲剧中角色的机会，并在学校的礼堂登台表演。蒙田凭借着纯正的拉丁语和运用语调的技巧、自信的动作表情，胜过了其他演员。其实蒙田当时还小，没到排演话剧的年龄，老师破格选他为演员，他不负老师的期望，出色完成了表演，令大家刮目相看。在此之后，蒙田还在格朗特和米雷的话剧中演过男主角。从表面来看，对这个难以教育的人的教育是在他十三岁时结束的，此后蒙田一直在自己做自己的老师，同时也做自己的学生。

十三岁的蒙田离开了吉耶讷学堂，在去图卢兹或巴黎上大学

① 维吉尔（前70～前19），古罗马诗人，代表作《埃涅阿斯纪》等。
② 泰伦斯（约前185年前后或前159年），古罗马喜剧作家。
③ 普劳图斯（约前250～前184），古罗马喜剧作家。
④ 乔治·布坎南（1506～1582），苏格兰人文主义者和历史学家，著有《苏格兰历史》。

之前，在家中待了一段时间。在父亲身边的日子是蒙田难得的休息时间，那段时光是彩色的，是蒙田重新启程的加油站。1949年，蒙田到图卢兹和巴黎的大学学习法律，曾经在法兰西学院听课。蒙田认为自己的生长发育阶段在二十岁时就早早结束了。他描述道："我以为，我们的心智在二十岁就已经定型，而且到了二十岁的年头，心智中所有的天赋素质均已露出端倪……至于说到我自己，肯定的一点是，从二十岁那一刻起，无论是我的智力还是身体，都已开始渐渐走下坡路了。"在蒙田看来，二十岁是一个临界点，成功的基础已经奠定，这就要求人们趁年轻好好努力。蒙田还说"如果在这个年龄还没有充分表现自己的力量的话，以后就不会表现出来。人的与生俱来的品质和美德就在这个时候展示它们的力量和美好，否则就永远不会再出现……有的人善于合理利用时间，可能他的知识和经验都会随着年龄的增长而增长；但是，生机活力、信心毅力以及非常重要的其他品格会在二十岁之后逐渐衰退。随着时间的流逝，我们的身体会缩短，头脑也会变得迟钝，会语无伦次。有的时候，身体先衰老，有时也会是心灵先衰老，我见过很多人，他们的头脑衰退的比肠胃和腿脚更早，这种人常常很难觉察到，但它的危害是很大的"。在蒙田看来，人类的全部伟大的功绩，不论是什么样的功绩，也不论是在古代或是现代，可以看作绝大多数是在三十岁之前而不是三十岁之后创立的。

虽然蒙田并没有为我们留下他年轻时的肖像，但给我们留下了想象的空间。从蒙田的《随笔集》中对自己的描写来推测，蒙田的身材遗传了他的父亲，和父亲一样非常矮小，比中等身材还要矮几分，对此他非常不满意，一直耿耿于怀，还常常在书中抱怨。蒙田身材的矮小可以从他的塔楼的门框推测出来，门框仅仅有五英尺那么高。这样的身材使他非常引人注目，由于个子矮小，他动作举止的威严会减少。他说如果人们可以选择自己的身材的话，高等身材是优先选择的，对于一个军人来说尤为如此。男子美的标准是和身高有密切关系的，男子身材矮小是难以原谅的，而对于一位女子来说，身材比例均衡就好。

即便有宽大的额头、柔和的目光、高挺的鼻尖、娇小的嘴巴和耳朵、洁白整齐的牙齿、浓密的胡子、圆圆的脸蛋、优雅的举止、匀称的四肢，如果身材矮小就遮蔽了这所有的优点，不能称为一个标准的美男子。他认为由于自己身材矮小，虽然身体结实，脸庞不是婴儿肥，面色红润，性格时而开朗时而忧郁，但是仍然和美男子毫无关系。蒙田的仆人们也都在背地里嘲笑蒙田身材矮小，雇工们常常不把蒙田的命令放在心上。最令蒙田气愤的一件事情是，有一次，他去皇宫里办事，刚见到他的侍佣都向他询问，"蒙田先生在哪里"，当时他的鼻子都快气歪了，立即沉下了脸。蒙田发现骑马这项运动可以弥补身高不足的缺陷，于是他很热衷于这项体育运动。

但是除了这一个缺点，这位年轻的贵族还是非常英俊的：身体非常结实，鹅蛋形的脸庞略显秀气，高高的额头，细弯的双眉，高挺的鼻梁，红润的嘴唇，栗褐色的胡须，线条轮廓分明匀称。他的目光深邃而迷人，也许年轻的时候还略带忧伤。据他所说，他的性格并不是非常活跃的，而经常是沉稳安静的。在他身上难以找到骑士那样精力充沛、爱好运动和喜欢比赛的精神。这一点与他的父亲不同，他的父亲总是充满活力，爱好各种运动，迟暮之年活力仍不减当年。和蒙田父亲地位相同的人中，没有人能在体育锻炼方面比得过他的父亲。他的父亲身体矫健从一些小细节就可以看出：六十岁的父亲还能只用拇指做俯卧撑，还能够轻松跳跃过一张桌子，还能在暴风雨中一步三级地在台阶上向上奔跑，这种体力有些年轻人都会自叹不如。

蒙田说："我从来都不曾灵活敏捷……不会有人能在音乐、唱歌或者演奏方面教会我东西，因为我在这些方面没有天分；我在跳舞、打球、或摔跤方面也是成绩平平；而在游泳、跨越障碍或跳远和击剑方面，则是一窍不通。我的手指也不怎么灵活，以至于有时候我连自己写的东西都看不懂，遇到这种情况，我往往会把潦草写的东西再重新写一遍，而不愿费力去辨认我写的内容……我甚至很难折叠一个整齐的信封；我也很可能从未很好地削过一支羽毛笔或者把桌子收拾得井井有条；我也不会上马鞍骑马或者将一只鹰放飞；我不知道如何对待狗、鸟和马匹。"他最感兴趣的是女人，其次是社交。他在书中记述，在他很小的时候，由于他富有幻想，因此女人对他的诱惑力是非常大的。从衣着来说，他不是非常讲究穿衣打扮，不会在衣着上下很大功夫。蒙田在《随笔集》中说："不管我想去哪里，总会遇到穿着方面的麻烦，不管我们要去做什么，它总是会妨碍我们。"在他看来：一旦穿上华丽的衣服，形体反倒显得非常可怜。蒙田很注意自己的形象，不论天气多么热，他从来不在仆人面前解扣或是敞怀，以至于周围的农民在他的面前也不敢这样做。

他喜欢社交，并不是想通过社交来巴结有身份地位的人，而是想要找到志同道合，能和他一起讨论问题的人。这种性格的形成与蒙田小时候被送到邻村奶养有一定关系。他也喜欢和人们一起讨论，当然讨论到情绪激动的时候也会发脾气、拍桌子，但是这种争论并不是为了满足争论、发脾气的嗜好，而是一项愉快的具有娱乐性质的比赛，通过争论，彼此交换对同一事物的不同见解，那么争论双方都会有所收获。蒙田血液中沸腾的加斯科涅人的热血，有时会使他充满激情，然而，这种激情不会让蒙田失去理智。蒙田讨厌任何形式的暴力和任何原因的残忍，蒙田怀着一颗悲天悯人的心，他一看到别人受苦，就会感同身受地觉得自己也在遭受痛苦，这令他非常难受。蒙田不喜欢狩猎的一个主要原因是，他无法眼巴巴地看着丛林中的动物被活捉或被杀死时惊恐的眼神。当他看到小鸡被拧断脖子，野兔被猎狗叼在嘴里，他都会非常伤心。他往往会换位思考，把自己想象成那些动物。蒙田常常会用动物的眼光来看人类的世界。当骑马的时候，他的想法很有意思，他会想象马儿是否也在利用他。他拥有一颗同情心，他热爱一切富有生命的物体，同样也热爱自己的生命，这是他还未学习到任何格言警句和想出自己的人生信条之前就具有的特质。他在《随笔集》中写到他对生命的态度，"我对某些词语赋予特殊的含义。就拿度日来说吧，天色不佳，令人不快的时候，我将度日看作是消磨光阴，而风和日丽的时候，我却不愿意去度，这时我在慢慢赏玩，领略美好的时光。坏日子，要飞快去度，好日子，要停下来细细品尝。度日、消磨时光的常用语令人想起那些哲人的习气。他们以为生命的利用不外乎在于将它打发、消磨，并且尽量回避它，无视它的存在，仿佛这是一件苦差事、一件贱物似的，如果我们觉得不堪之重压或是白白虚度此生，那也只能怪我们自己。"

他对一切新鲜的事物都充满好奇，一切都想要尝试一下。在那个年龄阶段，他的前途未知，将要去哪里，未来的目标是什么，自己有什么优势，这一切都还是个未知数。这个二十岁的小伙子用好奇的目光打量着这个充满变数的世界，想看看这个世界会给他带来什么，他将会为这个世界带来什么。

第二章 蒙田的中年时期

第一节 政治生涯

1554 年 8 月 1 日，蒙田的父亲被选为波尔多市的市长，一直任职到 1556 年。同年蒙田被任命为佩里格税务局新设立的税务法庭的推事。三年之后，不知什么原因，佩里格税务法庭并入波尔多最高法院。也许是由于佩里格法庭的工资待遇比较高。该法院是构成最高法院及法国最高司法机构的八个地区法院之一，法院事务主要是管理该地区的司法和市区行政事务。许多佩里格法院原来的员工被调到波尔多高等法院，蒙田就是其中的一员，蒙田担任最高法院推事。在波尔多法院任职的官员不欢迎这些外来者，但是又没有更好的办法。他们总会千方百计刁难像蒙田这样新调来的人；把这些人安排在狭小的办公室，法院差役不听这些人的命令。他们这样刁难新调来的人的主要原因是，从佩里格来的这些人工资薪酬要高于他们的工资。在波尔多官员的一再抗议下，1561 年，政府决定要将工资差额取消，而从佩里格来的一帮人当然愤愤不平，极力争取自己的权利。二十八岁的蒙田代表这些人向法院求情。但是，蒙田所做的无济于事，法院最终驳回了他们的请求。蒙田在调查庭任职，主要职责是评估在主法庭当下没有办法马上宣判的民事案件。他要做的是把案件按时间顺序加以梳理，把不同人物的观点简洁地表述出来，不做任何判断。从一个案件中，他看到了不同人站在各自的立场上对同一件事的态度。这是一个辛苦的职业，要接近事实的真相，需要翻阅大量的资料，查阅数以百计的法律、法规条文。当时的律师在如此浩瀚的资料面前选择退缩，许多决定带有主观随意性。当时司法不能公正地为民做主，有人遇到了问题也不愿意通过司法途径解决。

蒙田在当时司法腐败的社会提倡司法改革，在16世纪，蒙田不是孤军作战的一个人，而是有一群人在为此奔走呼号。在蒙田看来，当时存在的法律最主要的问题是：法律忽视了一个问题，那就是人人都会犯错误。从理想状态来讲，每一个案子都会有最终的判决，但现实情况是不同的，非常确定的判决是很少有的。由于其中有众多的环节，一个环节有问题，其他的环节就会出现连锁反应。有太多因素影响最后的判决结果。首先，没法收集到所有的证据，偶尔也会出现伪证；其次，法官也是人，也会犯错误，使得事情变得更加扑朔迷离。法官会站在自己的立场上去看问题，有时如果碰到不负责任的法官，他们的判决不是依据存在的证据，而是依据他们的个人主观喜好，比如一顿饭吃得是否舒服将直接影响到判决的结果。而负责人的法官，会把追求事情的真相作为判案的标准。既然律师们都是人，都会时常犯错误，那么法律就不会是完美无缺的，因为，是人制定的法律。这充分体现了蒙田的怀疑主义思想。

蒙田在从事法庭工作之外，还了解到了政治的复杂性。在工作期间，他经常去各地出差，也去过巴黎。当时，坐着马车颠簸一个多星期才能从家到达巴黎，他负责高等法院和皇廷的信息沟通。蒙田第一次来到国王亨利二世在位时期的皇廷，当时蒙田对亨利二世的印象不好，因为国王总是说不对他的名字。亨利二世国王是 1547 年登基的，从父亲弗朗索瓦那里继承的王位。亨利二世似乎没有继承父亲敏锐的政治眼光和聪明才智。亨利二世没有主见，性格懦弱，习惯于听从别人的意见。亨利二世性格里的懦弱，是导致后来法国政局不稳的一个非常重要的原因。正是由于国王王权弱小，各个党派开始密谋发展自己的势力，争权夺势，一场腥风血雨一触即发。主要的派系斗争有：吉斯家族、蒙莫郎西家族和波旁家族。这三大家族势力的斗争以及人们高涨的宗教教派的斗争夹杂在一起，使得事情变得更为复杂。

亨利二世在宗教问题上的态度更为强硬，没有父亲那样宽容。直到 1534 年新教的宣传如狂风暴雨般席卷而来时，弗朗索瓦才意识到事情的严重性并开始镇压。那时法国著名的宗教改革家约翰·加尔文匆忙逃到国外。那时法国的新教运动的主要派别，已经不是手段比较和缓的路德派，而是变成了强硬的加尔文派。这一逐渐壮大的宗教成为皇室和宗教权威的眼中钉。

加尔文派认为人自己没有任何美德，一切要靠上帝的恩赐。人要绝对服从上帝的旨意。早期的路德派主张要出世，不参与任何政治，而加尔文派恰恰相反，要求人们积极参与到政治中来，为了使上帝的旨意有所实现。16 世纪，加尔文派在瑞士一家特殊的学校培养信教人士，让他们秘密前往法国，把加尔文派的宗教信仰传播给下层民众。

天主教派在新教的威胁下，也开始进行改革。蒙田所在的那个时代，就亲身体验到了天主教派在反省中不断完善。1534 年，依纳爵·洛佩兹·德·罗耀拉创立了耶稣会，要和新教展开思想方面的激烈斗争，要从思想上消灭新教。而在 16 世纪 50 年代的法国，一批激进分子成立了"同盟"，他们不是用思想来打败对方，而是要用武力消灭敌人。天主教同盟和加尔文派这两个对立的派别，互不相容，互不妥协。如果法国国王对新教流露出哪怕一点宽容，也是会遭到天主教同盟的强烈反对的。到了 16 世纪下半叶，这一情况更加恶化。

迫于天主教同盟的强硬施压，国王亨利二世用明文法令来铲除宗教的异端，还专门在巴黎设置了一个新法庭，来审判宗教异端。1557 年 7 月开始，亵渎圣人、出版禁书和非法传教一律是死罪。亨利二世的软弱，导致他对新教的势力有些畏惧，有时会给新教徒一些权力，比如：新教徒在规定的地方可以做礼拜，对新教徒的处罚减轻。可这样的摇摆不定，激起了天主教会的极力反对，天主教会变本加厉地迫害新教徒。作为调和者角色的亨利二世没有起到应有的作用，反而使得一切变得越来越糟。

屋漏偏逢连夜雨，当时法国出现了其他问题，政治的不稳定，使得经济动荡更为剧烈。物价飙升，通货膨胀。最先受到伤害的还是底层的农民。不过，一些有土地的贵族不仅没有丝毫损失，还从中牟取暴利。贵族可以借助那个兵荒马乱的时代，兼并土地。蒙田的祖辈们就利用这些机会积累了大量财富。

由于政治、经济、宗教危机，导致了内战的全面爆发。内战从 1562 年开始，到 1598 年结束，历时 38 年。内战刚开始时，蒙田正处于青年时期，才二十五岁，风华正茂。

内战真正爆发于 1562 年，全国新教徒的领袖号召新教徒起来反抗，拿起自己手中的武器。天主教徒也不甘示弱，同样开始防卫。事情变得一发不可收拾。天主教派和新教派都前往巴黎集会。矛盾逐渐升级，变成了大规模的战争。战争持续的时间并不长。内战进行的第二年，天主教徒的领袖被杀害，双方达成了停战协议。但是，这仅仅是短暂的休整，主要矛盾依然存在。到了1567年9月30日，内战再次爆发。蒙田一生中经历的大规模动乱加起来有八次之多。亨利四世在1595年对西班牙宣战，拉开了对外战争的序幕，同时也终结了法国国内混乱的内战。

法国人恐怕都没想到内战竟然持续了这么久的时间，蒙田的后半生都处在动乱中。蒙田任职的波尔多市信仰天主教的人数较多，这个城市周围是新教徒，两派经常发生冲突，新教徒往往伺机而动，结队砸毁神像，或者运用其他手段进行攻击，城市里人心惶惶，难以有安静的时候。蒙田在高等法院任职的时候，就经历了三次内战。在第三次内战结束的时候，蒙田决定归隐古堡，避开这疯狂的世界。

第二节　结识挚友

蒙田二十多岁的时候非常喜欢结交朋友，和拉博埃西一样也在高等法院任职，拉博埃西是一位杰出的人文主义学者，以抨击苛政而闻名天下，他比蒙田年长三岁，在赛尔腊出生，距离蒙田古堡约一百多公里。他们之前只是知道对方的名字，拉博埃西听说蒙田是一位坦率真诚的年轻人。蒙田看过拉博埃西写的《论自愿的奴役》，这篇文章在当地被很多人读过，文章的主题是批判专制统治，歌颂自由的美好。蒙田很喜欢书中的观点，在读的时候有种想要模仿作者写的文章的冲动，并希望能有机会和作者成为朋友。多亏了《论自愿的奴役》，才使得他们有了第一次接触的机会。

　　直到在城里举办的宴会上，他们才有机会认识，他们相互拥抱寒暄，一见如故，并有相见恨晚之意。那次偶然的机会，成就了他们终生的友谊。宴会结束之后，拉博埃西还用拉丁语写了一首诗，来歌颂他们之间的友谊。他们相遇之时拉博埃西已经结婚了，他的职位比蒙田要高，身兼两个身份，不仅是一位官员，还是一位作家。在当时，拉博埃西比蒙田要出名，拉博埃西的成名作品《论自愿的奴役》据说是在他十六岁的时候写的。不过这些都没有影响到他们之间的友谊，两个人由于工作的原因不能经常在一起，在六年的时间里，他们聚少离多，只能通过书信往来，他们都向往古希腊罗马作品中的崇高友谊。尽管有时相隔两地，但两个人心意相通，海内存知己，天涯若比邻。蒙田以有这样一位志同道合的朋友而自豪。蒙田认为他和挚友之间情同手足，他们相互信任，彼此倾慕。蒙田对挚友的了解和对自己的了解一样深，蒙田对朋友百分之百相信，甚至对这位朋友的信任超过对自己的信任。在蒙田看来，不管自己的挚友做什么事情，他都能找出背后的原因，都能一如既往地相信自己的挚友。在蒙田看来能遇到这样的一位知己是非常幸运的一件事。如果有人问蒙田为什么会喜欢自己的朋友，蒙田可能会回答："因为是他，因为是我，仅此而已。"他们之间不掺杂任何利益的成分，是纯粹的友谊。在蒙田看来："越是自然法则和义务强加给我们的友谊，我们的自由意志就会越少。自由意志产生的是友爱和友谊，绝对不会是别的。"蒙田还说，"利益和效劳可以培育其他的友谊，但在我所说的崇高的友谊中，这是不屑一提的，因为我们的心意相通。必要时，我也会求朋友帮忙，但不管斯多葛派如何说，我们之间的友谊丝毫不会因此增加，我们也不会因为得到了帮助而感到庆幸。因为这样的友谊，才是最好的友谊"。蒙田认为要好的朋友有一个就足矣，"完美的友谊，是不可分割的。双方都把自己的全部给了对方，不再剩下什么可以分给其他人了。"

拉博埃西的年龄比蒙田大不了几岁，但他的心智非常成熟。这与他小时候的经历是分不开的。在他很小的时候父母就撒手人寰，留下孤独无依的他，是他的叔叔把他抚养长大。过早没有了父母的避风港湾，逼得他不得不快速成长，自己保护自己。他与蒙田有相似的教育背景，接受到当时的人文主义教育，学习法律专业。后来他与一位名叫玛格丽特·德·卡尔勒的寡妇结婚，这位母亲还带来两个孩子。其中的一个孩子，后来还与蒙田的弟弟结婚了。

后来因挚友的离世，蒙田痛苦万分。在蒙田的《随笔集》中，蒙田引用贺拉斯的话表述友谊，这句话很符合蒙田失去挚友的心境："我早已习惯无论到哪里都是第二个一半，我觉得我自己的另一半已经不存在了。啊！命运已经把我灵魂的另一半夺走了，剩下的那一半我不再珍爱，那对于我已经没有用了，我还活着做什么？你死去的那一天我已经不复存在。"在挚友刚离开的日子里，蒙田度日如年，把自己的全部哀思寄托在文学上，随着时间的流逝这种痛苦不但没有减轻，反而变本加厉。每当蒙田出去旅行的时候，这种思念朋友的感情就会愈发强烈。蒙田在《随笔集》中说，"任何快乐，如果没有人和你分享，在我看来都是索然无味的。即使心头浮现出一个快乐的念头，可是一想到没有人可以与我分享，就会感到很失落"。他们的友谊经过了疾病的考验，拉博埃西知道自己得了鼠疫之后，强烈要求蒙田来看看他就可以了，不用一直陪在他身边，多待一分钟感染鼠疫的可能性就会多一分。可是，蒙田不顾自己的危险，坚持留了下来，片刻不离地陪在朋友身边，悉心照顾朋友。蒙田在挚友身边陪伴着他，给他心灵的安慰，同时自己也感受到了挚友直面死亡的勇气。拉博埃西安慰蒙田，人生中有很多时候比死亡更痛苦，他早就做好了死亡的准备，已经把伟大的哲人们对待生死的态度铭记于心。蒙田第一次如此近距离看到死神把他的挚友带走。他同时也被挚友所感染。拉博埃西把自己的所有藏书和文稿都交给了蒙田，把没有出版的论文集也一并交给了蒙田。蒙田把拉博埃西留给他的书收藏到自己的书房中，在阅读这些书籍的时候就会感觉朋友仍然在身边陪伴，不会觉得孤单。蒙田把朋友临终那段时光里所说的话语都记录在本子上，留给后世，并把遗稿都编好，准备送到出版社。

蒙田为了完成朋友的遗愿，还给法国枢密大臣写了封信，推荐朋友的拉丁语诗集。蒙田还给国王级骑士、御前参政顾问写了封信，推荐拉博埃西翻译的《持家之道》一书。蒙田还给国王御前会议顾问保尔·德·弗瓦先生写了一封信，来进一步推销朋友的著作。除此之外，蒙田还给鲁瓦西和马拉西斯领主，那瓦尔国王查理九世御前枢密大臣欧亨利·德·梅姆写信，使更多人了解他的朋友。

蒙田为了挚友拉博埃西的书籍的出版，做了很多努力，写信给有影响力的人物，推荐挚友的书籍，在他有了一定的知名度后，联系出版社将挚友的书籍出版。在把这一切都做完之后，他把朋友藏在自己的心中最为柔软的地方。他和拉博埃西的友谊也成了世人所称赞的美好的友谊。

第三节　蒙田的家庭生活

　　1565 年，蒙田家族和波尔多的一家贵族联姻，蒙田和弗朗索瓦丝·德·拉·沙塞涅喜结连理，蒙田当时三十二岁，他的妻子当时还不到二十一岁。夫妻两人相差十多岁，这在当时是很普遍的现象。他和弗朗索瓦丝的婚姻是家里安排的，不是自由恋爱，他们的感情也是婚后才培养起来的。蒙田对这种家里包办的婚姻一点儿也不抗拒。他的妻子有点大小姐脾气，喜欢发火，在蒙田看来，他娶得不是一位妻子，而是一位母亲。婚后他和弗朗索瓦丝住在不同的房间，这样的现象在 16 世纪的法国是很常见的，当时人们认为夫妻应该有自己独立的空间，城堡很大，仆人也很多，来访客人也很多，许多人进进出出，一点儿也不会觉得孤单。在后来慢慢相处的过程中，蒙田发现自己越来越依赖妻子，他的妻子很有能力，把家打理得井井有条，在他外出的时候，他可以把家里的事务完全放心地交给妻子，而且他曾把自己最早出版的作品献给妻子，足见对妻子的感情。在他们的第一个女儿刚出生不久就夭折的时候，他担心妻子太过伤心，还写信安慰妻子。信中说道："我的妻子，您明白这不是一位风雅的男子按照当今的习俗向您巴结献殷勤；因为他们说聪明人很会勾引女人，娶她则是愚人才会做的事。让他们这样去说吧，我本人还是按老一代的简单方式行事。我的妻啊，您与我就过着老法兰西式的生活吧。您应该记得我的亲兄弟，我的莫逆之交，已故的拉博埃西先生，临终时他把自己的文稿和书籍都给了我，这成了我最宝贵的珍藏。我不愿小家子气独自霸占，也配不上使这些东西只为我服务。为此，我有心跟我的朋友共同享用。而且我深信没有人比您更亲密，我给您送上普鲁塔克寄给他妻子的《慰问信》，由拉博埃西译成了法语。命运使这份礼物对您来说是如此合适；在我们结婚四年后才有了这个盼望已久的女儿，却只让她在生命的第二年就必须离您而去了。但是，我委托普鲁塔克安慰您，告诉您如何应付这件事，请求您为了我的爱而相信他的话，因为他向您说出了我的想法，在这方面说出来的道理，也远远比我强。"从信中可以看出蒙田对妻子的关心，对妻子的爱。

悲伤总是潜伏在幸福之后悄悄降临。蒙田又经历了一次亲人从身边离开的痛苦。蒙田的父亲饱受肾结石病痛的折磨，蒙田眼看着原来身强力壮的父亲一日比一日消瘦，心里难过极了。有一次，蒙田看到父亲突然间疼痛难忍，汗如豆子般顺着脸颊流下来，紧接着便晕了过去。后来疼痛发作的间隔时间越来越短，还引发了其他病痛，病魔令他整个晚上都难以入睡。1568年，被疼痛折磨的父亲离开了这个世界。父亲在临终前让蒙田翻译雷蒙·塞邦的《自然神学》一书，在父亲离世当天，蒙田给父亲写了封信："大人，根据您去年在蒙田城堡交给我的任务，我给这位杰出的西班牙神学家和哲学家雷蒙·塞邦，亲手度身定制了一套法国式奇装异服，又尽量使他摆脱您初次见他时这身荒唐的装束和怪异的举止，以使我看来他可以风度翩翩地出现于任何体面的场合。然而眼光犀利与爱挑剔的人还是能够看出他举手投足间有些加斯科涅人的做派。现在，大人，既然他的一切修正与改进皆有赖于您，说他借了您的名字受到世人的注意与尊重也是对的。然而我还看到，若要与他计较得失的话，还是您欠他的更多，因为他贡献的是精辟的教义阐述，高瞻远瞩，还有超尘脱俗的观点，您在这方面带来的只是词句和话语"。

父亲离世的那天对于蒙田来说，是一个令人伤心的日子，也是一个具有转折意义的日子。父亲的离世，不仅意味着蒙田将会继承数目可观的遗产，也意味着作为家族长子的他，不得不为家庭承担起责任来，家庭的重任落在了他的肩上。在此之前，他还是一位贵族公子，可以悠然自得的过自己的生活，家里的事情都用不着他操心。在此之后，他变成了一家之主，不能继续自己无拘无束的生活，他必须为家里的事情考虑了。在此之前，他和父亲、母亲、兄弟姐妹共同生活在城堡内，在他的思想意识里，城堡是"祖先的城堡"，因而他对财产、家政、庄园的经营管理都一概不过问。在此之后，他成了蒙田城堡的继承人，不仅继承了贵族头衔还继承了一万里弗赫①的地租，成了一位富有的继承人。作为一家之主，他必须对自己的言行负责，尽管这是出于无奈。

他要承担起各种各样的职责：料理每天数以百计的小事，对每天的账目进行管理结算。蒙田喜欢每天给他新鲜感、有创造力的工作，他喜欢偶尔做做自己想做的事情。他非常讨厌自己像机器一样，做单调的枯燥乏味的工作。做这些工作需要十足的耐心、细心和恒心，总而言之，办事要一丝不苟、兢兢业业，而这些蒙田一项也不具备。已经是三十五岁的蒙田，在此之前他只是象征性地做做父亲交给自己的工作，很少管理家里的事务，一是由于父母把家里的事务都打理得井井有条，他没有操心的理由；二是因为自己对家庭事务一点儿兴趣都没有。蒙田曾经在书中承认，自己在三十五岁之前很少管理家政。蒙田连地里的庄稼名称都认不全，更别提管理了。他坦率地承认："要是谷物的区别不太明显，不论是在田地还是在仓库，我都分辨不出是哪种谷粒。"他说："我根本分辨不出菜园里到底种的是卷心菜还是生菜。我

---

① 里弗赫，法国旧时流通的货币名，当时的价值相当于 1 磅白银。

连农庄里的重要器具的名称都不知道，甚至连最基本的农活都不知道，普通农民家的孩子都知道的事情，我却不知道……每个月都逃脱不了被别人揭底：有人会在现场发现，我竟然不知道发酵面肥在烤面包时的作用；或者有人会发现，我竟然不知道，仆人们在大桶里搅拌葡萄会发生什么变化。"蒙田不会用筹码计算，也不会用笔计算，大部分的钱币他都不认识，不知道机械技术，也不懂贸易和商品相关的知识，不懂水果、葡萄酒和肉的种类以及特点，不会训练猎鹰，不会给马或狗治病……他曾说："即使为我准备了一厨房的烹调食品，我也会挨饿。"

正如不擅长农事一样，他也不喜欢待在他的公事房里办公，在办公室里一篇篇审阅契约，对于蒙田来说是一种精神上的折磨，蒙田在书中说："我很难强制自己从头到尾看完契约，或者强使自己从头到尾看完协议书，然而这些文件必须由我亲自审核。这并非是由于我在思想上对世俗琐事的轻视……真正的原因是，我具有一种孩子般的懒散和漠不关心。相比从头到尾读契约，我更愿意做一些其他的事情。"

尽管每天琐事缠身，但对于继承大笔遗产，蒙田是欢迎的，因为拥有自己的财产可以保证内心的独立，不至于整天为了赚钱而担忧，财产能起到一个保障作用。然而，他只是愿意拥有财产，并不热衷于将这笔财产增值。他不是一位守财奴，不愿意成为金钱的奴隶。蒙田说："在经营中，我喜欢有人向我隐瞒那些损失，或者向我隐瞒其中的争执。"其实蒙田这种对财产的态度是经过三个阶段逐渐形成的。无忧无虑的童年过后，蒙田经历了三种理财情况。

第一种情况，有十年的时间，蒙田生活的主要来源是家里的钱和朋友的救济。那时候蒙田的日子过得很开心，根本不用愁没有钱花，自己也不用担心钱财的来源。朋友们的钱包一直向蒙田敞开着，因为朋友们很信任蒙田，认为他勤俭节约，为人诚实可靠，喜欢把钱借给他。

第二种情况，蒙田经营自己的庄园，把钱紧紧抓住，过了一段时间，蒙田就有了一笔很可观的收入，除了庄园正常运营的收入之外，没有积蓄不能算作真正地拥有财富，因为随时会有意外的情况发生，所以，蒙田开始大量积累钱财，以备不测。有了积蓄之后，蒙田就开始担心怕其他人知道自己拥有财富后，会向自己借钱，或是抢夺自己的财富。所以蒙田对自己拥有的钱的数目闭口不谈，他敢于谈论他自己，但是提到钱的时候从来不说真话，不会把自己的财产公之于众。蒙田整天担心自己的财产的安全，提心吊胆，外出旅行的时候，也会思来想去该带多少钱合适，钱带的越多，他的忧虑也会越多，对身边的一切格外留意，一会儿担心路途不安全，害怕万一遇到劫匪，一会儿担心车夫靠不住，只有将钱放在自己的身边才会有些许安心。如果把钱放在家里，更是会整天疑神疑鬼，难以入睡，有时候守钱比挣钱更困难。一旦有了一定数目的财产之后，蒙田就不舍得花一分钱。在此之前，蒙田花钱大手大脚，想买什么任由自己。而现在有了自己的钱后，他开始知道赚钱的辛苦，舍不得花自己的钱了。蒙田开始变成了一位守财奴，成了金钱的奴仆。

第三种情况，蒙田开始量入为出，有时多花一些，有时少花一些，但是从来都不会脱节。在这个阶段蒙田体会到花钱的乐趣，这要得益于一次旅行，那次旅行花费很大，也让蒙田体会到了花钱的乐趣。在他看来存钱的目的不是为了置购地产，扩大经营的规模，而是为了快乐。在这一阶段，蒙田不怕没有财富，也不想再增加自己的财富。

　　如果要蒙田料理庄园不是一件容易的事情，经营好葡萄园就是首要的难题。如果遇上风调雨顺的季节，葡萄园年产量可达上万升葡萄酒。但是遇到荒年的时候就没那么幸运了。当时处于内战时期，不仅有天灾还会有人祸，附近到处是士兵，他们会时不时地抢劫附近庄园里的值钱的东西。蒙田通过自己的一些关系，才减少了损失。蒙田打理了一段时间的庄园后，觉得很浪费时间和精力，感到身心俱疲。于是他把庄园交给妻子来打理，有时候他外出旅行或工作不在家时，家里的事情就交给妻子全权负责，他很放心。因为他的妻子很能干，而且像他的母亲那样都喜欢管理家务。他曾经说："在这样一个地方，所有事情都与你相关，这样太可怜了。"他很喜欢抛开家里的一切，出去旅行，接触外面的新思想。其实，外出旅行，也是蒙田在逃避应该承担的责任的一种方式。他喜欢自由不受任何事务的牵绊。他的这种做法，推卸自己的责任，被庄园里的仆人瞧不起。仆人也会经常偷他的钱，而蒙田宁愿受一点损失，也懒得把自己宝贵的时间花在盯紧仆人的行动上。

　　有时候，蒙田希望会有第三者主动站出来为他管理这些家务。他还希望以后等女儿长大了，盼望着能由女儿和女婿来接手他现在的工作，为他分担一些家事。这样蒙田就可以无忧无虑地度过他幸福的晚年生活，和儿女们共享天伦之乐。他还想着把财产的管理权和使用权都托付给女婿，让女婿代替他来处置他的财产，女婿最好是有好的理财能力，把庄园管理得很好。他曾说："我宁愿自己不知道拥有多少财产"，他有意识地让自己对钱财的收支情况一无所知。他也不会为损失的钱而伤心。蒙田曾说："要是我能用现在的生活，去换取一种简简单单、清闲悠然的生活的话，我会非常愿意。"蒙田的兴趣不在经营庄园上，他想出了一个办法，他把经营的职责从烦琐的事务简化到所能简化到的最低程度，不像他的父亲喜欢扩建庄园，修缮庄园，蒙田仅仅想维持着庄园的原貌。

为了比较轻松地肩负起压在他肩上的重担，蒙田做了一个决定——摆脱追求名望的负担。他父亲很注重荣誉感，曾把他推入公众的视野中，他在最高法院担任陪审法官足足有十五年时间，但在法官生涯中蒙田并没有官运亨通。在他的父亲去世后，他开始思索自己的法官生涯，并提出了疑问。在他长期担任预审法官的第十名推事之后，有人提议将他晋升入大法庭。可是大法庭于1569年11月14日否决了这一提案，原因是为了避嫌：蒙田的岳父是大法庭的庭长，不仅如此，那时已经有蒙田的一位内兄担任了大法庭的参议。从表面上来看，这件事对蒙田来说不是好事，但从更深层来考虑，这未尝不是一件好事。因为这样蒙田就有理由可以告别公众服务，有时间做他喜欢做的事情。

从他卸下了法院推事的职位那一刻开始，他可以自由选择按照自己的意愿为公众服务，即挑他感兴趣的事做，这很符合蒙田的脾性。蒙田不为名利所累，抛开了沉重的包袱，只想追求内心的"自我"。

1569年或1570年的一天，天气晴朗，阳光明媚，树林里空气清新，蒙田决定出去散散心，投入大自然的怀抱。父亲去世以后，家里的重担压得他喘不过气来，他已经好久没有呼吸外面的新鲜的空气了。他骑着马在树林间散心，细碎的金色阳光从树林中叶子间的缝隙漏下来，星星点点，时暗时明，他终于感受到了久违的自由，身心可以完全放松，陪伴他的是骑着马的仆人。他身着休闲服：上身穿着衬衣和短褂，下身穿着便于骑马的马裤，还带着防卫的武器——剑。当时他们一行人走到了离蒙田城堡三四英里远的地方，蒙田认为此地距离自己的住处很近，不会有危险的事情发生。可是不幸的事情突然而至，一个高大的仆人骑着棕色的马在乡间小路上狂奔起来，那匹马性子暴烈，似乎有些不听使唤，那个仆人只顾看后面的同伴，并没有注意到前面身材矮小骑着马的蒙田。等仆人回过神来，已经来不及了。他的马直接撞上了蒙田的马。蒙田感觉到好像一个巨人向他压了过来，他的后背受到了重创，他骑的马嘶声鸣叫，重重地摔在了地上，蒙田却被撞飞向空中，然后急速坠落，摔在马十步开外的空地上，四脚朝天，他的皮肤擦伤了，身体动不了。他手中的剑也摔到了十步之外，腰带也断了，蒙田失去了知觉，不省人事。后来蒙田这样记叙这件事："马儿倒在地上，已经被震昏过去。我仰面躺在十到十二步开外的地方，一动不动，脸上满是瘀青和擦伤。我原来握在手里的剑，这时已飞到了十步之外，腰带也裂成了碎片。我觉得自己像一个树墩一样，毫无动作和知觉。"

仆人们都被这飞来横祸吓得不知所措，慌忙从马上下来，来到蒙田身边想要唤醒他，但无济于事，于是仆人们把蒙田小心地扶起来，搀着他费力地向城堡方向走去。快要到城堡的时候，蒙田有了意识，醒了过来，开始剧烈地咳嗽起来，他觉得好像有人扼住了他的脖子，呼吸变得非常困难。其实那时他的胃部出了血，他费力调整好姿势，把体内的血吐了出来。仆人们小心地把蒙田再次扶起来，蒙田一路上吐了整整有一罐子鲜血，他神志不清，开始用力撕扯自己的上衣，不停地挣扎。后来他描述那时的感觉："我感觉自己的生命仅悬于唇尖，我闭上眼睛，似乎要尽力吐出这最后一口气，感受这撒手人寰的愉悦。这念想漂浮在灵魂的表面，同样的细微脆弱，但它不仅超脱了一切苦痛，而且还伴着那沉入梦乡时的甜蜜。"

在蒙田摔下马的时候，已经有仆人策马加鞭地赶回古堡，把这个不幸的消息告知了蒙田的家人。他的妻子看到仆人们抬着蒙田时，跌跌撞撞地从高低不平的小路上跑了过来，面色苍白，急忙询问蒙田的身体状况，那时蒙田处于半清醒的状态，他吃力地回答了妻子的问话，然后妻子吩咐人把蒙田扶到马背上。

蒙田在《随笔集》中回忆说："好像头脑清醒的人才会这样考虑，然而那时我却不能说是清醒，其实都是无意识地回答。我不知道自己来自哪里，将要到哪里去，也难以对别人的要求进行自己仔细地思考。这是感觉产生的一种轻微的反应，就像一些习惯性的动作；灵魂在这里起到的作用微乎其微，好像在梦中，仅留下淡淡的水一般的痕迹。虽然我见到了自己的家人，但是认不出来。家人扶我躺下，我感到这次的休息非常甜蜜，因为我被这些仆人们折腾得够呛，他们也很累，用双臂抬着我走了很长高低不平的道路，他们中途还换了两三次手。"蒙田认为自己的头部受了伤，拒绝吃药。在蒙田当时看来，"这样死去会很幸福，因为理智的受损使我的判断力消失了，以至于对身体的疼痛没有丝毫的感觉。我任由自己飘飘然，悠然自在，不觉得还有别的动作比这更为轻柔。"这样的感觉一直持续了两三个小时，之后蒙田恢复了知觉，有了意识，他感觉到自己的四肢剧烈的疼痛，有两三个晚上都痛得睡不着觉。他翻来覆去地改变睡姿，这让他感觉生不如死。等蒙田身体恢复后，也没有再追查是谁把他撞下马，因为在意识恢复之前他就问过，而他的仆人们都对蒙田隐瞒了真相，为了包庇那位闯祸的人，他们编了一个理由来安慰蒙田。其实，蒙田也不愿意再深究这件事。可能蒙田还会感谢那位闯祸的人，正是他让蒙田有机会上了死亡这一课。蒙田喜欢亲身体验所有的可能性。在蒙田这次与死亡近距离接触后，他发现死神的面目不一定是狰狞的，还有可爱的一面。

说到死亡，蒙田有更深刻的体验。蒙田失去了 5 个女儿，这五个孩子刚出生后不久就都夭折了。当时医疗技术水平有限，很多孩子刚出生就夭折了。在蒙田看来，最令人痛苦的事情就是丧子。蒙田觉得，第一，人生中会遇到许多痛苦的事情，如果一直沉浸在痛苦中难以自拔的话，短暂的一生就会毫无乐趣可言。其实也可能是挚友的离开使他受到的打击很深。第二，在蒙田看来，痛苦不是取决于事物本身，而是取决于人们如何去看待它。蒙田也曾遇到过令人痛苦的事情，他会调节好心态，昂首挺胸地迎接那些痛苦。

1570 年，圣日耳曼条约的签订宣告了宗教战争暂时停止。1571 年，蒙田的女儿莱奥诺出生了，这是蒙田唯一活下来的孩子。女儿的出生并没有使蒙田感到非常开心，因为蒙田盼望着能有个儿子，那样的话他就可以把自己所有的想法、姓氏和财产都传给儿子了。他的心情很失落，所以他把教育女儿的责任交给了妻子。不过，他的女儿莱奥诺是由家里的女仆们抚养长大的。蒙田曾说，"女人有她们一套管理孩子的办法，我们必须按照她们的来"。这句话听起来很像是他在逃避自己的责任。有一次，他无意中听到家庭教师在教女儿词语发音时，教师的一个读音发音不标准。他没有纠正教师的发音，因为蒙田很少管孩子，如果他去指出错误，只会招来更多的埋怨。可是随着女儿一天天长大，蒙田也越来越喜欢这个上天赐给他的礼物了。莱奥诺从小就身体柔弱，性格温和。她的童年很幸福，蒙田和妻子在教育孩子方面达成了共识，认为不管孩子犯了什么过错，要把她的错误指出来，进行批评教育，当然批评的语气不能太严厉，要尽量温和些，多和孩子讲道理。可能由于蒙田从小就是被呵护着长大的，蒙田非常痛恨那些发怒打自己孩子的父亲，每当在街上看到这样的场景，蒙田就会火冒三丈，恨不得上去把教训孩子的父亲打一顿，替孩子出出气。在蒙田看来，孩子还很小，没有力气反抗，只能任由大人摆布，这对孩子来说非常不公平。蒙田在《随笔集》中谈道："为什么就允许家长和教师在发火的时候以鞭打来惩罚孩子呢？这哪里是惩罚，简直就是报复，惩罚的目的是为了给孩子治病，我们能容忍医生对他的病人发火吗？"虽然蒙田不怎么管女儿，但是他常常和女儿一起玩游戏。我们可以想象到蒙田和孩子在一起时，一片其乐融融的景象。其实蒙田并不是一位严格古板不近人情的父亲，而是一位慈祥的父亲。

第三章　归园田居生活

第一节　归隐的原因

1571 年，三十八岁的蒙田隐居于蒙田古堡中，并开始撰写随笔。为什么蒙田会放弃自己的从政生涯，选择过隐居的生活？从下面内容我们或许可以找到答案。

第一，时代所迫。蒙田的退隐和当时的时代背景具有密不可分的关系。蒙田所处的时代是一个由于加尔文的宗教改革，而导致的发生宗教迫害和法国胡格诺战争的时代。到了 1570 年，内战已经持续了八年之久，而且还丝毫没有要结束的征兆。社会局势重新变得紧张起来，新教徒重新拿起了武器，离"圣巴托罗缪之夜"不远了。

蒙田说："我的退隐，是要远离战争以颐养天年。"他受挚友拉博埃西思想的影响，对于自己应该承担的政治使命，他只愿意从和解和宽容的角度去对待。可以说，蒙田是很好的不同派别间的协调者；他为国家服务的重要功绩也体现在秘密的调解谈判上。可是，从当时的社会现状来看，调解所起的作用是微乎其微的：胡格诺教派和天主教派的矛盾不可调和。如果蒙田不退隐，那么他必然需要担起重大的责任，而从他自身来讲，他是不愿意承担任何责任的。他需要一段时间认真考虑，如何在这二者之间做出选择。在那样一个对宗教狂热的时代，他是一位保持清醒头脑的智者，他需要逃避，寻找退路。不过后来人们觉察到，这样一种看法对蒙田来说或许并不正确，因为那位国王①还补给他一项圣米歇尔骑士团骑士的任命，并在几年以后任命他为宫廷侍臣。诚然，蒙田并未做出什么肆无忌惮和惊世骇俗的事。他既不提出异议，也不搞阴谋诡计。

第二，在内心里，蒙田把古希腊人苏格拉底看作自己的精神楷模。有人统计过在蒙田的著作《随笔集》中，"苏格拉底"这个名字在书中一共出现了一百一十多次。蒙田赞扬苏格拉底是"所有优秀品质和十全十美的典范"，苏格拉底人性的闪光之处是："坚持自我"、"不为外界左右"、"宁死不屈"。崇尚人文主义的蒙田无限憧憬美好的未来，但是他却处在一个战乱的时代。在他的眼中，那个时代是一个狂热偏执、失去理智、充斥着暴力和腐败虚伪的时代。尤其是他在法庭任职期间，亲眼看到"多少判决比罪犯的罪行还罪恶！"在这种处境之下，他内心的良知备受煎熬，他希望能摆脱这一切，求得内心的安宁，所以他选择辞官归隐。辞官归隐是一个很好的选择，可以逃避战乱，可以离开腐败伪善的官场，可以保护自己的人身安全，还可以摆脱责任的重担。

第三，在16世纪的法国乃至欧洲，人们普遍认为四十岁的

---

① 这里指那瓦尔王国的国王亨利·波旁。

人就已经老了。为什么那时的人会有这样的想法？心理学家分析认为这是一种"认可的自弃心理"。那个时代人们的平均寿命较短，蒙田的挚友拉博埃西仅活到三十三岁。中年人已经认为自己所剩时日不多，身体各方面机能都在衰退：记忆力在减退，消化功能在衰退等。三十八岁的蒙田在隐退时，把自己描述为"不惑之年已过，已入垂暮之秋"。这样的心态完全是现在七八十岁人的心态。而且在古希腊罗马时代，那些想著书立说的人在这个年纪的时候，通常都愿意离开纷扰的世界，隐居起来，看书著书，安享晚年。蒙田或许也在效仿那些伟大古希腊的先哲们。

第四，蒙田或许需要属于自己的时间来寻找内心的自我。在他看来，自己为社会为他人服务的时间已经足够长了，他想把剩下不多的时间留给自己，为自己的幸福思考和规划。蒙田曾经在《随笔集》中说："安静的隐退不是一件容易的事情。即使没有别的事情的牵绊，仅隐退这件事就足够我们烦恼的了。既然上帝允许我们隐居，我们就应该提前做好准备。让我们把行李收拾好，早早和同伴做一次正式的告别，摆脱这些让人费心费神的事情。我们必须要冲破一切束缚，从此以后想做什么就做什么，除了自己以外，不再受任何约束。换句话说，就是让身外的一切事物归我们支配，却不被这些事物牵绊，世间最重要的事情就是可以完全拥有你自己，有属于自己的心灵栖息地。"

第二节　塔楼书屋

当米歇尔·德·蒙田从父亲手中接管蒙田古堡时，他发现父亲似乎要把塔楼修建成碉堡。一开始修建塔楼时是为了防御，高高的、坚固的白色圆形塔楼直插云霄，墙壁坚固厚实，共有四层，从外观来看巍峨宏伟。塔楼后来成为了生活的居所。塔楼的最顶层是阁楼，里面的钟每隔一个小时都会准时报点，浑厚的声音在整座楼里回荡。

塔楼底层有一间小祈祷室，神龛里挂着一幅米歇尔降服怪龙的壁画，由于年代久远，壁画的颜色已经变得非常浅，难以清晰地辨识壁画的内容。一道十分狭窄的旋转楼梯盘旋而上，直通到二楼的房间。蒙田通常会在二楼休息，而三楼原本用来堆放杂物的房间，蒙田将其改造成了自己的书房。蒙田精心设计、布置自己的书房，并请人把书房装饰一新。书房是圆形的，平直的地方很少，放置着书桌和椅子。

蒙田将自己所有的藏书都搬到了书房，书房中珍藏了许多精美的书籍，他们被整齐地摆放在五层圆弧形的书架上。这些书把蒙田围了一圈，墙壁好像侍卫一样弯着腰把这些书献给它的主人。这些书加起来有一千多册，其中一大部分书籍是蒙田从挚友那里继承来的，一小部分是自己买的。蒙田喜欢这些书籍，对于喜欢的书他会反复阅读，书房就是蒙田的宝藏。除了书籍，书房里还有蒙田收藏的来自各地的工艺品。这些藏品有的是他父亲留下来的，有的是朋友赠送的，还有的是他自己买来的。书房不仅是收藏间，还是蒙田静思默想的地方。书房直径为十六步，因为蒙田古堡建在一座小山丘上，书房的位置又位于三楼所以房间的通风性很好。书房一共有三扇窗户，打开窗户清新的空气扑面而来。从窗户向外望去，可以看到绿油油的田地、广阔的庄园，外界的一切景象尽收眼底，说这个地方是瞭望台一点儿不为过。倘若哪天他突发好奇心，从这个小书房他可以看到城堡里发生的一切事，他可以做一个旁观者，静静地观察外面所发生的事情。但是如果在外面，作为庄园主人的蒙田是不能袖手旁观的。在这里，他可以监视城堡里发生的事，但是没有人能监视得到他；他把自己封闭在书房中，与外界的环境隔绝，没有人会为一些家庭琐事来打扰他。在这里他可以安静地思考。他是这里的国王，可以统治这里的一切。这是他个人的小世界，不是和妻子、女儿、亲友共享的世界。在其他的地方，蒙田的权威只是在口头上表达一下，而实际上没有多大的效力。在家中，也没有让他自己独立享受的自由空间。而在书房，蒙田可以自由自在地享受属于自己的清静日子。

房间足够大，他可以来回踱步。蒙田曾说，如果自己坐在那里不活动的话，思想便会处于沉睡的状态，两条腿必须活动起来，自己的思维才会活跃起来。蒙田习惯在身体活动中思考事情，他的思绪会随着身体移动而飘散到远方。他吩咐仆人把从挚友拉博埃西那得来的书籍搬到书房，并整整齐齐地陈列在书架上。挚友留给他的书是他精神上的导师，可见蒙田对挚友的怀念之情。他还雇人把五十四字拉丁文格言雕刻在书房的木梁上，以便于在休息时，一抬头就能看到这些意蕴深远、充满智慧的格言警句，可以时刻激励自己，不断地自我反省。

书房中的格言警句：

一　对人来说，知识终极是认识到事情的发生都是有道理的，其余一切不用操心。（《圣经·传道书》）

二　上帝给人认识事物的兴趣是为了折磨他。（《圣经·传道书》）

三　空酒囊里装满的是风，没主意的人一脸自命不凡。（斯多巴乌斯）

四　阳光下的一切有同样的命运与规律。（《圣经·传道

书》)

五　最美好的生活就是不思不想。（索福克勒斯）

六　非彼也非此，两者皆不是。（塞克斯特）

七　神在世上创造万物，不论大小，把其观念置于我们
　　心中。（《圣经·传道书》）

八　因我看到我们人人只要活在世上，终其一生仅是些
　　幽魂或淡淡的影子。（索福克勒斯）

九　唔，世人可怜的精神！唔，盲从的心！在那么黑暗
　　的人生里，那么巨大的艰险中，消逝去我们仅有不
　　多的岁月！（欧里庇得斯）

十　动辄自吹是伟大的人，第一个挫折就会把他打得趴
　　下。（欧里庇得斯）

十一　天地与海洋统统加在一起，与茫茫宇宙相比还是
　　　微不足道。（卢克莱修）

十二　你见过自比为圣人的人吗？疯子也比他更多理
　　　智。（谚语）

十三　灵魂如何与肉体长在一起，你尚且不得知道，神
　　　的作为你更不得知道。（《圣经·传道书》）

十四　这可能存在，这可能不存在。（塞克斯特）

十五　美是值得赞美的。（柏拉图）

十六　人是泥做的。

十七　在我们自己眼里不要把自己当贤人。（圣保罗
　　　《罗马书》）

十八　迷信跟随骄傲，对它敬重如父。（斯多巴乌斯）

十九　上帝不允许他人骄傲自大。（希罗多德）

二十　不要怕也不要盼你最后的日子。（马提雅尔）

二十一　人，你不知道这样或那样适合你，也不知道这两样对你是否需要。（《圣经·传道书》）

二十二　我是人，我认为对人的一切都不陌生。（泰伦提乌斯）

二十三　不要过于自逞智慧，免得显出愚蠢。（《圣经·传道书》）

二十四　若有人以为自己知道什么，其实他仍是不知道。（圣保罗《哥林多前书》）

二十五　人若没有，自己还以为有，就是自欺了。（圣保罗《加拉太书》）

二十六　不要只相信自己所看到的。（圣保罗《罗马书》）

二十七　以前无人知道，今后也无人知道是肯定无疑的东西。（色诺芬）

二十八　活着该称为生命，还是死亡该称为生命，谁知道呢？（欧里庇得斯）

二十九　万事都太难，世人不能理解。（《圣经·传道书》）

三十　语言有充分的余地说好或者说坏。（荷马）

三十一　人类对故事贪得无厌。（卢克莱修）

三十二　万物皆虚妄。（伯修斯）

三十三　凡事都是虚空。（《圣经·传道书》）

三十四　保持分寸、遵守界限、按照自然。（卢卡努）

三十五　尘土，你有什么自豪的呢？（《圣经·传道书》）

三十六　那些自以为有智慧的人，其实很悲哀！（《圣经·以赛亚书》）

三十七　享受在你眼前的事，其余你又能知道什么呢。
　　　　（《圣经·传道书》）

三十八　没有一个道理没有它的正反两面。（塞克斯特）

三十九　我们的神志在黑暗中游荡，眼前一片茫然，不
　　　　能够辨别真伪。（米歇尔·德·洛皮塔尔）

四十　上帝选人像影子，当光明移走时影子也消失了，
　　　　谁将对他作出判断？（《圣经·传道书》）

四十一　只有不确定才是确定的，只有人才是最可悲和
　　　　最自大的。（大普林尼）

四十二　在上帝的创造物中，对人来说，风的痕迹是最
　　　　不可知的。（《圣经·传道书》）

四十三　每位神，每个人，都有自己的偏爱。（欧里庇
　　　　得斯）

四十四　若把自己看作是个人物，这种自命不凡的看法
　　　　会贻害终生。（斯多巴乌斯）

四十五　人不是被事物本身，而是被自己对事物的看法
　　　　所困扰。（爱比克泰德）

四十六　人提高自己的思想是好事，但还是超不过人的
　　　　思想。（欧里庇得斯）

四十七　何必用难以企及的宏图大业去折腾你的心志
　　　　呢？（贺拉斯）

四十八　耶和华的判断如同深渊。（《圣经·诗篇》）

四十九　我什么都决定不了。（塞克斯特）

五十　我什么都不懂。（塞克斯特）

五十一　我中止评判。（塞克斯特）

五十二　我观察。（塞克斯特）

五十三　以风俗与感觉作为指南针。（塞克斯特）

五十四　换位推理。

五十五　我知道什么呢？（塞克斯特）

五十六　就这么一回事。

五十七　不偏向任何一边。

在以上五十七句格言之中只有唯一的一句是法语："我知道什么呢？"这是一句带有怀疑主义意味的格言，蒙田用这句格言时刻提醒自己，要多读书，不要自满。在书房旁边，是一间冬天用的小房间，当天气寒冷时，可以把火炉点上火，小房间便成为了一间暖阁。蒙田围坐在小火炉旁边，悠闲地看着书，火炉上的水壶咻咻作响。他在房间里装饰着几幅油画，后来被人们涂盖上了。蒙田是这里真正的主人，没有人可以对他发布号令，除了他自己，也没有人来反驳他，他得到了属于自己的自由。在这里，蒙田成了蒙田。

蒙田在小书屋里开始思考关于死亡的问题，蒙田在三十多岁的年龄思考这个问题，是不是太早了？不是的，在蒙田所在的那个年代，三十九岁已经超过了人的平均寿命，在蒙田看来，能安然无恙地活到那个年纪是件很幸运的事情。在他身边有很多人活不到这个年龄，许多伟人也是很早就去世了。在蒙田看来，首先，死亡随时会夺走人的生命，人生无常。他列举出了一些离奇的死亡方式，来证明自己的观点。有的人的死亡方式很特别：一位公爵被人群挤死了；一位皇帝被梳子划破头皮而死；一位朋友被网球击中而死；一个人被一头野猪给撞死了；一个人被老鹰爪中掉落的龟壳给砸死了；一个人被一粒葡萄给噎死了。其次，蒙田认为要顽强地同死亡做斗争，时不时地想一想死亡可能会什么时候到来，随时恭候死亡的来临。快乐的时候，不要尽情狂欢，要节制自己。再次，既然不能自己决定什么时候离世，那就好好度过每一天，珍惜生命中的每一刻。即使离开人世了也不会有任何遗憾。蒙田还有一个很有意思的想法，他说如果不给人类规定寿命的话，让人们永生不死，那人们会感觉更难受，更痛苦。如果人们永生不死，就意味着上帝把人类死亡的权利剥夺了。上帝有意给死亡加了一些苦味，免得人们看到死亡是如此容易的事情，便会迫不及待地寻死。为了使人们沉着冷静，不会逃避生，更不会逃避死，上帝让生带点甜味，让死带点苦味，使二者保持平衡。

　　蒙田在三十八岁就选择了隐退，不再为任何人而服务，只为自己服务。隐居中的他对政治、社会、经营都感到非常厌倦。当对一切期待都失去希望，人们往往会选择隐退。他为了让自己下定决心不再重回社会的纷争中去，吩咐仆人在墙上刻下了这样一段文字："公元 1571 年，三月朔日前夕，三十八岁生日将要到来之时，米歇尔·德·蒙田长久以来已经厌倦国家的苦差和公职的重负，希望可以隐退到缪斯①的怀抱中，安安静静、平平淡淡地度过余生。"这样就相当于正式向外界宣告自己想要的生活，希望离开纷繁复杂的世俗，去过世外桃源般的隐居生活。生命中的大部分时间已经流逝。蒙田希望命运之神允许其保留住这一处曾经献给自由、安宁、悠闲的栖身的地方——祖先留下的静谧书房。这次辞别的寓意比上次辞官的寓意要深远许多。这是一次跟外界正式的告别。在此之前，他是为了别人而活着，从此之后他要为自己而活。在此之前，他做的事情，并非出于他内心真正的

――――――――――

　　①　缪斯，希腊神话中的女神。

想法，而是父亲、国家要求他做的事情。他已经积累了许多经验，现在要对这些经验知识进行认真地思索，追根溯源。米歇尔·德·蒙田已经活了三十八年，现在有时间了，他要好好想一想自己究竟是谁，从哪里来，要到哪里去。他更倾向于关注自己的出生和死亡，探究生命的奥秘。蒙田厌烦了世俗的一切，曾经的他想要出力相助，可无能为力；曾经的他希望升迁，可有人挡住他的去路；曾经的他想要替别人出主意，但没有人重视他说了什么。

第三节　读书和生活

隐居到古堡中就会不受任何干扰吗？隐居古堡就可以独自享受一个人的时光吗？隐居古堡就可以静心读书吗？对蒙田来说，隐退到自己的城堡中并不意味着一切都合他心意，并不意味着他能有完全不受打扰的私生活。虽然从法律上来说，城堡归他个人所有，但这个城堡里住着许多人，不是只有他自己。城堡里还有他的妻子、母亲以及对他来说不是非常重要的子女（他连他的孩子中有几个夭折①都不知道。蒙田一共有六个女儿，可只有一个存活下来。）除了亲属外，城堡里还有仆人、佃农、农夫。这一大家子的人，他都得考虑到。一个小家庭都会遇到各种各样的事情，更别提一个大家庭了。大家常常为了一件小事争得面红耳赤。与其看到一大家子人吵闹，还不如选择独处。他感到家中那些鸡毛蒜皮的事情令他厌烦，防碍他自由思考，令他非常不舒服。他想在自己余下的半生中不再管家中无关紧要的小事。蒙田

---

① 蒙田有六个女儿，其中有五个夭折。

的挚友拉博埃西能做到与家庭琐事保持一定距离，蒙田曾经一度非常崇拜他朋友的这一特质，他也想效仿这位朋友。

蒙田在担任官职时，没有放弃为公众服务是因为作为政府的管理人员比经营管理家庭操心得少。现在，躲在书房里的他也可以安心读书，可以认真思索，可以享受属于自己的时间，不必再为别人忧心，只为自己而操劳。蒙田真正寻找的是他内心的自我。"内心的自我"不属于特定的国家，不属于特定的家族，不属于特定的时代，不属于纷繁复杂的客观情况，不属于金钱，不属于任何财产；歌德把这样一种"内心的自我"称之为任何人都不能进入的"碉堡"。如今，蒙田下定决心要躲进这样一个封闭的角落，为的是从妻子和子女的生活中逃开，为的是从城堡内其他人的生活中逃离。

蒙田曾说："蒙田城堡里住着约有十口人的家庭，住着的佣人、农夫、工人和佃农就有几十个。大家共同生活在一个地方，有欢笑也有泪水，有甜蜜也有悲伤，这里不会是一个非常安静的地方，生活会时不时地为你带来一些使你忧心的事情。一个小家庭会遇到的种种事情，这个大家族遇到的只会更多。子女在这里出生，有的也在这里安葬。今天院子里有口井塌了，明天院子里的葡萄冻坏了。今天契约到期要重新签订，明天人们之间的争执需要调解。日常的经营活动买卖、称重、结账都必须在这里展开。如果你想要经营管理的话，那么时时刻刻都会有新的事情需要你来处理。脑子被别的事情占据，根本没有时间来操心自己的事情。"

所以蒙田想要隐居，而蒙田的隐居是分两步进行的：第一步是弃官回家，结束自己的政治生涯，从繁重的公务中抽出身来；第二步是脱离这个家庭，从琐碎的家庭事务中脱开身来，然后回到追寻自己内心的自我中去。具体来说就是摆脱俗世纷扰的家庭，摆脱别人对他的种种要求，摆脱纷繁复杂的事情，安心隐居到"内心的自我"的"碉堡"中。

实际上，歌德所说的"碉堡"其实仅是一种比喻，但米歇尔·德·蒙田真的为自己建造了一座"碉堡"，并且装上了门闩和锁子。当年皮埃尔·埃康计划如何扩建蒙田古堡，人们今天已经无从知晓。蒙田在此基础上又进行了多次改建。1882年，蒙田城堡遭遇了一次大火，这场大火几乎把古堡的主体建筑都烧毁了，幸运的是米歇尔·德·蒙田的"碉堡"仍然完好无损。

根据蒙田书中的描述，可以看出蒙田的家人并不都非常体贴，懂得照顾别人，为别人考虑事情。蒙田曾经这样记叙道："我告诫家族中那些总是习惯大发脾气的人。我首先告诫他们要学会克制自己心中的怒火，不要随意发火；告诫他们要先弄明白他们究竟为什么而忧心；告诫他们要弄明白他们究竟抱怨什么，因为他们总是习惯在事情还没有发生之前就不假思索地大发脾气。他们也为已经发生的事情心烦发怒。实际上，他们情绪激动、暴跳如雷，既不会让那些犯错误的人受到应得的处罚，也不会让人产生任何兴趣。这种大吵大闹于事无补，只会让人更加心烦。"

由于蒙田在宽松、自由的环境下成长，他对待仆人也不会很严。对于仆人在食宿、工资方面偷偷留下的外快，他不会计较，他会让仆人们对他装出感激的样子。蒙田总是习惯于对任何事情都做出最坏的打算，并用耐心和诚心来安然接受事情最坏的后果。在遇到事情之后，他会左右摇摆不定，会反复地思考，即使是一件小事情也会扰乱蒙田的思绪，而任何思考都会影响他的睡眠质量。他还说："如果你总是大声责骂一个偷东西的仆人，他就会无动于衷，因为这个办法你已经对他用过一百次了，而责骂仅仅是由于你的仆人没有刷干净一只杯子，或是没放好一张凳子。发怒时要有目标，对谁发怒就应该让他听到，因为很多人习惯于在被指责的人没有在场时就开始责骂，等他们早已离开了，还在那里责骂。骂得丧失了理智的时候，就是在责骂自己。"

家族里的人乱发脾气，蒙田对这一点非常反感，这样会使他的心情变糟，扰乱他的心境，令他无法专注于他想做的事情上。蒙田说："当我们发火的时候，千万不要责打自己的仆人，当我们火冒三丈时，心跳加剧，就应该把事情往后放放，等平心静气之后，再回过头来看这个问题，可能我们对事物就会有不同的看法。冲动的时候，是情绪在指挥着人说话，而不是我们自己。带着有情绪的眼光看错误，错误往往会被放大，这就和在浓雾中看事物是一个道理……谨慎而有分量的惩罚，受罚者才会更乐意接受，效果往往也会更好；相反，如果暴怒时惩罚别人，受罚的一方就会觉得他受到的惩罚不公正，为了为自己辩护，他会列举出主人失当的举止。"

蒙田还描述了他在发怒时候的表现："我发怒时，会尽可能尽快平息怒火，尽量少吵闹。我会速战速决，言辞激烈，但不会令人晕头转向，我会口不择言，但不会一直攻击别人的痛处，我发怒时通常只是说说。我发怒的理由有大有小，对于我来说，发怒的理由越充分，我的仆人们就越会觉得有利可图。我常常会为一件小事发怒，不幸的是，当你被推下了悬崖，谁推你下去的，就变得无关紧要了，你会一落到底，加快速度往下坠落。当我有重大的理由发怒时，正因为理由非同小可，人人都预料我会大发雷霆，但我不会，这令我颇感自豪。我会竭力控制自己，不让怒火爆发出来，那些理由在我脑海中翻腾，威胁我说，一旦你把怒火发出来，就会变得不可收拾。当我要勃然大怒时，不管有多么强烈的理由，我会凭着坚强的意志力，把怒火控制下来。可是，一旦我被愤怒抓住，不管理由多么微小，我都会大发雷霆。"

也许正是由于家里没有一个安静的环境，蒙田才决心为自己建造一座圆形石头碉堡。他可以从里面出来，但外面的人却不允许进入。这样他就可以不受家人的打扰，安安静静地做自己想做的事情。在这里，他可以随意变换自己的身份，可以随心所欲地变换自己的角色：有时他是城堡的主人，有时是大家长，有时是孩子的父亲，有时是妻子的丈夫，有时也是母亲的儿子，而有时他只是他自己。

蒙田曾经一度考虑，是否应该把围着小屋外边的那堵墙拆掉，以便他可以有一条通向外边的小路，可供自己散步。但后来，他改变了自己的想法。可能拆起来比较麻烦，也可能由于他还是乐意待在自己的书房里，不想与外界接触。他把自己置于周围都是格言信条的书房中，这种做法很独特，他通过这种方法来时刻提醒自己，要做什么，不做什么。他想要自律，这才是他独处的原因。他并不需要像宗教徒那样用宗教戒律约束自己，他想要遵守内心的准则。那他为什么要这样做呢？也许就连他自己也不清楚这样做的原因，这应该是一种内心的愿望吧，是他的内心意志让他这么做的。但这并不意味着蒙田要完全封闭自己，蒙田喜欢和大家交谈。蒙田曾这样描述自己："我的本性喜欢和大家交流。我全部都彰然在外，天生为了社交和友谊而存在。"

蒙田和苏格拉底一样喜欢和别人讨论，并以此为乐。如果上天非要夺走他的一种感官的话，他宁愿选择自己的眼睛看不到，也不愿意自己听不见，不能说话。蒙田喜欢读书，但相比读书来说，他更喜欢与人交流自己的想法。这里的谈话不是指非常严肃的交谈，而是相约几个志同道合的朋友，大家在活跃的气氛中，互相逗乐，机智的语言不时地闪现。他主张与人相处的能力，要从小时候一点一点地培养，这样个人才能够更好地融入社会。蒙田曾说："经常与不同的人交往，能够在很大程度上提高个人对其他人的判断力。否则我们永远局限于自身，眼光很狭隘。"

除了与人交谈，蒙田同样很喜欢辩论。蒙田认为，如果别人和他的意见不同，是件好事，他并不会因此而动怒。每个人对同一主题表达不同的看法，可以集思广益，可以摩擦出新的火花，新的想法，有助于进行更深层次的思考。通常与人辩论时，蒙田的态度是很温和的。如果对一个问题讨论得非常投入的时候，蒙田便会心情激动，极力争辩。在很难受理智的控制下的情况，他也会说出不经仔细思考的话。在蒙田看来，这完全是可以的。人们都有自由表达的权利。在蒙田古堡里面，没有繁杂的条条框框束缚人们，来古堡作客的朋友可以随意参观。在蒙田看来，一些礼仪性的东西可以完全抛开。

蒙田认为，让人感觉真诚的善意很重要。不论是在工作中和同事的相处，和国王的相处，还是与邻里之间的相处，都非常需要这一点。有时候，为了结交朋友，蒙田需要参加社交娱乐活动，即便他自己不是很喜欢，对于那些游戏，蒙田一样也玩不好，也没有任何兴趣。他还喜欢接待街头艺人：跳舞的、杂耍的、耍狗的等。

蒙田的城堡不是一个封闭的堡垒，而是开放式的城堡。经过城堡的人们都喜欢来蒙田古堡作客，蒙田把大门敞开欢迎世界各地的人。当然蒙田在写作的时候，不免会受到干扰。即使在战火纷飞的年代，蒙田城堡每天也是坚持敞开大门。难道蒙田不害怕吗？蒙田也曾经想过自己可能会被突然闯进家里的暴徒给杀害。

但他以绝对的信任对待来访者，即使是对心有不轨的人也一视同仁。在动乱的年代，法国乡间的盗贼、匪徒横行，哪里都不安全。那时候，家家都采取了措施，为了防止这些匪盗进入，加派人手看守大门，养狗守卫大门。院子内的葡萄园也有专人来看管。但蒙田只留了一位看守，主要目的也不是防止盗贼的进入，而是装点门面，是按照以前的礼仪习惯设置的，蒙田更喜欢让太阳和月亮为他看守院子。

只要有人敲门，蒙田都会欢迎对方进来，不论是朋友还是陌生人。蒙田觉得不设防反而会更安全，他说："在别的方法中，要使我的屋子在内战期间不受洗劫的最好办法，可能就是把大门敞开。防御会引起进攻，不信任会触怒别人。"事实也确实如蒙田所料。戒备森严的城堡被匪徒光顾的次数远超过蒙田古堡。也许在盗贼看来，上了锁的门里可能会有值钱的财物，而蒙田城堡防守松懈，肯定不会有什么值钱的东西。有时候防不胜防，也许家里的仆人中也有盗贼的内应呢，连自己的家人都很难百分之百信任。如果把钱都花在防御的上面，那么家里的钱财就可能亏空。这就犹如一个国家如果把国库里的钱都用来防御，国库就会出现亏空。如果财产亏空到一定数额，就会破产，朋友这时候也不会同情你，反而可能会责备你没有做好万全的防御，自己疏忽大意。与其这样还不如不设防，与其整天忧心忡忡，担惊害怕，活在恐惧之中，还不如敞开大门，无恐无惧，运用自己的智慧和宽容，迎接一切挑战。在当时处于内战烟云笼罩中的法国，这样做的人蒙田还是第一个，也是唯一的一位贵族。他已经平安度过三十年，从来没有遭到洗劫，这不得不归功于蒙田的魄力和智慧。不过，偶尔也会有想来洗劫城堡的人出现。

有一次，一队士兵闯入古堡，蒙田以礼相待，后来蒙田发现他们心怀不轨，想要趁机把古堡据为己有。蒙田装作什么也不知道，像朋友一般对待他们，尽地主之谊，以诚相待。后来他们被蒙田的行为打动了，放弃了当初的计划。

还有一次，蒙田独自一人骑着马走在郊外一片茂密的森林中，正当他悠闲地欣赏风景的时候。忽然，从树林中跳出来十五到二十个彪形大汉，拦住了蒙田的去路。他们都蒙着面，没有办法辨认出他们的真面目。说时迟那时快，紧接着一波骑着马的弓箭手也如风而至。看样子他们是一伙的，都是事先埋伏在这里，专门抢劫路过的行人。蒙面人将蒙田带到了远离小路的偏僻地方，蒙田想要喊人来救他，但没有用，他只能靠他自己了。这帮蒙面人把蒙田随身携带的行李、财物都拿走了，并开始翻看里面的东西，讨论应该如何瓜分他的马匹和其他财物。当听到其中一个蒙面人出主意要把他作为人质来换取更多的赎金，他们在讨论赎金应该定多少合适时，蒙田再也忍不了了，他大喝一声，引起了蒙面人的注意。他镇定了一下，厉声说道："你们可以得到的只有这些了，这是我的全部家当，如果把我作为人质索要赎金，你们什么也得不到，会空手而归。"蒙面人被蒙田的话吓到，他们一改以前的态度。他们商量了一会儿，领头的人向蒙田走了过来，好像对待朋友那般，非常客气，他先是把自己的面罩取了下来，对他说他们决定放蒙田走。不仅如此，蒙面人还把蒙田的一部分财物还给了他。蒙田能够成功脱险，在于他面对歹徒时，坚定不容置疑的语气、直面危险的勇气和不屈不挠的态度。我们也应该学习蒙田面对危险时坦然的心态。

第四章 十年写作岁月

第一节 书写自我

> 这位思想者最出色的成功之处，是研究了可研究的事物，同时冷静地尊重不可研究的事物
>
> ——歌德《格言与沉思》

在接下来的十年中，米歇尔·德·蒙田在他自己建造的塔楼里，度过了一生中的大部分时光。在他登上通往书房的楼梯那一刻，仿佛人世间的一切嘈杂都离他而去，他的书房就是他的心灵栖息地，在这里他可以做任何自己想做的事情，不会受到外界的打扰。他曾说："我有一颗柔弱、非常容易被搅扰的不安分的心"，甚至到了"如果心中正在想一些事情，一只飞过来的苍蝇就可以把这一切搅乱"的地步。可见他不希望自己被人打扰，想要在隐居的日子里有闲适的心境。如果读书读累了，他便起身活动活动。从书房的窗户向外面望去，他便会看到下面大片绿油油

的田地，还有平坦开阔的农庄院子和整日忙忙碌碌的家人的身影。在这书房之中，只有他喜欢的书籍与他相伴。当然，他并不是整天都埋头在读书，但只要意识到有这么多书在他身边，他就会非常开心。"因为我知道，如果我什么时候兴趣来了，我就能够立即看这些书；仅是拥有这些书籍，我就很满足了。我从来没有在旅行时不带书，不论是在战争岁月，还是在和平年代。但经常发生的事情是，在我还没有来得及看上一眼书，几天或几个月就如白驹过隙一般偷偷从我身边溜走了。每当这个时候，我就会安慰自己说，这本书反正有机会读，或许是明天，或许是将来某个时候忽然来了兴趣……在我看来，书籍是人们在旅途中非常好的精神食粮。"

书籍可不像那些缠着蒙田的人，蒙田需要花费心力去摆脱他们。书籍不同，如果不去主动召唤它们，阅读它们，它们不会自己找上门来。他想读哪本书完全可以自由选择。"我的书房就是属于我的王国，我要做支配这里一切的绝对统治者。"在阅读的时候，各种书籍把它们的想法告诉蒙田，而他用自己的答案来回答。各种书籍说出它们的观点，这可以启发蒙田出现新的想法。假如他选择静心沉思，书籍是不会打扰他的，只会静静地待在那里。只有当他有不明白的事情，询问书籍时，书籍才会告诉他。在这里，他可以支配一切，可以主宰一切，这里是他的王国，书籍就是他的大臣。在这里他感觉自己获得了心灵上的满足。

蒙田曾经精辟地讲述了他怎样读书以及喜欢读什么类型的书。他喜欢自由，所以他和书籍的关系一样也非常自由。他读书完全是随性而读，什么时候读，读什么，读多少，完全随他的兴趣。既然他已从那些应尽的职责中逃离出来，他就不会在为自己定下任何需要遵守的新职责。蒙田在《随笔集》中说："我希望悠然自得地度过余生，而不是度日如年。我不再愿意为了一样东西呕心沥血，即便是做学问也是如此，不管做学问是一件多么光荣的事。我在书籍中也要找寻阅读的乐趣。"

在他看来，年轻时读书是为了炫耀，炫耀自己掌握的知识的多少，而后来读书是为了增长自己的智慧，从书中找到对自己有用的观点。蒙田曾经把书籍作为一种摆设，用书籍来装点自己的门面，装饰自己的博学，为了满足自己的虚荣心，而不是为了满足自己的需要。后来他读书是为了内心的愉悦，从读书中获得的快乐和获得一笔财产的快乐是不能相比的，这些与功名利禄丝毫没有关系。如果他觉得一本书无法让自己提起兴趣，他就会换一本来读，这完全随自己的心意。如果他觉得一本书非常难理解，他说："那么我通常不会在难懂的地方绞尽脑汁，反反复复地思考。我在一两次冲刺之后就会放弃，因为我知道，我的脑子一向只能转一个弯。如果第一眼没有弄明白某一点，那么在这一点上花费再多时间也是没有用的，只会使自己头脑变得更加混乱。"这位看似"懒散"的读者，在还未尽力时就搁下了。可是同时，也避免了钻牛角尖，在一个问题上耗费太多精力。蒙田写道："我不必为这些努力流汗，费尽心力。如果觉得合适，我就会放弃这些努力。"他把自己关在塔楼里面，不是想成为研究某个领域的专家学者，他只是希望书籍对他有所启发，通过启发使他获益。他讨厌一切成为系统的东西，讨厌别人试图把他人的学问、想法强加于他。不论什么类型的教科书他都非常反感。他在《随笔集》中写道："我一般会选择那些书中的知识已经可以利用的书籍，而不去选择那些知识才刚形成的书籍。"作为休闲读物，他喜欢薄伽丘的《十日谈》，让·塞贡的《吻》和拉伯雷的作品。他是一位懒散的读者，偶尔看看书的读者，但他又是一位如此聪明的读者。对于读什么类型的书，他有两个偏好。他喜欢读纯粹的诗作，尽管他自己在写诗方面并没有天赋。他曾经承认，自己在读完拉丁语诗篇时也尝试过创作拉丁语诗歌，在创作过程中，他欣赏到了语言艺术的魅力。同样他也陶醉于古朴的民间诗歌。他反感满篇漂亮话而内容空洞的书。在诗歌方面，他喜欢维吉尔、卢克莱修、卡图鲁斯和贺拉斯的作品，其中尤为喜欢维吉尔的《乔琪克》。蒙田认为，读书虽然是一件快乐的事情，但是这种乐趣和其他的乐趣一样也是会有副作用的，如果你一味地沉迷其中，整天坐在那里看书，你的身体健康就会出现问题，要劳逸结合，读会儿书就应该站起来休息一下，尤其对于接近四十岁的蒙田，过分沉迷其中对身体很不利。

蒙田一方面喜欢极富想象力的书，一方面又喜欢纪实性的书，所以他说："历史是正在向我的网球拍迎面而来的网球。"但是，即使在历史方面，他也是喜欢两个极端。他曾说："我喜欢那些写历史书的人，或者喜欢朴实无华的作者，或者喜欢高品位的作者。"一方面，他崇拜像傅华萨①那样只记述"单纯的历史原始资料"的编年史历史学家。傅华萨写史实的态度严谨认真，如果人们指出他罗列的史实失实，他就会加以改正。傅华萨甚至把一些传言都记录下来，以供后人参考。傅华萨这类型的作家只是如实、客观地记述发生的事情，不会加入自己的评价，认真地把所有资料搜集起来，按时间顺序加以梳理，让后人可以按自己的需要选择。而另一方面，蒙田又非常崇拜那些"真正有杰出才能的历史学家"，这些历史学家能够真正了解人们的心理，能够把原始资料去伪存真、去粗取精。"然而只有极少数的历史学家才

---

① 傅华萨，法国宫廷史官和诗人，著有《见闻录》等。

拥有这种非凡的才能。"所以，"那些撰写传记的人为我们准备好了材料，以供我们思考，因为他们更看重的是动机，而非事件本身。在他们看来，内因导致的结果比外部发生的事件更为重要。这就是我在所有的历史学家里最推崇普鲁塔克的原因。"

蒙田推崇普鲁塔克和塞涅卡，从他们的作品中受益颇多。他们两个人和蒙田都有相同的地方，很合他的脾性。蒙田喜欢他们书中的小段简短精悍的议论，例如：普鲁塔克的《短文集》和塞涅卡的《道德书简》，因为不需要蒙田花很长时间来阅读，蒙田没有这个耐心。在蒙田看来，塞涅卡的文章中写得最好的是《道德书简》，因为不需要人一本正经地坐下来细细品读，随时随地都可以阅读一两篇，因为书中都是独立的文章。普鲁塔克和塞涅卡有很多相似的地方，他们都出生于同一个世纪，都曾经做过罗马皇帝的老师，都在国外出生，家底丰厚，他们的处世哲学也很一致。他们的学说是哲学的经典，道理讲得透彻明晰。普鲁塔克沉着稳重，塞涅卡兴趣广泛。塞涅卡的文章语言犀利。普鲁塔克的文章温和朴素。当你读了塞涅卡的文章，会感到心潮澎湃。而当你阅读普鲁塔克的文章时你会感到清风拂面心旷神怡。蒙田也喜欢阅读西塞罗的《给阿提库斯的信札》，书中不仅有大量的史实，还有许多作者个人的爱好兴趣。

在蒙田看来，其他介于两者之间的历史学家，既不是杰出的历史学家，也不是质朴的历史学家，他们"只会把一切弄得糟糕。"因为"他们所做的是想代替我们思考，他们自以为可以拥有评判历史的权利，可以按照自己的意志歪曲历史"。书中描写的历史人物，蒙田觉得恺撒值得人们好好研究，不仅从历史的角度，从恺撒本身的个性来说，也是一个值得我们研究的典型性人物。蒙田曾说，当他阅读恺撒时，他会怀着充满敬意的心去阅读，有时被恺撒的行动折服，有时被他优美简洁的文笔折服，钦佩之情会油然而生。恺撒对他的敌人的评论很中肯，但是书中也有一些缺点，就是恺撒善于遮掩出于自己的野心而犯下的过错，而且对自己的私生活也会避开不谈。从书中难以了解到一个全面的恺撒。蒙田也指出现在编写历史的大多是没有真才实学的人，认为写历史就是写文章，那些人把道听途说的事情，经过加工美化就写成一篇美文。好的历史书应该是经过亲身实践写出来的，这样的历史书往往是由希腊人和罗马人写出来的。

蒙田非常喜欢历史。在蒙田眼中，一件小小的名人逸事，比包罗万象的大千世界还要重要。蒙田或者读很有艺术性的书，或者读朴实的书，或者读诗人的诗，或者读编年史作家的历史书。"最不屑一顾的是没有实质内容的漂亮话"——就像魏尔兰①所说的一种"自我表白"。蒙田是非常厌恶这种自我表白的。

蒙田喜欢读书，喜欢徜徉在知识的海洋中，蒙田曾经这样赞美过书籍带给他的慰藉："博览群书首先会激发我进行思考的能力，会促使我用记忆中的人或事来进行判断。"正是他头脑中记忆中的人和事启发他做出回答，引导他提出自己的观点。头脑中有了足够的储备，才可能进行联想比较，从而形成自己的想法。比如：蒙田在看书时有这样的习惯：他喜欢在书中做笔记，把他认为有用的内容画线标记，并在书后写上读书的日期，记下在读这本书时脑海中留下的印象。但这些还不算做书评，仅仅是用手中的笔和书进行简单的对话。后来，待在书房的寂寞渐渐向他袭来，书籍中有越来越多的问题需要他回答。与此同时，有时他为了检验一些想法，就尝试着用笔都记录下来。蒙田说："隐居到

---

① 保尔·魏尔兰，法国诗人，主要作品有《伤感集》、《智慧集》等。

古堡一段时间后，我就决定尽量不参与任何事情，我要安安静静、平平淡淡地度过属于自己的后半生。在我看来，最合我心意的是一种悠然自得的心境，在闲适自在的日子里把自己的看法娓娓道来，并以此来自娱自乐。我盼望着，随着时间的一天天流逝，做这件事情会更加容易，因为我的思想正在一天天稳定和成熟。可是实际情况并非如此，我的思想犹如一匹脱缰的野马，我需要给自己找一片更为广阔的草原，让它无拘无束自由自在地驰骋。在我的脑海中，各种各样奇奇怪怪的思想浮现了出来。为了能用冷静的头脑更好地思索这些奇思异想，我就开始把这些想法都写在纸上。我希望，我的想法也许很快就会自惭形愧的。一种没有方向的思想是很容易消失的。谁愿意以四海为家，其实他是没有自己的家。没有一种风会为一个不知要驶向哪个港湾的人而效力。"

　　蒙田对别人说，他读过一些书。其实这是一个谦虚的说法，他可以说是博览群书。书中的非常多的想法汇聚在他的头脑里，如果不加以记录整理，这些好的想法就会偷偷溜走，就像手中的流沙那样，不留下任何痕迹。所以，他尝试着把这些想法都记录下来，这是不需要承担任何责任的。在那时蒙田古堡的继承人还未想过，要将随手写的东西——《随笔集》出版。他也从来没想过，自己会成为一个作家。据他描述，"在我匆匆随意地写下我的想法时，就如裁缝从各式各样的布料上，剪裁下布块，然后将它们缝合在一起，但却没有裁剪的样板，即没有裁剪的目标，如此一来，我既不用为我的想法负任何责任，也无须遵循内心的想法。如果我认为恰当，我就会适时放弃我的想法，我就会重新回到以前的怀疑一切的态度，我会回到主要的思维方式上去：一无所知。"

他认为自己没有义务要像学者那样，每一句措辞都保证精确无误，像作家那样保证作品的原创性，像诗人那样语言优美。他也不像那些专业的哲学家需要提前假定：说不定有的人已经想到过类似的想法。因此，他也全无顾虑，他写下的有些话是在西塞罗或者塞涅卡①作品中读到的话，他说："我经常让他人替我说出一些我自己说不好的话。这不能当作我借用他们的话，而是我非常看重他们的这些话。"在借用别人的话时，他会有意将别人的名字隐去，对于他做的这些，他会坦然承认。他说："如果我能为一个新的结论偷偷借用别人的话，把别人的话加工，变成自己的话，这时的我是最开心的：原来有那么多的话可以让我使用。"还不能把他称为作家，他只是一个喜欢反思的人。换言之，他也经常不认真对待自己写下的东西。他说，"如果我不为我自己写的东西承担责任，换句话说，当我写得惬意时，我不会为我写的东西向别人承担任何责任。一个急切寻求知识的人就应该在知识的海洋中采集所需的知识。"蒙田渴望自由，因而他也不愿意把自己定义为作家、哲学家，或是定义为一个文学家。"不论是我说的，抑或是我引用的语录，都不应该拿来作为实例，作为权威，作为楷模。"他重复强调说，"当我重新看我写的东西的时候，我自己都不喜欢，觉得枯燥乏味。"他说，如果有一种惩罚"百无一用和厚脸皮的文人"的法律的话，正如惩治那些整天游手好闲的人一样，那么他和其他许多人就会被驱逐出写作王国。他说，"我绝非一个作家，我所能做的仅是写出我自己的生活。这将是我唯一的使命和神的召唤。"

---

① 塞涅卡（前 4～65），古罗马哲学家、政治家和剧作家，著作有《论天命》、《论幸福》等。

当然蒙田也不是一直两耳不闻窗外事，一心只读圣贤书。有时他会出门办事，文章也就自然而然搁置下来，写写停停这样一直持续，经历了许多阶段才最后完成手稿。他会时不时做一些小的改动，但是绝不会用后来的想法代替之前的想法，有时为了使文章更加优美，他会改动整段话而不仅仅是一两个词。他愿意把自己的思考过程呈现给读者，让读者看到他思维的产生、变化过程。有时蒙田也会犯懒，他会让他的仆人做口授的记录，但是他的仆人却把里面的文章偷去了，把蒙田的信任给偷去了，蒙田经过这一次之后，很受启发，他说"这件事使我欣慰的是，失去这些文章以后，至少以后再也不会失去其他的什么了"。蒙田从中吸取了教训，还是决定亲自来写。

一位高贵的贵族，一位本不是作家的人，不知道该用剩下的时间做些什么。于是，他就偶尔以不承担任何责任的方式写下了自己的一些看法。蒙田就这样持之以恒地描述着自己的生活。这就是他最初写作的那几年的真实状况。这就是他在写作《随笔集》第一卷和第二卷时的真实状况，是蒙田首创了"随笔"的这种写作形式。既然蒙田只是随便写写，那为什么后来蒙田会同意《随笔集》在波尔多出版呢？原因是：蒙田这样描绘自己，他想看看自己是什么样子。他总是习惯强调自己的写作如何不好，如何不严谨；说他对语法一点儿都不会，说他的记性如何不好，说他没有能力表达好自己想说的话。这是一种他的故作谦虚吧。无论如何，连蒙田自己都没有想到，他竟然成了作家。

是《随笔集》将他推上作家的宝座，同时也给他带来了一些负面的影响。因为，当他感觉到自己被他人注意时，所有的读者都会是一面镜子，每个人都有着不同的面孔。事实上，当他的《随笔集》第一卷和第二卷刚出版时，他就开始写作其他的作品了。与此同时，他也开始对自己出版的《随笔集》进行修改。从"波尔多版"《随笔集》来看：他精心斟酌每一个用词，即使是标点符号都耐心改动，这种修改一直延续到他离世。此后的几个版本有数不清的增补内容，充满名人的各种语录，在蒙田看来这是他显示自己读过许多书的好机会，与此同时，他渐渐喜欢把自己放在中心位置。以前的他谈论自己，仅仅是为了找寻自我，认识自己；现在的他谈论自己，是为了向世人展示他是一个怎样的人。他决心要非常真实地描绘自己，甚至包括他的容貌特征。他在《随笔集》的第一稿很少谈到自己，却说出了更多的实质内容。第一稿中的蒙田描述的是真正的蒙田，是隐退在塔楼书房的蒙田，是在不断认识自己的蒙田。第一稿中的蒙田更真实。尽管这位有智慧的人终于难以摆脱诱惑，但是他还是先必须把自己认清，然后才能把真实的自我展现出来。"我的书可以放在书房的角落里，给愿意了解和阅读我的著作的人们消磨时光用。别人写自己，因为觉得自己的经历丰富，值得一读。我则恰恰相反，我写的内容枯燥，不会有自持自擂的嫌疑。"蒙田也会担心他的书没有人看，如果这样的话，他会觉得花了这么多时间进行的思考，有些白费了。"我在书中的形象是现实中的我真实的写照，因此能从我身上吸取很多东西，我必须经常训练自己……我给别人描绘我的形象，给我着上的色彩比本身还要明晰。与其说是我塑造了书，还不如说是书塑造了我。"

有人可能会问这样不断地了解自己，是不是在浪费时间。有的人在思想上探究自己，有的人在口头上回顾自己，他们没有先审视自己，也不会深入地剖析自己。蒙田在研究自己，而且把这作为自己的工作和职业，持之以恒、诚心诚意地进行研究。

第二节　痛并快乐着

蒙田在写书的过程中，觉得自己已经老了七八岁，但过得很充实，在写书的过程中也伴随着身体疼痛的折磨。他被肾结石顽疾缠上了，这种病来得毫无征兆，使人痛苦难熬，可以随时夺取人的生命。每次病痛发作的时候，蒙田一开始还觉得思想意识是清醒的，后来，随着疼痛的加重，他的意识开始模糊，他难以集中精神。这时，他还是会勉强打起精神去和朋友们闲聊，用尽全力与病魔抗争。在熬过一次次难以忍受的疼痛之后，蒙田觉得死亡对他来说已经没那么可怕了。在此之前，蒙田一直觉得自己很幸福，突如其来的病魔把蒙田带入了地狱般的生活，病魔时不时地来看看他，享受着折磨他的快乐，蒙田没有一刻得到安宁。虽然饱受病痛的折磨，但是蒙田一直不惧怕病魔，他的心态很好，从来不会自己吓自己，为自己的疾病担心。

蒙田的肾结石或许是遗传自他的父亲，他父亲在六十七岁的时候，患上了这种病，在这之前毫无征兆，身体的任何部位都没有感觉，蒙田父亲的身体一直强壮健康，几乎不生病。他的父亲得病之后，又同病魔抗争了七年才离开人世，在即将离世的那段日子里，蒙田看到原本身强力壮的父亲被病魔折磨得非常虚弱，非常痛苦。蒙田是家中第三个出生的孩子，在众多的兄弟姐妹中，只有蒙田遗传了父亲的疾病，得病时蒙田才四十五岁。

蒙田虽然得了肾结石，但是从来不请医生医治，蒙田不相信医生有以下几个原因：

第一个，蒙田对医生的反感是受到家里人的影响。蒙田的父亲活了七十四岁，他的祖父活了六十九岁，他的曾祖父活到将近八十岁，从来没有吃过药，身体一直很好。在蒙田的祖辈们看来，只要不是日常食用的东西都是药。他的父亲一看到药就会受不了。他的一位叔叔，是教会人士，从小体弱多病，这样一个病秧子活到了六十七岁。有一次，蒙田持续发高烧好几天，医生让家人告诉他如果不及时治疗必死无疑，而他听到后还是回答："那就让我死吧"。后来他没有医治，凭着自己的意志力竟奇迹般好了。蒙田深知生命的无常性，在他看来，自己无病无灾地活到这个年龄已经很满足了，即使要离开人世，在当时那个年龄也是高寿了，没必要再看医生了。

第二，蒙田认为医学的根基是病例和实验。但是如何做一个令人信服的实验呢？蒙田对此怀有疑问，他认为对于医生来说，运气的成分显然要高于理性。蒙田积累的一些经验使他觉得，凡是去看医生的人，总是最先得病的，最晚被治愈的。遵守医生的嘱咐吃药，身体状况会越来越糟。医生们会任意摆布自己的病人，还会使原本健康的人生病，这样一来就可以把病人永远控制在自己手中。蒙田不愿意这样一直被控制在别人的手中，即使是生病了也不能。他在生病的时候还是向往自由，想要通过自己的力量来治疗自己。蒙田在生病的时候还在旅游，他觉得生病的时候不需要比健康的时候更多的照顾。

第三个，当时的医疗条件还不完备。蒙田的四个兄弟中，最小的一个和医师打过交道，但他比蒙田的其他兄弟活得时间都要短。不仅如此，蒙田亲身经历的一件事情，使他不相信医生通过手术可以治愈他的肾结石。他的一位好朋友，是一位主教，让医生帮忙治疗肾结石，当时医院里的医生都劝这位朋友通过开刀的方式取出肾结石，那时蒙田也认为这是一个好办法，他也帮着医生劝这位朋友。可手术过后不久他的朋友就去世了，等尸体进行解剖时才发现，他的这位朋友是腰子有疾病，而不是肾有问题。医生的诊断出了问题，这种错误是致命的。有了这一次的教训，蒙田再也不相信当时的内科医生了，他认为还是外科比较靠谱，因为医生对人们做的大家都能看得见，心里有底。可见蒙田对医生的不信任，和当时的医疗水平有关。当时的医疗设备没有那么齐全，而且医生的医术还没有那么好。当时医生的医德也很令蒙田怀疑，他看到很多医生如果治好病人就会竞相争功劳，而如果出现什么问题的话就会把责任推卸得一干二净。蒙田曾经经历过，他家邻近的城里有一段时间流行一种疾病，这场流行病杀死许多人，当时人们闻之色变。流行病得到控制后，当地一位著名的医生写了一本有关这场流行性疾病的书，他把这场流行性疾病的发病原因归结为当地居民的一种放血的习惯，而且写这部医书的作者声称，没有一种药不包含有害的物质，他们把医生的责任推得一干二净。

第三节　生活习惯

蒙田认为用餐时间过长对身体有害。用餐时间过长大概是他在孩提时代养成的习惯，他喜欢在桌边坐多长时间，就吃多长时间。蒙田喜欢在吃饭后休息一会儿再离开，他喜欢大家围坐在一起谈天说地。他很乐意做一个倾听者，或许是由于酒足饭饱后，开始犯困，说话会使他感觉可能影响身体健康。他的这种想法和觉得饭前争吵对健康有利是一个道理。如果蒙田想要节食的话，他就会故意避开吃饭的人，一个人躲到一边吃一些小吃，因为他害怕自己来到餐桌前的话会控制不住自己。他对肉食很挑剔，喜欢吃煮得很嫩的肉食，也喜欢吃腐制过的甚至变了味的肉。他不喜欢硬的食物，也不喜欢生冷的食物，比如凉拌的生菜和水果等。

蒙田喜欢各种调味汁，这一喜好和他的父亲截然相反。蒙田感觉到自己的口味在不停地改变：最开始蒙田喜欢喝白葡萄酒，后来变成淡红葡萄酒，后来又变成了白葡萄酒。蒙田最喜欢的食物是鱼，即使在斋戒的时候他照样吃荤，在禁食的日子照样大摆筵席宴请宾客。蒙田非常反对暴饮暴食，他认为食不在多，贵在精，少吃多餐对健康更为有益。蒙田也不会因为生病而忌口，他不会按照医生的叮嘱吃粗茶淡饭，蒙田不喜欢有人来约束他的饮食。一年四季，他习惯只穿一双长袜。即使冬天也不会穿太多的衣服，他是有意让自己保持头脑的热度。他的帽子从无边的软帽到高层有边的礼帽；他的紧身上衣里面的料子只是起到装饰的作用，不会有累赘感，这样即便是在冬天他也可以健步如飞。

平时他都感觉不到口渴，他经常口干但是并没有想喝水的感觉。他一般会在饭前空腹喝很多酒，有时甚至会停不下来。他喜欢用小酒杯盛酒，习惯一口气喝完，他经常会在酒里面兑水，一半酒一半水。蒙田受不了难闻的气味，他喜欢空气流通的空间。他的呼吸道很健康，即使是感冒，也不会剧烈地咳嗽。相比夏天来说他更喜欢冬天，因为夏天的阳光很刺眼，强光的照射和高温会使人中暑，并且他的眼睛也受不了阳光的刺激，每当这时候，蒙田便将玻璃放在书上从而减弱白色对眼睛的刺激。他不喜欢戴眼镜，但他有轻微的近视，每当日暮时分他就会感到视力模糊，看不清楚远处的物体，就连看书也觉得吃力。蒙田感觉到自己在一天天变老，视力也越来越差了。蒙田虽然个子小但是走起路来很快，他很难集中注意力听讲道，很难坚持到底，他总是不老实，会乱动，坐不安稳。

蒙田常常觉得自己对什么事情都漫不经心，而且这种习惯很难改掉。在他逐渐衰老的时候，他开始慢慢留心自己的生活习惯。在蒙田看来自己的有些习惯很不好，比如在白天根本睡不着觉，不吃早饭，两顿饭之间不能吃任何点心。晚饭吃得晚的话不到一定时间睡不着觉，在饭后三个小时以后他才能睡着。饭后和起床之前必须洗脸。如果身上出了汗必须擦干净，不能喝白水和纯酒解渴，不能光头的时间很长，晚饭后不能剪头发。如果出门不戴手套，就好像没有穿衬衫一样别扭。他对自己喝的酒很讲究，必须用自己喜欢的高脚杯来放酒，他喜欢透明材质的杯子，而不喜欢金属材质的杯子。

第五章　追寻自我

第一节　追寻自我的动力

蒙田总是抱怨自己的记忆力差。在他看来，他有一个与生俱来的缺陷，就是记忆力差。对于自己的这个缺点，他很为之烦恼，有时候骑马时，一个有趣的想法会突然冒出来，但是由于他没有随身带纸笔的习惯，脑子又记不住，只好让它偷偷溜走。他还想着如果不是记忆力差，应该能记住有趣的梦境。他曾经说："记忆力其实是非常有用的东西，如果没有记忆力的话，那就谈不上判断。"他后来又说自己不具备记忆力。他说："应该没有人比我的记忆力差了吧，因为我找不到记忆的痕迹，我想在这世界上，应该没有人会比我更缺乏这一点吧。"他的记忆力差也许和小时候的家庭教育有关，那时候蒙田很自由，没有人会逼着他做一件事情，他缺乏在记忆力方面的训练。蒙田有时认为自己不仅懒散，而且反应慢，他对于那些小朋友经常玩的游戏比如纸牌、跳棋等，一点儿也不擅长，仅仅知道游戏的规则。如果有人让蒙田说一件事情，他必须分成几部分叙述，假如让他对一段有好几个问题的话作答，他会很吃力。在他要演讲长篇大论的时候，他会先把每一部分的关键词记下来，如果不这样做的话，他就心里没底，在演讲的时候也会缺乏自信心，因为他总在担心自己不好的记忆力会令他出丑。对于他来说，这样做也并不轻松，要背三行诗，他需要三个钟头。如果演讲的是他自己的内容，他就可以改动段落的位置，替换一些词汇，增加一些内容，这样一来更难记住作品的内容。"我越不相信自己的记忆力，就越是记不清楚，不去想它的时候，记忆力反而会变好。不能催促它，越是催促就越会使记得的内容颠三倒四，它会在它喜欢的时候为我效劳，而非在我需要它的时候为我效劳。"

每当蒙田想要去书房查阅资料或者写东西的时候，他怕忘记自己穿过院子去那里的原因，就只好把去那里的目的先告诉他的一位仆人，让仆人提醒他。假如他在讲话的时候偏离了原有的思路，就会忘记原来要讲的内容。所以他讲话往往会围绕一个主题，内容也很枯燥。蒙田对于服侍他的仆人，会用他们从事的职务或出生地点的名称来称呼他们，因为要让他把仆人们的名字都记住是一件很困难的事情。这些名字通常有三个音节，叫起来很难听，不管它是以哪个字母开始或结束的，都一样难听。他有时在想，万一他丧失了记忆力，会是怎样的一种情况。蒙田还不止一次地忘记自己在三小时以前发出或接到的口令，还曾忘记自己把钱包藏在什么地方。总体上来讲，他知道所有科学的名称和研究的对象，但其他的东西就不知道了。他对翻看过的书籍，不会做仔细的研究，假如有一些知识留在脑海中的话，他也不记得这是别人的东西。他从书中得到的唯一的东西就是推理和想象的能力，作者、地名、词汇和其他的情况，他很快就会忘记。"我的遗忘能力到达了难以企及的地步，就连自己的作品和写过的东西都会忘记，别人引用我的文章，我却没有发现。"如果有人问他作品中引用的诗句和例子的出处，他很难回答出来，一般蒙田都会引用杰出学者的话语。"我的书分享着我读过的书的内容，我的记忆不仅忘记我写的东西，也忘记我读过的东西，既忘记我给予的东西，也忘记我得到的东西。"

蒙田会常常这样宽慰自己记忆力差的缺点，他说，首先记忆力差有助于他克服一个可能产生的严重的缺点，即追名逐利的欲望，那些喜欢社交的人，往往拥有一个好的记忆力，而记忆力不好就成为他们的最大阻碍。其次，记忆力虽然衰退，但是其他的能力加强了，判断分析能力加强了。如果自己的记忆力很好，许多事情都存储在脑海中，没有经过整理的散乱的记忆片段，就会阻碍自己的思考和判断力。正是由于蒙田的记忆力不好，他的话语会很简练，能清晰地把一些素材储存到记忆库中。最后，记性不好的人，一般不容易撒谎，会很真诚。有的记忆力好的人喜欢卖弄自己的能力，常常心口不一，善于捏造谎言，见风使舵，能把黑的说成白的，把白的说成黑的。和记忆力一样，蒙田难以忍受别人指挥他去做一些事情。本来他可以轻易完成的事情，假如有人督促他做这件事的话，他会产生逆反心理，不愿意做。

有时候人们越是想要做好的事情，越是难以做好。有一次，蒙田去一个地方参加聚会，在聚会上如果不喝酒的话，会被看成是没有礼貌的表现。当时主人让人们随意一点，蒙田按照当地的习惯，给女士们敬酒，想要表现出自己酒品很好。但是，由于心里害怕会出现失礼的情况，他就不顾自己饮酒的习惯和自己的酒量去喝酒，但是连一滴都喝不下去。他举了个例子，一位箭艺精湛的弓箭手被判死刑，但是处死他的人说，假如他可以现场表演出他的精湛的箭术就可以免于一死，但是那位弓箭手拒绝了，因为他怕自己太紧张，手会发抖，这样一来不但自己会死，连他的名声也丢了。

上帝在为他关了一扇窗时，也为他打开一扇门。蒙田拥有非凡的理解能力，即他的洞察力是非常厉害的。他喜欢观察周围的一切人和事物，他有着敏锐的目光，能很快明白自己看到的、观察到的、认识到的、领会到的一切人和事。他曾经说："我所看见的事物，我就会看得非常清楚。"但是，他常常懒得把这些观察到的现象，进行系统地整理，并在此基础上进行情理之中地展开。有些认识刚被把握住，就从他指尖流失了，过后什么也没留下。他忘记了自己曾经读过哪些书，也回忆不起来读书的日期，更回想不起来读书时的感受。这一切就如一条河从他身边流过，却没有留下任何痕迹，没有留下任何一种明确的信念、任何一种确定的观点、任何一成不变的东西。

其实，蒙田的这种缺点也未尝不是他的优点。他不会在一个问题上钻牛角尖，他会一直沿着内心的驱使向前方走去。在他看来，没有什么事情是终结的，他不会抱住自己的经验不放。他必须孜孜不倦地探索，从而获得更多的精神财富。所以，他一生都在不断积极进取，探索新的知识宝藏。他并不满足于一时获得的知识，令他快乐的不是知识本身，而是探索知识的过程，他没有像那些寻找"智慧石"①的哲人那样，寻找一种拯救社会的良方。他说："不要大胆地断言什么，也不要轻率地否定什么。"他不朝着一个确定的目标前进。对他这种"飘忽不定的思想"来说，每

---

① 智慧石原指欧洲中世纪时炼丹术士寻找的一种能用来炼丹的物质，后来指技巧、妙诀等。

一条路都会给他带来新的收获。假如依据他最喜欢的哲学家苏格拉底的意思，他一点儿不比任何一位哲学家逊色，因为他什么都没有留下：没有留下任何教条，没有留下任何学说，没有留下任何法则，也没有留下任何知识体系。他留下的是一个鲜活的人，一个在不断寻寻觅觅真实自我的人。①

　　正是由于蒙田这种持之以恒追寻内心的动力，不怎么好的记忆力，使他保持了浓厚的好奇心。他会反复去想一件事情，直到把它弄清楚，他喜欢打破砂锅问到底，他往往会对一个问题思考得很深入。他会成为作家，也要感谢他拥有的这些特质。蒙田了解自己，知道自己会忘记在读一本书时读到的作家的思想，甚至连自己当时的想法也记不起来。为了不忘记这些想法，他的"联想"就会如潮水般汹涌而来，一浪高过一浪，为了不使它们被淹没，他找到了一种办法，就是把这些想法都记录在书的空白处：字的旁边或最后一页。慢慢积累的多了，他就会把写在书上的想法，誊写在单张纸上，他把这些纸叫作"没有拼合的马赛克"。那仅仅是一些笔记，最初是备忘的笔记，没有丰富的内容；后来，他会慢慢从这些笔记中寻找某种联系。在他尝试着写作时，事先怀着一种预感：不会有真正的结果。他的许多尝试着写的东西都非常流畅，文句自然朴实。然而，他唯一确定的是，这些不是他要达到的结果。不论是写作还是记笔记，在他看来都是一种副产品，犹如贝壳里的珍珠。最主要的还是他的生活，这些作品只是"生活"留下来的渣滓。蒙田说："我的使命和我的艺术是：创造我自己的生活。"而"生活的艺术"这才是永远不能复制的。当我们认真生活时，我们会发现生活本身便成了艺术。这种艺术

---

　　①　这段话在原来的底稿中被划掉，但后来又被保留下来。

的生活是独一无二的。一个作家是一个人的影子。有时我们感叹，有些人的写作艺术那么伟大，而相对于他们的"生活的艺术"，显得又是如此渺小。

写书的时候，不论内容是什么，是如何组成的，蒙田觉得从来没有产生过真正令自己满意的东西，别人的称赞也不会让他沾沾自喜，他的一些评论往往很慎重，在提到自己的时候更是如此。他不断地否定自己，没有什么东西可以使蒙田真正满意。一开始没动笔之前，他会觉得自己已经把一切了解得很透彻了，但是动笔之后，他就会发现，自己的看法变得模糊了，思路没有以前清晰了，尤其在写诗的时候。他喜欢诗歌，能体会别人诗歌的思想感情，分析得很好。但是当自己开始写诗的时候，就写不好了。他说自己写的东西很粗糙，不够优美。他难以把事物描绘得超过其本身的价值，经过他的加工很难使素材增光添彩。所以蒙田一般会选取质量更好的素材，素材本身就能放出光彩。他喜欢用朴实的、设置悬念的手法来处理素材，他不喜欢大家都认同的一些陈词滥调的想法。他这样做不是为了使自己的文章风格变得活泼，他只是为了取悦自己，使自己从中得到快乐。他一般在深思熟虑之后才会下笔。他谈论的都是一些严肃的话题，而不是一些有趣的小故事。蒙田不论讲什么主题，都会想把自己知道的深刻的东西拿出来分享给读者。他认为在写作的时候，最难写的是结尾的部分。他不会停留在事物的表面，而是善于深挖事情的实质。

他文章的语言不是优美和平实的，而是尖刻的，不受任何规则的约束。他喜欢使用这种语言风格，有时虽然言语简洁，但是难免会有些晦涩难懂。每次当他想模仿另一种语言风格的时候，他都会失败。他喜欢萨卢斯特的停顿和节奏，喜欢恺撒的语言，但是模仿起来很有难度。他喜欢模仿塞涅卡的风格，但是他也很喜欢普鲁塔克的风格。

讲话比写作要容易，运动会使说话的语气变得很有活力。蒙田在讲话的时候有时会突然变得很激动。他的法语受方言的影响，如果让发音标准的法国人来听的话，会觉得很不习惯。他认为家乡的方言和其他地区的方言都有缺点，就是有气无力，声音拖得很长，比较啰唆。拉丁语曾经是蒙田的母语，由于隔了很长时间没说感觉很生疏，不能像以前一样流利地说了。在此之前，他还是老师的时候，拉丁语说得很棒。

第二节　写作的主题

由于蒙田没有明确的写作目标，每一篇随笔都是偶然写成的，要么出于一种心情，要么出于一本书，要么出于一次谈话，要么出于某一件有趣的事，所以一开始时，各篇随笔没顺序上的内在联系。他从来没有想过要把随笔按某种顺序汇编在一起，他也没有计划把随笔进行修改。写着写着，他忽然发现，这些随笔的共同的特点，是都有一个中心思想，有一定宗旨，还有某种内在的联系，并不是非常松散的。这些随笔的出发点是一样的，而且最后必然归结到一点上，即出发点和归宿点都是"我"。一开始，他感到迷惘，就像蜜蜂来到花园中采蜜，这里采点儿，那里采点儿，没有目标。后来才逐渐明白，他不是盲目的，他一直在找寻某种重要的东西，这就是"寻找自我"。文章有了统一的中心主旨，他终于豁然开朗，有了众里寻他千百度，蓦然回首，那人却在灯火阑珊处的心境。他明白了，他看了那么多书，对人生做了那么多反反复复的思考，就是为了真正的生活。只不过，他只是为了自己而生活。在他曾经看来只是一种闲散的心境，现在成为了一种鉴赏力慢慢浮出水面。随笔中所有的描述，原本仅仅是描述了他对某件事的反应。每篇随笔的话题都是相同的，以他的生活为中心，即以"我"为话题，或者更准确地说，是以"我的本性"做为话题。

在他刚刚发现这一点后，他先前闲散的工作，就开始转变为一种新的内容：自娱自乐。他时常问自己，我是谁。他尝试着将自己置之度外，犹如跳出自己来反观自己。他开始认真观察自己、认识自己、评价自己，从而研究自己。就像他自己所说，他要把自己当作"思辨哲学和自然科学"那样来研究，他要时刻盯住自己。他还曾说，他做的许多事情，都是在理智的控制范围下做的。"我甚至不知道有一种躲藏在理智背后的感情冲动。"他不再是一个单独的个体，变为了两个人。他还惊喜地发现，这种"自娱"是没有止境的。他发现"我"是时刻改变的，唯一不变的只有变化。今天的"我"和昨天的"我"就不同。处于这一时刻的"我"和处于那一时刻的"我"也不同。这就是说，他观察到的是自己各种不同的阶段、不同的情况、不同的细节。每一个细节都不能忽略，有时一个不显眼的小手势会比一种呆板的姿势更能够表现问题。这就相当于他把自己看作影片的主人公，进行慢动作回放，把一系列连贯的动作分解成一系列转变。这样看来，他对自己的研究就会一直进行下去，他永远在寻找自我的路上，直到他离开。为了更好地了解自己，仅仅观察自己是远远不够的。如果一个人紧紧盯住自己看，是看不到整个世界的。所以他研究历史、哲学，不是为了让自己增加知识，为了让自己坚定信念，而是为了看一看历史上的人是如何做事，如何做人的，以便搜集素材与自己进行比较，通过比较，寻找人类共同的人性，从个体出发来研究人类整个群体。

他喜欢研究"历史上内心世界丰富的人",这是为了和自己做比较。他研究别人的善恶标准,研究别人的智慧和愚钝。他曾经说:"历史是重要的教科书,这是由于人们都是在行动中表现自己的。"历史是一面很好的镜子,我们可以对照着历史找出自己需要的东西。

从这方面来看,蒙田要寻找的仅仅是一个"我",一个"自己",他是在寻找人性。他认真地把人们身上的共性和每个人的个性区分开来。一个人的"本性"是由共性和个性组成的,一个人的"本性"是无法和其他人的"本性"比较的。一般来说,一个人的"本性"在二十岁时就形成了。在那些矫揉造作、内心狭隘的人身上,同样也有人性的共性特点,这些人在规则和纪律前面往往都会服服帖帖,从来不敢越雷池一步。因此,蒙田想去寻找两种不同的"我"。他从自身寻找"自我",这是一种独有的、有个性的"自我",这样的"自我"不一定非常优秀、受人欢迎。但是,这样的蒙田是独一无二的,无可复制的。他在潜意识中想要在世界上保持独立的蒙田,是个性的"我",当然蒙田身上另一个"我"是大家都具有的"我",即共性的"我"。就像哥德在寻找最原始的植物一样,蒙田要寻找最原始的人类,换句话说就是"普遍的人",人的纯粹的形式。人的纯粹形式中还没有具备明显的性格特点,没有约束限制,没有被外在的一些利益关系、规则、教条所歪曲,人的纯粹形式是一种没有受到任何影响、束缚的形式。也许这可以解释为什么蒙田在鲁昂①遇到的那些巴西人会令他那么着迷。因为那些巴西人是纯粹的人,他们还不知道

———————————

① 鲁昂,法国塞纳河畔的城市。

上帝是什么，不知道元首是什么，不知道习俗是什么，不知道宗教是什么，不知道道德是什么。蒙田从他们身上看到了不会矫饰、自然纯洁的人，他仿佛看到了一张洁白无瑕的纸，也仿佛看到了每一个人，在白纸上留下了文字。歌德所说的"人的本性"，也正是蒙田想要表达的。歌德说：

就像你降临世界的那一天一样，

太阳一直悬在空中，

和众行星照面，

你很快就按照规律成长发育，

发育成长，

按照你生命开始的规律。

你必定是这样，

你无法摆脱你自己这个样，

古希腊的女巫们早已这样说，

先知们早已这样说：

没有时间和没有力量可以破坏

已铸成的

天然发展的形式。

蒙田始终把寻找"自我"置于每一次思考的开始，也放在每一次思考的中心位置和最后，他在孜孜不倦地寻找"自我"，找寻"自我本性"。有的人把蒙田的这种表现称作是"以自我为中心"，帕斯卡尔①把这称为沾沾自喜、是傲慢的一种表现。在那次著名的交谈中，他把这称为蒙田的缺点。蒙田回应说："请你们把自己和'自己'做一个联系"，这并不是说，蒙田不和其他人交往，也不能说他自我感觉良好，沾沾自喜。蒙田不是性格孤僻、与世界隔离的人，也不是躲避纷乱而隐居的人，他只是有些问题想不明白，想要寻找真正的自我，这样做的目的并非是为了向世人展示自己，炫耀自己的知识。他曾说过，"我要不停步地向我自己走去，因为我要不断地指出自己的错误"，他的天性使他乐意这么做。他说："自己能使别人得到消遣，我当然会非常得意，假如真的是这样，那么我就决不会放弃这样一种有'病态性质的工作'，因为我自己就有着'病态'的特性，并且，我也不会隐瞒这样的'过错'，或是犯这样的'过错'，在我身上这样的'过错'非常多，这也是我的一项使命。"在他看来，"为了享受自己的生活，并且要高尚地享受自己的生活"，第一步就是先认识自我。蒙田把这看作是他的使命，他的兴趣所在，这些远远超过了他的骄傲的虚荣心。虽然，他把焦点对准自己身上的"我"，但并没有将他的"我"和周围人的"我"完全隔离开来，没有使他和这个世界隔离。他不像第欧根尼②那样爬进自己的大缸里面，也没有像让·雅克·卢梭③把自己陷入被追捕的偏执的幻想中。世界上没有什么事物能让蒙田感觉痛苦，没有什么事情逼着他离群索居，让他远离他所热爱的世界。他说："上帝把生命赐予我们每一个人，我热爱生命，并且享受生命。"他寻找他

---

① 帕斯卡尔，法国数学家、物理学家、哲学家、散文家，著作有《思想录》、《致外省人书》等。
② 第欧根尼（约前 404～前 323），古希腊哲学家。
③ 让·雅克·卢梭（1712～1778），法国著名启蒙思想家。

的"自我"，但并没有和世界隔绝，没有变得孤僻，相反，这为他带来了许多志同道合的朋友。有谁能够真实地描绘自己的生活，谁就是在为所有人而活；谁能把自己所处的时代真实地表现出来，谁就是为所有的时代做出了贡献。

事实的确如此，终其一生，蒙田都在问自己：我应该怎样生活？除此之外，他没有做过任何事情。苏格拉底曾说："不经审视的生活是不值得过的。"我们应该吾日三省吾身，蒙田就是一直在反省自我，审视生活。令人颇感欣慰的是，他从来没有想着要把这个问题从疑问句变为命令句。即把"我该怎样生活？"变为"我该这样生活！"他一直在路上，从未停下追寻的脚步。蒙田始终在寻找，但从未满足于自己找的答案。蒙田著名的格言是，"我知道什么呢？"他非常讨厌固执的断言，他从未把自己还没弄明白的断言告诉别人。他说："我在书里写的，不是我的说教，而是我为了获得知识而做出的努力；书里写的，不是他人的生活经验，而是我自己的生活经历。"假如别人可以从中获得些什么，那么蒙田没有什么可以反对；假如别人说他写的是谬论，那么也没有人会因此受到伤害。蒙田说："即便我在愚弄自己，那么受害的无非还是我自己一个人，绝不会对其他人有丝毫的损害，因为这只是一种藏在我内心深处的愚蠢，是不会给他人带来任何后果的愚蠢。"他也从来没有想过要把自己的想法强加于人，使其成为救济他人的良药。他仅仅是为自己而找寻，为了自己心中的目标而努力，然而，他找到的东西，可以使别人像他一样从中受益匪浅。他的这种追寻不是没有意义、没有目的的追寻，他在自由的环境下思考这一切，从来不会想要限制任何人的自由。

蒙田说："我心中的那些想法都是人们熟悉的，每个人都会遇到，并非异乎寻常。"

蒙田质疑的许多事情之中，他曾怀疑生活经验和自己所认为的真理是否可以转让。他从来不盲目地相信书本和教条，他只相信那些经过思考所获得的体会。他认为，并非是基督、柏拉图、塞内卡、西塞罗救治了整个世界。他认为，在他所在的那个时代也完全会发生，像在古罗马帝国统治下的类似的残暴的事情。他不能教导别人，而是引导启发他们去寻找内心真正的自我。

第六章　人生目标

第一节　生活的时代

有些作家，如荷马、莎士比亚、歌德、巴尔扎克、托尔斯泰，他们的光辉犹如太阳一般太耀眼了，能在任何时代被人们所发现。而有些作家，犹如不定期划过天际的流星，只能在一些特定的时刻才能被人们发现，蒙田就属于后者。有人说，想要读懂蒙田，不能太年轻，不能没有阅历，不能没有经历过种种失望。蒙田一直追求的自由和不带偏见的思考，对于处在动荡不安的世界的人们是一种慰藉，能够为人指引方向。当人被命运抛在一个动乱的时代，在那个时代里充斥着暴力、专横、战争，在那个时代，意识形态对人们的控制更为强烈，每一个身在这样时代的人都会受到意识形态的控制，个人的自由被挤得一点一点变小，如果人们丧失了难能可贵的自由，无疑是最可悲的。在那样疯狂的时代，要始终保持最内在的自我，需要多少勇气、多少信念和多少坚持，可想而知。只有经历过这些才会明白，世界上最难的事情是在混浊的世道中保持自己思想道德的独立，守住自己思想道德的底线。只有当一个人对自己的信念和人类应有的尊严产生怀疑的时候，他才能够体会到一个处在动荡时代的人守护自己的自由，保持清醒的头脑是多么的伟大和不容易，需要付出多大的牺牲。

只有经历过磨砺和有丰富阅历的人才能读懂蒙田，才能看到他的书背后闪闪发光的人性的光辉。从蒙田的《随笔集》可以看出蒙田是一位有着敏锐的洞察力和远见卓识的人，是一位和蔼可亲的人，是一位每句话都体现自己个性的人。一开始读此书，可能对书本的理解仅仅停留在文学的理解、对古籍的理解上。等多读几遍时，才会发现那种心与心之间的碰撞。对于一个年轻人来说，阅读蒙田可能会觉得《随笔集》的主旨很难懂，蒙田所说的经历与自己的生活关系不大。蒙田在他的随笔《王国们会晤的礼仪》或者《评西塞罗》中的夹叙夹议与自己的关系不大。他从有丰富阅历的视角来评价这个世界，他的那些格言比如：行事不要雄心勃勃，不要太热衷卷入外部的世界，以及给年轻人的忠告：为人要敦厚温良和宽宏大量。对于朝气蓬勃的青年人来说，不希望幻想如泡沫一样幻灭，不希望受伤后让大家抚慰，而是希望自己在精力充沛时被人激励。青年人不希望听到别人建议自己要处世平和、处处怀疑其他的人和事。年轻人需要有自己的坚定的信念和理想，怀疑也许会打破自己的信念。在谈到个人自由，蒙田成为各个时代追求自由的守护者，成了一面指引人们前进的旗帜。在动荡和战乱的年代，个人自由需要顽强的捍卫吗？难道这一切不是理所应当的事情吗？这一切不已经成为从专制奴役中解放出来的通过法律和道德保障的精神财富了吗？青年人拥有自己的生活方式，拥有自己独立的思想，并且有把思想表达出来的权利和自由，不论是通过口头的方式，抑或是通过书面的形式。这是我们与生俱来的，如同自如的呼吸和心脏的跳动，自然而然。展现在我们面前的世界是一片开阔的自由的土地，我们可以建设这片土地。也许我们没有经历过蒙田所处的时代，切身体会青年人面临的困境。我们没有经历过当时的兵役，那是一种没有自由，只有服从的奴役。我们没有被专制逼迫，被专制思想统治，屈从于专制的任意而为。没有人时时刻刻有被同类轻视、被驱逐出自己熟悉的家园、被关入牢房、甚至被赶出自己家门的遭遇，所以很难理解蒙田对于我们的意义。我们可能会质疑，蒙田试图撼动那些我们认为的早已被打破的种种枷锁的意义何在？我们也许不知道，这些枷锁又悄悄在为我们打造，企图再次控制我们，有可能比以前的任何时候都冷酷无情，更为残忍。我们那个时候把蒙田为了获得心灵自由，进行的努力作为一种历史上的斗争尊重和崇敬。而在当时我们看来，他所做的斗争是一些无关紧要的斗争。我们不知道，人生的神秘之处在于：当我们发现这一切时已经为时已晚，当我们的青春一去不复返，当我们被病魔缠身，当我们心灵的自由将要离我们而去时，我们才明白人生最重要的宝贵价值是：青春、健康和自由。

所以，要想读懂蒙田，就要明白他为了获得"自我"而做了哪些斗争，只有知道了这些才能理解蒙田生活的艺术和智慧。我们不一定要有和蒙田相似的处境，不一定像蒙田那样经历世界从繁荣景象陷入令人惊恐的世界的情况。我们不一定向蒙田那样经历从幻想、期待、热情高涨到急速坠落到混乱的处境中。在和平年代，我们也要捍卫自己内心的自由，这种捍卫更为不易，没有人监督，也没有人会检验，但我们要默默坚守。蒙田可以成为我们的朋友，和我们站在统一战线上。

　　蒙田所处的时代，是法国 16 世纪后半叶。当时的法国正处在文艺复兴的后期。法国文艺复兴后期杰出的代表人物拉伯雷于 1553 年去世。他以写作《巨人传》而闻名于世。当时蒙田才二十岁。蒙田的求学时期正处于人文主义思想的浓郁氛围之中。文艺复兴让艺术家、画家、诗人、学者，把这一种崭新的、空前的、无与伦比的美带给了人类，给黑暗的中世纪带来了曙光。人文学者们用拉丁语和希腊语，把柏拉图和亚里士多德的箴言又带给了人们。伊拉斯谟领导的人文主义预示着一种世界性的文化。由此看来，宗教改革不仅拓宽了知识，而且为新的信仰自由打下了基础。刚发明的活字印刷术，打破了国与国之间的界限，使得思想、学说可以迅速传播，成为大家共享的财富。思想获得的统一超越了国家之间的武力征服。

　　伴随着精神世界的极大丰富，世界的空间也得到了极大地拓展。15、16 世纪欧洲人的"地理大发现"：美洲的发现、好望角的发现。从没有航道的大海出现了新的海岸和陆地。这样随着航运的发展，海上贸易日益繁荣起来。欧洲大陆的财富开始膨胀，有了财富的支持，建筑、绘画和雕塑等艺术发展起来。随着人们生活空间的拓展，人类的好奇心也不断增强。巨大的希望使陷入绝望中的人类重新振作起来。数以千计的人们响应着乌尔利希的声音："活着是一种乐趣！"但是，如果浪潮来得太猛太快，回落得也会非常迅速。当时有益的文艺复兴的人文主义，随后露出了狰狞的面目。原本想给欧洲的基督教信仰带来一种新思想的宗教改革，后来却导致了那场血腥的宗教战争。活字印刷术传播的不是教育，而是一种狂热的哲学。胜利的不是人文主义，而是排除异己。当时的欧洲，每一个国家都卷入了内战的厮杀之中。同时，来自西班牙的征服者①正在美洲大陆展开残忍的杀戮。一个有着拉斐尔、米开朗琪罗、达·芬奇、丢勒②和伊拉斯谟的人文主义时代，重新陷入了阿蒂拉③、成吉思汗和帖木儿④的穷兵黩武的时代。

1562 年到 1598 年，步入中年的蒙田处于加尔文宗教改革引起的宗教迫害和法国胡格诺战争的时代。他亲眼看见了狂热的宗教徒和残酷无比的内战。蒙田一生所经历的悲剧正在于此，虽然他为此感到极度震惊，尽量保持清晰的头脑，不想卷入其中，但是他却束手无策，只能眼睁睁地看着这一切的发生：人类从人文主义倒退到残忍的兽性。这种倒退是一种人类疯狂的发作。蒙田终身未在自己生活的世界里看到和平、理性、友善、宽容发挥任何作用。从他来到这个世界，一直到离开这个世界，他始终怀有一种恐惧，逃避"仇恨"和"狂热"，正是"仇恨"和"狂热"使他的祖国陷入混乱，使人民遭受痛苦。不满十五岁的蒙田，在波尔多市亲眼看见了民众反抗"征盐税"运动，遭到政府血腥的镇压，这在蒙田幼小的心灵里留下了难以磨灭的伤痛。从那以后他极力反对任何没有人性的残暴行为。这个小男孩看到了数以百计的人是怎么被同类用想方设法想出来的刑罚活活折磨致死。他们有的被施以绞刑、有的被木桩刺穿而死、有的被处以车磔、有的被刀斧砍成四块而死、有的被斩首、有的被焚烧致死。他还目睹了乌鸦为了掠食牺牲者烧焦和半腐烂的尸体，在刑场周围盘旋

---

① 原文指 16 世纪在墨西哥、秘鲁等南北美洲地区的西班牙入侵者。
② 丢勒（1471～1528），文艺复新时期的德意志画家。
③ 阿蒂拉（406～453），入侵欧洲的匈奴王。
④ 帖木儿（1336～1405），蒙古贵族，1370 年在撒马尔罕自立为王，1388 年正式称苏丹。

许多天。不仅如此，他还听到了受折磨的人的惨叫声以及闻到了烧焦的人肉的气味。当蒙田刚刚成年，法国的内战①就开始了，这次内战以狂热的意识形态将法国几乎完全毁掉。"火焰法庭"把无数新教徒判处火焚，"圣巴托罗缪之夜"一天就杀了将近八千人。胡格诺派也同样以暴行来对抗暴行。他们疯狂地冲进教堂②，毁掉雕像，他们的做法令死者都难以安宁。"狮心王"查理一世③和"征服者"威廉一世④的墓被刨开，墓内的财宝被掠夺一空。天主教派和胡格诺派僵持着，谁也不让步。被抓住的驻在当地的武装人员全部排成一列，被枪决。就连河流都被尸体污染了。大概有十二万座村庄被毁。不久之后，人们杀红了眼，连意识形态上的借口都不顾了，一队队"武装歹徒"开始袭击城堡，袭击旅行者，不论是天主教徒抑或是新教徒。在那个时候，如果你骑马从树林穿过，所冒的危险丝毫不亚于到吃人的部落里去。没有人知道，他的房屋是否属于自己，他的财物是否属于自己，他明天是生是死。蒙田在他人生的弥留时刻写道："在我们三十年来所处的一片混乱之中，所有法国人，不论是个别，或是全部，时时刻刻都眼见自己处在倾家荡产的边缘。"

世界已经不再安全，这种感觉在蒙田的思想中提炼为一种智慧：如果拒绝和那些发了疯的人一起做疯狂的事，拒绝和他们一起扼杀自己的祖国，自己的人民，那他要做的就是想办法逃离这个世界，找到自己的安身立命之处。拉博埃西于 1560 年写给二十七岁的蒙田的信，表明了拥有人道主义精神的人，在当时的时

---

① 指 16 世纪发生在法国的胡格诺战争。
② 指天主教堂。
③ 查理一世（1157～1199），英国金雀花王朝国王（1189～1199 年在位）。
④ 威廉一世（1027～1087），英国国王（1066～1087 年在位）。

代的感觉。拉博埃西在诗中向蒙田呼吁："是什么命运让我偏偏出生于这样的时代！"

我眼看自己的国家走向毁灭，
我看不到其他的路，
除了离开家园；
我去何方，
听从命运的安排。

天神们的发怒，
早就催促我逃离，
为我指向
大洋彼岸辽阔、开放的土地。

在我们这个世纪之初，
新大陆在惊涛骇浪中出现，
正因为天神们
要将它当作避难的去处。

当残忍的刀剑和可耻的祸害
殃及欧洲时，
那边的人们会在更美好的天空下
自由耕耘农田。

第二节　为自由而斗争

蒙田将毕生的精力和努力，以及自己的艺术和智慧都用在这样的一个问题上：我怎样保持住自己的自由？为了要在那样一个被强权统治的时代，大多数人都屈服于意识形态和党派的时代，拯救自己的心灵，获得心灵的自由。假如我们今天把他当作一个艺术家来崇敬和爱戴的话，那是因为没有一个人会像他那样，把自己献身于人生最高的艺术："人生的最高的艺术是保持住自我"，这是蒙田曾经说过的话。并不是说只有在战争年代，蒙田的思想才会对我们有所启发。在和平的时代里，人们依然会从另一个视角去思考蒙田的其他遗产：思想遗产、文学遗产、道德遗产、心理学方面的遗产。曾经学术上对蒙田存在争论：蒙田是不是一位怀疑论者，他是不是一个基督教徒。他是一个伊壁鸠鲁派的教徒呢，还是一位斯多葛派的教徒。他是一位哲学家还是仅是一位喜欢读书的人。他是一个作家，还是一位天才的业余写作者。他是世界上每一个自由人的最早的祖先，是守护每一个自由人的圣徒，是每一个自由人的朋友。不论身处什么样的时代，蒙田都能保持住自我，守护内心的一片净土。

蒙田为了保持内心的自由而作斗争，这种斗争是一位有思想的人做的最为坚韧的斗争，但是，从表面上似乎看不出来蒙田的这种斗争的崇高。如果把蒙田归到用言语声称自己为"人类的自由"而斗争的诗人那里去，是不恰当的。他没有像席勒①和拜

---

① 席勒（1759～1805），18 世纪德国诗人、剧作家，代表剧有《威廉·退尔》、《强盗》、《阴谋与爱情》等。

伦①那样慷慨激昂的情怀，也不具有伏尔泰②的攻击性。他只有一个想法：把自己内心的想法——"追求内心的自由"传达给读者。在内心深处，他非常讨厌那些职业的社会改良家、口头理论家和信仰兜售者。他深深知道，要一生做好一件事——保持内心自由、独立，已经非常不易。所以，他的斗争仅仅是防御性的，保卫没有人允许进入的"堡垒"。③他的策略是，在外表披上一层隐身衣，做到尽可能不引人注意，来找到通往内心的一条路。

蒙田写的东西不是传记性质的。因为，他从来没有为自己的思想大声疾呼，没有用这样的方式赢得更多读者。从表面上来看，他是一位国家的国民、政府的官员、妻子的丈夫和教会的天主教徒，一位兢兢业业履行好自己应尽职责的人。为了更好地对付世界，他采取了如此的方式，这样他才有精力、有时间慢慢地仔细审视自己，然后通过文字描绘这一切。他做了随时借用他人写的东西的准备，但是从来不打算把自己的东西献给其他人。在所有的生活形式中，他选择了一种最能保持内心自由的形式。夸夸其谈、结成小团体、炫耀自己、唠叨的说教都是他所厌恶的。他仅仅关心一件事：在那个非人性的人云亦云的时代，保持自我的理性不被吞噬。任别人去误解他嘲讽他，说他懦弱、狐疑、冷漠。也许别人对他的不追逐权力和财富感到不可思议，他是怎样坚定、坚强、机智地完成自己设定的任务。他要度过自己的一生，而不仅仅是度过一生。

所以，蒙田达到了庄子所说的无为而无不为的境界。他看似

---

① 拜伦（1788～1824），英国诗人，代表作有《恰尔德·哈罗尔德游记》等。

② 伏尔泰（1694～1778），法国哲学家、史学家、文学家，启蒙运动思想家，代表作《哲学书简》等。

③ 指人的内心世界。

无所作为，但却做出了无人能比的功绩。他通过描写保持自我，实际上是为我们保持了一个真实的、超越时代的人。蒙田可以说是一个和我们同时代的人，一个今天的人，一个永远有现实意义的人。读蒙田的《随笔集》的时候，或许能找到自己的影子，与现代相隔这么远的人，让人一点儿都不觉得陌生，仿佛我们每个人心里都住着一位蒙田。当翻开书阅读《随笔集》的时候，这不仅是一本书，而是一位善解人意的朋友，一位能给出意见的良师。从书中可以感觉到蒙田的呼吸，蒙田的内心活动，蒙田的思想，仿佛没有了时代的局限，和读者交谈的不是蒙田城堡的主人，不是法国国王①的大臣，也不是为两个国王斡旋的使者。他脱下了白色的宽袖外套，摘下了尖顶帽子，卸下了佩剑，从脖子上拿下了镶有圣米歇尔胸章代表荣誉的项链，和读者对话的不是拥有贵族头衔的老爷，也不是拥有波尔多市的市长②职位的那个人，而是一位在人们迷茫时能够给予指导的良师益友。有时从他的书中可以感到他淡淡的哀愁，这是一种对人的脆弱性的哀愁，是一种对人们刚愎自用的哀愁，是一种对领袖人物偏执的哀愁，是一种为这个时代的丧失理智而哀愁。这种哀愁带有悲天悯人的情怀。他的学生莎士比亚也是从老师蒙田的身上体会到了这种哀愁，并把它赋予自己笔下的人物：哈姆雷特、布鲁图③、普洛斯彼罗④，使人物性格更加丰满。在此之后，对于同样身处动乱时代的人，蒙田会笑话他们：为什么要把这一切看得如此之重呢？为什么对你的时代的虚伪和残暴如此在意和伤心呢？所有的外在

① 指法国国王亨利四世（1553～1610）。
② 蒙田先后两次任波尔多市市长。
③ 布鲁图（约前85～前42），古罗马政治家，共和主义者。
④ 普洛斯彼罗，莎士比亚戏剧《暴风雨》中的主人公。

这一切只能使你的外在生活有变化，但很难改变你的"最内在的自我"。只要你自己知道自己想要的是什么，面对这一切时不会不知所措，外面的世界就不会拿你怎么样，也没有办法扰乱你的心智。"一个头脑理智的人是什么也不会失去的。"只要你不参与其中，时代的变化拿你也没有任何办法。只要你始终保持头脑清醒，疯狂的时代在你眼里并不是真正的苦难。即使是你最不堪回首的经历，遭遇外界的屈辱、命运之神的摆布。只有在你面对这些苦难时变得软弱，你才能感觉到它们的存在，只有你自己才会重视这些，只有你自己才会在意这些欢乐和痛苦的时光，你自己的感受使得外界的东西，拥有可以提升或者降低你的"自我"。一个内心拥有自己的道德底线，内心始终向往自由的人，即便遇到外界再大的压力，也不会屈服。当某个人在他内心世界受叨扰和自由受束缚的时候，细心品味蒙田的话时，会发现蒙田的话语是多么有道理。在纷乱的时代，只有正直的人性可以守护自己。

蒙田在书中这样写道："世界上最了不起的事情，就是一个人明白自己是怎样的一个人。"这是他一直以来坚定的看法。一个人要有自知之明，要了解自己。什么使人变得高贵？高贵的血统、尊贵的地位？天生的优越的禀赋？都不是。而是一个人能够保持自己独有的个性，和生活的成功程度让人变得高贵。他说："在可以使我们获得自由的所有艺术中，让我们先从这门可以使我们获得自由的艺术开始吧。"在此之前没有人向蒙田这样身体力行耕耘这门艺术。这是因为，一方面从表面上来看，这似乎是一件小事情，每个人都喜欢保持"他自己的本色"，按照自己的方式来生活。但是，从另一个方面来看，当自己的社会阅历越来越丰富，便会发现没有比"做自己"更难的事情了。人总会受到各种因素的影响，会受到各种诱惑。为了保持自己的内心自由，一个人是不可以犯错的，是不能陷入任何纠葛之中的。事实上，我们是社会中的人，难免会被卷入到各种各样的纠葛中：国家的、社会的、家庭的……一个人的思想往往会受到语言的限制。由此看来，一个人要想完全脱离社会，成为完全的无拘无束的自由人，是不可能实现的。人不能生活在真空中，不能离开社会，就像鱼离不开水一样。经过受教育，我们的思想被批量生产出来。我们会受到约定俗成的观念的制约：宗教的、风俗习惯的、道德的，等等。我们呼吸着时代的空气。

蒙田心知肚明要想摆脱这一切是不现实的，在他的一生中他尽到了对国家、社会、家庭的义务，表面上看他是宗教信仰忠诚的教徒，遵守社会上的礼仪规矩。蒙田不是要推翻业已存在的规矩，而是要寻找一个恰当的界限。蒙田认为人们不可以把全部的自己都奉献出去，只同意把自己借用出去。同时人们有必要"在极少数的情况下把我们的内心自由隐藏起来，不把它借用出去，假如我们坚定地认为这样做是完全正确的"。这不需要人们隐居起来，离群索居。不过，"我们可能会喜欢某件事，但是千万不要让任何一件事做我们终身伴侣，和我们结伴终身的只有我们自己"。人们有的那些兴趣爱好，蒙田也不会抗拒。他习惯劝人们要多享受生活，热爱生活。虽然隐居，但他不是一个出世之人，而是一个入世之人，一个注重现实世界生活的人。他从来没有设限，在他看来，如果一个人喜欢政治，那么他就应该去从政；如果一个人喜欢读书，那么他就应该埋头读书；如果一个人喜欢打猎，那么他就应该去打猎；如果一个人喜欢房产、田地、金钱、财富，那么他就应该为此而献身。从兴趣而出发，培养自己的事业心。但蒙田觉得最为重要的是：他应该尽可能多地得到自己喜欢的东西，而不应该让自己被喜欢的东西夺走。他说，"不论从事家政、读书、打猎还是任何活动，都应该尽力得到最大限度的快乐，但是不能过度沉迷其中，超过一定的限度就会感到痛苦。"一个人不应该被所谓的责任感、激情、虚荣心操控；应该一有空就检查这样的事情有多少，但不能估计太高；应该不时检查，有多少事情应该在不能再为你带来乐趣时就结束。一个人不应该成为这些事情的奴隶，要保持内心的自由。

但是，蒙田没有具体列出一些规定。他只是通过举例来说明，这也是他的一些信条，让我们知道他是如何不被这些事打扰的：我们为他提及的事情列出了一张表：

> 摆脱虚荣心和骄傲——也许这是最难的。
> 摆脱畏惧和希冀
> 摆脱信念和党派
> 摆脱野心勃勃和摆脱任何形式的贪婪，同时也要摆脱醉生梦死的生活
> 摆脱金钱和摆脱任何形式的好色
> 摆脱家庭和摆脱周围的人际环境
> 摆脱狂热的盲目信仰，摆脱任何形式的固执看法和摆脱相信绝对的价值观[①]

由此看来，这意味着对人生的绝对的否定，意味着蒙田是一位想摆脱一切、怀疑一切的人。帕斯卡尔也曾经这样描述蒙田，说他是一个怀疑一切、摆脱一切的无拘无束的人。这样的评价不太准确的。蒙田对生活是无限热爱的，他唯一畏惧的便是死亡。

---

① 　底稿中留下很大空白，用以补充蒙田语录和摘录，但茨威格后来并未作补充。

他热爱生活中存在的一切人和事物，他爱这个大千世界，芸芸众生，只有爱得深切，才会舍不得离开。他曾经说："在大自然中，没有什么东西是没有目的的，不存在没有目的性。在缤纷的世界中没有什么不处于合理的位置。"在他看来，世界上的一切存在都是有一定理由的。他对丑没有偏见，因为有了丑才显示出美的存在。他对恶没有偏见，正因为有了恶，才凸显出善的美好。他对愚昧没有偏见，正因为有了愚昧才显现出智慧的力量。他也十分关注社会上的犯罪现象。世界上的一切事物都有好的一面。上帝赐予人类五彩缤纷的世界。最普通的人，告诉人们的往往是最重要的事情，人们可能从一个文盲身上学到更多东西。只有一件事情是不对的，而且是非常重大的错误，这就是：把一个大千世界纳入到各种宗教的教条中去，这是一种接近犯罪的错误，想把人们从他们自由的判断中引开，把人们从他们喜欢做的事情中引开，而且把他们自己心中不愿意做的事情强加给他们。这些思想专制者们是最不尊重个人自由的人。蒙田极度厌恶这些思想专制者们的狂热。就是这些思想专制者们，肆无忌惮地把他们提倡的"革新"，作为世界上不容置喙的真理。当他们为了证明自己是正确的时，无数人的流血牺牲是微不足道的。

一位自由的思想家，他对人生的态度永远是宽容的，蒙田也不例外，他的人生态度如果用两个字来形容，那就是宽容。他自己拥有自由思考的权利，明白自由思考的意义，当然也会将自由思考的权利给予每一个人，自由思考的权利是他最为看重的权利。他在巴西遇到野蛮人，并不惧怕那些吃过人肉的野蛮人。他冷静地分析说，拷打、刑讯、折磨活生生的人比吃人肉更为可怕。他并非从一开始就拒绝任何宗教信仰，任何观念理论，他只是比较冷静地思考，不让这些观念阻碍自己所有的判断。在他看来，没有什么比这更为重要的了，因为这证明了：一个人不论生活在任何时代都应该保持内心的自由。加尔文①曾经同意审判巫婆，并且让人将自己的一个敌人用火活活烧死。马丁·路德②曾经把墨水瓶当作魔鬼，奋力扔向墙壁。托尔克马达③曾经把数千人处以火刑。而拥护他们的人，会竭力为他们开脱他们所犯的罪行，为他们辩护说他们没有其他的选择，还说一个人不能摆脱他所在的时代的观念。可是众所周知，人性不论在以前还是现在都未曾改变。即便是在社会非常态的情况下，在盲目信仰宗教狂热的时代，也是会有充满人性的人文主义者存在的。即使处在镇压巫婆和火焰法庭的时代，伊拉斯谟、蒙田、卡迪特利奥④这些人仍然保持着清醒的头脑，散发着人性的光辉。一个为自己进行自由思考的人，他尊重人世间的一切自由。

---

① 加尔文（1509～1564），法国神学家，16世纪欧洲的宗教改革家，基督教新教加尔文宗的创始人，著有《基督教原理》。

② 马丁·路德（1483～1546），16世纪德国宗教改革的倡导者，基督教新教路德宗的创始人。

③ 托尔克马达（1420～1498），西班牙多名我会修士，西班牙第一任宗教总裁判官。

④ 蒙巴斯蒂安·卡迪特利奥（1515～1563），法国裔神学家，瑞士宗教人文主义者。

第七章　漫游世界

第一节　旅行的原因

　　1570 年，三十八岁的米歇尔·德·蒙田选择了退隐，隐居到自己建造的圆形塔楼里，那时的他以为自己会永久告别官场，在塔楼里度过自己的后半生，孤独终老。正如蒙田的学生莎士比亚一样，他用敏锐的观察能力看透了世界的本来面目，他认识到了"官场的险恶、政治的荒唐、为宫廷服务的屈辱、为市政厅服务的无聊"，最主要的是他认识到，自己不适合在这个世界工作。他曾经非常乐意帮助别人，但别人似乎没有领他的情。他曾经竭力为那些有权力的人想办法，来平息狂热的宗教信仰者们的争执。当然不是去巴结，而是有着一种自重人的骄矜。但是，那些有权势的人并没有采纳他的建议。他的怀才不遇，使他感觉自己没有存在感，千里马常有，伯乐却不常有。至此之后，社会变得一年不如一年安定，国家也处在一片混乱之中，"圣巴托罗缪之夜"引发了新一轮的社会混乱。内战已经开始，于是他选择了不再参与到这些纷争中，不再为世事而烦忧。他不想看到这样一个混乱的世界，于是他毅然辞去了官职，看破了世事。他想做的只是找一个不受外界叨扰的世外桃源，找一个能使他的内心平静下来的地方。他想做的是在自己的书房中寻找自我，细心地观察自己。如果其他人仍然在为各自的地位、权利、荣誉而奋斗，他却只想为寻找自我而不断努力。正如蒙田隐居到塔楼里，莎士比亚躲进了自己的书房里。他用近千册书籍把自己和外面喧嚣的世界隔开。当然，他不是完全与世隔离。有时候，他会走出塔楼远足，走在乡间的小路上，思绪飘到远方。在这期间，他还曾经作为圣米歇尔的骑士团参加查理九世①的葬礼。有时候，他还会应邀去参加政治的调解。但这样的出席，已经和以前大不相同，他不再为此投入自己的全部精力。他决定不再把吉斯公爵和科里尼之前的残杀，看作是希腊人和波斯人在普拉提亚②进行的战争。他为自己制造了人为的光学透镜的远距离。他决定不再卷入进去，仅仅做一个旁观者，而非参与者。在隐居中的他看来，他的世界只剩下自我，他只想详细记录下生活的回忆的点点滴滴，认真梳理出来一些自己的观点，让自己除了平淡的生活之外，拥有更多的梦想，剩下的事情就是静候死神到来，为死亡做好一切准备。

　　他总是对自己说一些相同的话：你没必要为这样一个世界操心。你是无法改变这样一个世界的，你无法使这个世界变得更加美好。你就关心你自己吧！你就在内心深处拯救那些可以被你拯救的东西吧！当别人进行破坏的时候，你就进行建设吧！你就想

---

①　查理九世，法国国王（1560～1574年在位）。
②　普拉提亚，古希腊一城市名。

尽办法为身处在疯狂之中的你保持理性吧！你就和这个世界隔绝吧！你就为自己建造一个属于自己的精神世界吧！

　　时光荏苒，转眼间到了 1580 年，草木枯荣已有十载，蒙田已经在自己的塔楼里度过了整整十年的时光，他已经告别这个世界十年了。十年前，他以为自己的一生就结束了，他已把自己的后半生托付给了塔楼。但是，他发现，他错了。他犯的一个错误是：那时他觉得人到了三十八岁就已经老了，因为在他看来二十岁是人生的峰值，二十岁后人就开始衰老。也可以这么说，他在过早地为自己筹划死亡，他活着就躺进了棺材里面。现在，他虽然到了四十八岁，但却惊喜地发现，他的各种知觉没有变得迟钝，而是更加敏锐了。思维也没有变得迟钝，而是更加清晰了。内心也变得更加豁达，对世界更为好奇。他意识到，自己不应该早早地就放弃生命。生命之书是不会这么早就合上的。在他看来，没有什么比过去的十年更加美好的了，在这十年的时间里，他畅游在知识的海洋中，有时和柏拉图在希腊度过一段时间；有时倾听塞内卡和自己的谈话。和这样来自不同世纪志同道合的人们交流，和世界上的伟人们在一起，他的心灵得到了休息，他找到了心灵的栖居地，寻到了内心的安宁。虽然他不愿意生活在这样的时代里，但是这是他不能自由选择的。蒙田说："我们可以为自己没有生活在更美好的时代而遗憾，但是我们无法逃避现实的处境。"不仅如此，时代的氛围总是会进入那些紧闭的房间，那种狂暴的、腥风血雨的氛围尤其容易进入。即使是躲避起来，人们也能够感受得到。假如这个国家是处在动乱之中，每一个人的心灵也会难以宁静。因此蒙田虽然隐居在古堡之中，但是他仍然能感受到时代的动荡，动荡不安分的氛围从塔楼、从窗户爬进来。他能让自己休息一下，却没有办法完全摆脱这个时代。

后来，蒙田慢慢发现了自己的一个错误：他为了寻找内心的自由，而远离这个五彩缤纷的世界、远离政治、远离官职、远离经营，隐居到塔楼，隐居到如此小的世界。他渐渐发现这样做其实是把一种束缚，换成了另一种形式的束缚。这样做对于他想把自己扎根在自己的土壤中是没有帮助的。因为在自己的土壤里也有杂草纠缠树干，也有老鼠来啃噬树根。他自己建造的圆形塔楼也不能帮助他解决遇到的这些问题。当站在书房窗户边，向外面望去的时候，他所能看到的是田野里金灿灿的成熟的庄稼，与此同时，他会联想到已经变烂的葡萄。当他打开书本读书的时候，他也能听到楼底下传来的吵架声。他清楚地知道，如果这个时候他走出房间，他就能听到家人对邻居的不满，对经营管理的意见。在这里，由于他有一座城堡，有一笔价值不菲的财产，所以他并没有获得隐居带来的清静，财富成了他的束缚。在蒙田看来，财富是为了那些热衷于财富的人准备的，而蒙田对财富并没有那么热衷。蒙田说："积累财富是一件非常难的事情，而我对此是一窍不通。"但是家产总是束缚着他，蒙田意识到了自己现在的处境。他明白，从长远来看，所有这些令人伤脑筋的事情都是小的担忧。对于他来说，他很乐意将所有的一切抛弃。蒙田说："放弃全部经营是一件很容易办到的事情。"但是，一旦着手经营，接下来想不做就很困难。"而且，经营管理是一件耗费精力的事情。"更何况蒙田不像第欧根尼那样鄙弃享乐。他对自己的古堡是热爱的，对自己的家产是热爱的，对自己的贵族头衔是热爱的。他坦率地承认，为了保险起见，他会随身携带一个黄金的小钱匣。他享受他的贵族身份。他说："我承认，能对某些事情做主是一种享受，即使仅是管理一座粮仓和唯命是从的仆人。但是，这是令人感到没有意思的享受，而且有时会被接踵而至的麻烦事搞得索然无味。"一方面他在阅读柏拉图的书，另一方面又不得不和邻居们打官司。每次修理东西都会令他费心。如今，生活的智慧告诉他不要再为这些琐碎的俗事操心了。我们都心知肚明，一个人一旦拥有了家产，他就难以脱离家产；换句话说，家产会把人缠住，让人无处可逃，不过，可以选择疏远家产，离家产远点儿，先是身体的疏远，紧接着内心也会疏远。蒙田说："一离开古堡，我就把一切有关古堡的事都抛到了九霄云外，假如这个时候我的古堡里有一座塔楼倒塌了，我对这事的关心程度，和我现在住的房子上掉下来一块木板一样多。"如果一个人总是把自己局限在一个小地方，那他的心胸就会变得狭窄，只关注小小的天地，忽略了美丽的大千世界，就像井底之蛙那样，只能看到井上的一小片天空。一切都是相对而言的，我们所忧虑的事情，往往不是它原来对我们的影响程度，而是我们往往会把它夸大或是缩小。所有的事情原本没有分量，是我们人为地赋予它分量。距离我们近的东西比距离我们远的东西更令我们操心。而且，我们越是处在小环境中，一些鸡毛蒜皮的事情就会被我们放大，我们就会总为此闷闷不乐。

四十九岁的蒙田心中又重新燃起了"漫游世界的梦想"，他要告别安稳的城堡生活，重新回到缤纷的世界的怀抱中去。在他的书中，蒙田一如既往，坦率地说出了自己的想法。其实，从他写的字里行间可以看出，蒙田出去旅行有一个不太重要的原因：家庭对他的束缚以及夫妻生活的枯燥乏味。蒙田喜欢变化的生活，喜欢不断追求自由。除此之外，还能隐约感觉到蒙田在家中过得并不快乐。

蒙田曾说，婚姻本身有其用处，他把婚姻看成是一种法律上的结合，一种体面，一种忠诚。然而这样的婚姻显然是"没有趣味和一成不变的满足"。蒙田不喜欢墨守成规，不喜欢一成不变的生活。对于他来说，结婚的原因不是出于爱情，而是出于理性的考虑，在蒙田看来婚姻是一场交易。其实，他赞成这种婚姻，在他看来，出于理性考虑的婚姻是唯一正确的婚姻，而出于爱情的婚姻是不值一提的。他曾经多次这么强调，他自己只是顺应当时的习俗而已。人们数百年来不能原谅他的是他曾经一本正经地说，女人拥有比男人更多更换情人的权利，这也就不难理解，有的传记作者怀疑蒙田是否是他最后几个孩子的父亲。

　　这只是一些推测。不过，在他已经结婚多年之后，还能听到他说以下的话，让人觉得有些诧异。他说，"在我们生活的这个时代里，女人习惯把对丈夫的感情，对丈夫的关心体贴一直拖延到自己的丈夫死后才表现出来。只有在丈夫死了之后，她们才表现出来对丈夫的爱。活着的时候，我们彼此争吵，伤害对方；等我们死去，才带着爱和关怀。"他甚至还加上了让人觉得诧异的话，"有些少数女人守寡，对她们的健康没有什么好处，而生理健康毫无疑问意味着有质量的生活。"苏格拉底根据自己和妻子的经验，曾经谈到夫妻生活。可是没有蒙田描述得如此让人难堪。蒙田说，"你不必在意女人哭肿的双眼。"蒙田要离开古堡时想对妻子说的话是，"一个女人不应该把自己的目光含情脉脉地看着丈夫的脸，以至于她不忍心看到自己的丈夫转身离开，当她的丈夫不得已这么做的时候。"每当蒙田谈到一种美满的夫妻生活时，他总是会马上附加上依据限定的话，"假如有这样的一种夫妻生活的话。"可见他对自己的婚姻不是很满意。

　　他意识到，十年离群索居的生活是很好的，在这十年的时间里，蒙田阅读、写作，兴趣来了处理处理家事，日子过得安宁充实。但是在他看来，十年也就足够了，十年其实也有点长。他认为，那十年的生活使他变得停滞僵化，变得思想狭隘。蒙田是最怕思想僵化的人。一种本能会告诉一个有创造性的人，什么时候应该改变自己的生活。本能驱使蒙田要改变现在的生活。他曾说，"当你把家中的一切事务都安排妥当之后，就是你离开这个家的最好时机，因为这样的话即便没有你，一切都会按部就班。"现在，他已经把家里的一切事务都安排妥当。庄稼地和家中的财务都安排得井然有序，银柜有充足的钱，足够他进行一次长途旅行。蒙田的妻子很能干，使蒙田外出旅行时没有后顾之忧，在他看来，一位好的妻子应该善于料理家务，他觉得妇女应该具备的最重要的美德是理家，他就是指当丈夫外出旅行或有事出去的话，妻子能够独立管理家里的一切事务。这一点上，蒙田对自己的妻子很满意，并引以为豪。在此之前，他曾经为钱财不够支持旅行而担忧，就像他自己所说，一个人不应该为了一次旅行的愉快，而在旅途中付出发愁的代价，而现在，他有足够的钱，可以负担长期旅行。家里的事情都安排好了后，他把自己的精神财富也做了安排。他已经把自己写的《随笔集》的手稿送去印刷了，并且他的那两卷书已经印出来了。[①]《随笔集》第一版的出版工作已经结束。他完成了《随笔集》，用歌德的话来说就是，好比一张已经蜕下的蛇皮。一切已经告一段落，现在是重生的时候了，蒙田人生的一个崭新的阶段即将开启。

蒙田出去旅行还有一个非常重要的原因就是：治疗自己的肾结石。蒙田的父亲也是被此病折磨而死，这种病是家族遗传病。当时医疗技术比较落后，难以用声波等方法把结石排出，蒙田尝试过通过多喝水，然后憋尿，借着尿液的冲击力，把结石排出体

---

① 参阅本书《蒙田生平年表》。

外。这种方法有一定的危险性。蒙田听了朋友的建议：温泉疗养有助于缓解病痛。在当时很常用的治疗肾结石的方法就是温泉治疗和矿泉水。蒙田也对这种方法产生了好奇，在他看来，至少不会有什么害处。

第二节　家人的牵挂

1580 年 6 月 22 日，这是一个值得纪念的日子，具有重要的意义，蒙田开始了游历世界的旅行。至此，蒙田从十年隐居生活回到了缤纷的大千世界，翻开了人生的新篇章。至此，蒙田离开了自己熟悉的妻子，离开了自己熟悉的古堡，离开了自己熟悉的家乡，离开这一切将近两年的时间。在这两年中只有"自我"与其相伴。

这次旅行是蒙田完全出于自觉自愿的旅行。这是一次没有目标的旅行，是一次纯粹为了旅行而展开的旅行。更准确地说，是一次为了在旅行中寻找快乐的旅行。在此之前，蒙田的旅行都是肩负着各种使命，或者受终审法院的委托，或者出于宫廷方面的考虑，或者是经营方面的需要，抑或是学术性质的考察旅行。但这一次才可以算作是真正的旅行，旅行的终极目的还是为了寻找"自我"，除此之外，再没有其他的目的。他没有做任何计划，也不知道自己会经历什么。其实，他自己也不想知道接下来会发生什么。人生就像一盒巧克力，你永远也不知道下一个吃到的是什么味道。假如有人问他，这次旅行的目的是什么，他会毫不犹豫地回答你："我不知道我要去国外寻找什么，但是我清楚地明白，我要避开什么。"他在一个地方已经待腻了，现在他想要换一个环境，体验一下不同的生活方式。不同之处越多越好！那些以为自己家中的生活就已经非常美满的人，很可能会认为在一种完全封闭的小环境下更为幸福。蒙田说，"我不羡慕他们的见识，但我很羡慕他们拥有的好福气。"也许有的人把他的旅行看作是"不安于现状"的证明，看作是"没有一个准主意"，而这时，蒙田便会笑着同意他们对自己出去旅行的评价。蒙田说"我仅在梦中和愿望中看到我希望在哪里停留。我对这样一种寻找乐趣的方式很满意"。在这次旅行中，最令他着迷的是，他惊奇地发现，世界上竟然会有如此多的差异，语言、风俗习惯、人、天空、气压、各种烹调、道路，就连睡觉的床都不一样。他说，"除了把自己置身其中，置身于完全不同的生活习惯，让自己身临其境地体验，人的本性是存在无限的多样性之外，我不知道还有比这更好的学校。"因为亲自体验，对他来说就是很好的学习、比较、更好的理解的机会。

蒙田出外旅行就是为了让自己重获自由。他的旅行为人们树立了一个自由的榜样。他的旅行是跟着感觉走的。在旅行途中，他会尽量不让自己想起一切职责，即使是一种为了自己的职责也不可以。他从来不去做任何规划。他沿着一条路走，这条路延伸到哪里，他就走到哪里。他沿着他的心绪走，心绪把他飘向哪里，他就会到哪里。他要让旅行来支配他，而非他来安排旅行。贵族米歇尔·德·蒙田不愿意在波尔多就知道，自己在巴黎时会去哪里，或者下一周到了奥格斯堡时会去哪里。他要让自己始终自由。

蒙田说，"我的唯一目的是过自己的生活，并使自己感到快乐。""生命意味着生理和身体的活动。""如果我觉得我错过了什么，那么我就会按照原路返回去。"无拘无束、自由自在慢慢地成了他的一种嗜好，以至于有时他知道自己将要往哪里走的时候，他就会隐隐约约有种莫名的失落感。蒙田说，"我觉得在旅途之中是让我感到非常快乐的，以至于当我要接近我的计划中要停留的地方时，会感觉到非常难受，与此同时，在我脑海中会出现不同的可能性：我怎么才能按照自己的意愿和自己最舒适的方式，独自一人旅行。"他不去访问那些名胜古迹，在他看来，凡是和以前看到过的事物不一样的事物才值得看。他和多数人旅行不同，如果一个地方有名，许多人会慕名而去，但他会选择避开那个地方，因为他认为那个地方已经被无数人描写过了，已经没有游览的必要了。在他到旅游胜地罗马之前，他就觉得那里不会使他快乐。蒙田的秘书在《旅行日记》里写道："在我看来，如果他完全为自己考虑，他真的更愿意直接去克拉科夫①，或者沿着陆路去希腊，而不太愿意进行穿越意大利的旅行。"蒙田的旅行准则是：不同之处越多越好，即便找不到自己期待看到的东西，或者找不到其他人让他期待看到的东西，他也不会感到不满意。蒙田说："如果我没有找到人们期待我看到的东西，我也不会抱怨白跑了一趟，因为我至少证实了，报道的事情是假的。"作为一位单纯为了旅行而旅行的人，没有什么能使他心情低落。他那样对自己说：挫折也是生活的一个非常重要的部分。蒙田说："外国的风俗习惯由于其存在的差异性，更能使我感到快乐。我觉得，任何一种习俗就其本性来讲都是正确的，不论是用白镴的餐盘、木制的餐桌、陶制的餐盘为我盛来的食物，不论盘中的肉是煮的或是煎的，不论盘中的食物是凉的还是热的，不论他们给我的是黄油还是素的食油，不论是果仁还是橄榄，我都觉得是一样的。"蒙田为自己的老乡固执的偏见而感到惭愧，因为那些

---

① 克拉科夫，波兰一城市名。

老乡们只要一离开自己的生活环境，就习惯于对不同于自己的风俗习惯品头论足。而蒙田却不愿意把时间白白浪费在这些事情上，他愿意亲身体验当地的风俗习惯。他说，"我不会在意大利的西西里岛去寻找法国的加斯科涅人①，这些人在我自己的家乡见得多了。"所以蒙田宁愿躲开那些他非常了解的老乡。他不愿意让那些偏见先入为主，阻碍自己的判断。就像我们在蒙田身上学到了许多一样，我们也从他的旅行受益匪浅。

我们从蒙田为这次旅行所做的解答可以看出，他的家人对他旅行的态度。他的家人有着各种担心，想要阻止他这次远行。他们给出的理由是："万一你在国外生病了，怎么办？"实际上，当时的蒙田已经被疾病折磨了三年之久。当时许多学者都患有类似的疾病，这种疾病的起因是长久坐着的生活方式和不注意饮食习惯。和伊拉斯谟、加尔文一样，蒙田患有胆结石，而且如果骑着马在道路上奔波数月，对他来说非常困难。不过，这次蒙田出去旅行其中的一个目的，就是想要通过旅行，让自己重新恢复健康，他想通过旅行去做温泉疗养。因此，他对家人上面提出的问题仅仅是耸耸肩。蒙田回答说："假如右边的天气阴沉多雨，我就往左边走；假如遇上不能骑马的地方，我就会停下来……我是否错过了什么？如果有的话，我会返回去，因为我不想错过任何值得看的地方。"同样，他的家人担心"在那样的年纪长途跋涉，万一回不来了怎么办"，对于家人担忧他万一死在异国他乡怎么办，他说："那和我有什么关系呢？我出国旅行既不想着能返回家乡，也没有想着要善始善终。我只是在我还有精力时出去活动活动，去游玩几天。不过我到过许多遥远的地方，那时真的希望

---

① 蒙田田庄位于法国加斯科涅郡，因此他把加斯科涅人称作是他的老乡。

有人可以留住我。为什么不呢?"他回答说,"如果我害怕客死他乡,如果我考虑死的时候亲人不在身边,那我永远也别想迈出法国的边界一步,连走出我的教区都会感到恐惧,因为我已经感觉到死神在不停地掐我的喉咙,锥刺我的腰。然而在我看来,不论死在任何地方都没有什么区别。若让我必须做出一个选择的话,我宁愿死在马背上而不是死在床上。我宁愿死在家门之外,离亲人远远的,向朋友告别时的心碎多于安慰,我很乐意忽视应酬的义务。所以我会乐意忽视神圣的永别。永别的仪式有很多弊端,我见过许多临终的人被这种仪式纠缠得非常可怜,拥挤得令他们窒息。其实,这和义务是背道而驰的,证明来者并不怎么喜欢你,也很少操心让你安安静静到死去:有人折磨你的眼睛,有人折磨你的耳朵,还有的人折磨你的嘴,所有的感官都受到袭击,听见你朋友的呜咽你的心会因怜悯而痛苦,听见假装的哭泣你的心会因扫兴而难受。"作为真正的世界主义者,他不在乎客死他乡。蒙田这次的旅行,唯一使他不快乐的是,他必须负起保护这支队伍的责任来,他觉得自己有点力不从心。以前的旅行都是他自己轻装旅行,习惯自己一个人自由自在地游览。现在忽然多了这么多人,而他作为一家之长,照顾旅行同伴的任务自然就落在他的肩上。而且,由于出行队伍庞大,旅程时间也要相应的缩短,旅行的次数也要有所限制,旅行的开支都是蒙田自己的储蓄和账外之钱,要等到钱到账后才能开始旅行,旅行的时间受到了限制。

第三节　启程

1580 年 6 月 22 日，天气晴好，阳光在树叶上欢快地跃动，空气中弥漫着淡淡的花香，小鸟在树枝上欢快地歌唱。米歇尔·德·蒙田终于启程了，他骑着马出了古堡的大门，仿佛插上了翅膀，在蓝天中乘着风翱翔，向他向往的自由奔去。跟随他出行的队伍里有他的妹夫、二十岁的弟弟和几位好朋友。这些随行的人的旅行并不是都那么顺利。后来，蒙田自己承认，这些旅伴不是非常合适。而那些陪同蒙田出行的旅伴们，也没少抱怨蒙田出行外国时的我行我素。虽说不是一个大贵族的远行，但队伍也很壮观。总的来说，蒙田在这次旅行中没有带任何偏见，没有贵族的妄自尊大。后来他们分道扬镳，自己做自己的事情去了。最为不幸的是他最小的弟弟，这个年轻人来到罗马时，被击剑这一运动迷住，就留在罗马学习击剑，后来由于年轻气盛和别人决斗，出了人命，被关在监狱中，蒙田不得不再次赶去罗马救出他的弟弟。

蒙田的旅程路线是：把法国博蒙作为始发站，向东经过瑞士、奥地利和德国，去往意大利，总共花费十七个月零八天的时间。蒙田在意大利停留的时间最长，共计十二个月零四天。意大利位于地中海沿岸，是文艺复兴的发源地，一直是蒙田内心向往的地方。对于蒙田来说意大利是梦开始的地方，当小蒙田还在牙牙学语的时候，父亲就请家教教他学习拉丁语，拉丁语可以说是蒙田的"母语"，从小在文艺复兴的文化氛围中长大的蒙田，对这一文化起源地的向往可想而知。

蒙田的《随笔集》的若干册已经出版了，蒙田在旅行中也带了两卷书，想把它献给国王亨利三世。亨利三世一开始对此书没多大兴趣，因为他一直喜欢征战，可是他发现这本书在王宫里很流行，大家都在看。所以，他自己也阅读了蒙田的书，不仅如此，还邀请蒙田参加围攻拉费尔①要塞的战斗。对一切都充满好奇的蒙田自然应邀参加，时隔多年之后，他又看到了战争的场面，同时也看到了战争的狰狞面目。因为，他的一位名叫菲利贝尔·德·格拉蒙的朋友，在这场战争中被一颗子弹打死了。他一直陪伴着这位朋友的遗体，把他送到苏瓦松②。1580 年 9 月 5 日，他开始着手写著名的《旅行日记》。③

蒙田的这种经历和歌德有着惊人的相似之处，当年，歌德的父亲约翰·卡斯帕尔·歌德——一位商人，和蒙田的父亲皮埃尔·埃康——一位士兵，都是在意大利开始写他们的日记，并且把日记带回家。就像那位皇家顾问约翰·卡斯帕尔④的儿子歌德一样，皮埃尔·埃康的儿子蒙田也继承了父亲的这一习惯。在到达罗马之前，蒙田的《旅行日记》一直由他的秘书代写，到了罗马后，蒙田的秘书休假了，他开始按照自己的意愿写《旅行日记》。为了"入乡随俗"，他选择用不太规范的意大利语来写他的日记，这样一直延续到他重新回到法国。蒙田说，"在回到法国之后，大家都开始说起了母语，于是我也就自然而然放弃了用外语写日记。"通过蒙田的《旅行日记》人们可以了解蒙田的旅行见闻。蒙田原意是让别人来写《旅行日记》的。据说，他让秘书

---

① 拉费尔，法国一地名。

② 苏瓦松，法国一地名。

③ 参考本书《蒙田生平年表》。

④ 约翰·卡斯帕尔是歌德的父亲，家境殷实，但因得不到贵族的看重，便花钱从德意志神圣罗马帝国的皇帝卡尔七世那里买来了一个皇家顾问的空头衔。

来记述。后来，蒙田意识到，"这样做的话，对自己来说很不方便，于是我不得不把自己的《旅行日记》写下去。"

离开首站巴黎，他便来到了普隆比耶尔·莱·第戎①附近的几处温泉，这是他旅行的一个目的——疗养，他在那里进行了为期十天的水浴，想通过这种方式治疗他的胆结石。之后，他们途经巴塞尔、沙夫豪森、康斯坦茨、奥格斯堡、慕尼黑和蒂罗尔到达维罗纳、维琴察、帕多瓦和威尼斯，再从威尼斯途经费拉拉、波罗亚和佛罗伦萨再到罗马，到达罗马的那一天是1580年11月15日。《旅行日记》不能算作是文学作品，它只是蒙田所有著作中的一小部分，更何况，它也不是蒙田用母语写成的。《旅行日记》里表现的不是作为文学家的蒙田，而是有着弱点的普通人。日记中表现出他的一个性格特点是：光宗耀祖的抱负。这位鱼商和犹太商人的孙子一辈的人，把代表自己家族的纹章，赠送给客栈的女店主作为礼物。在我们看来这件事是非常可笑的：把自己做的傻事看成是明智之举。

旅行一开始，蒙田觉得一切非常顺利，一切很合他的心意。蒙田的心情非常好，好像重新获得了自由的鸟儿。新鲜感和好奇心战胜了疾病。熟悉的地方没有风景，换了一个环境，可以领略到生活的缤纷多彩。虽然他一直说自己已经到了四十八岁的高龄，但是他的耐力却超过了同行的年轻人，他的精神气十足。每天清早起来，他在吃完一个面包后，就骑马上路了。在他看来，不管是坐轿子、坐马车、骑马、还是步行都可以。但是一般他更喜欢骑马，因为马鞍很舒服，在马上还可以欣赏沿途的美丽风景。他喜欢骑在马背上自由驰骋在蓝天下的自由自在的感觉。而

---

① 普隆比耶尔·莱·第戎，法国一地名。

如果坐马车的话，他会觉得马车的座位不舒服，比较颠簸。他也讨厌坐船，因为他有点晕船。在语言方面，蒙田不是很担心。如果在意大利，他就说意大利语，旅行日记也用意大利语来写。有时遇到糟糕的客栈，他不仅不会生气，反而觉得很有趣。他的乐趣在于看到了不同的人、不一样的人、不一样的生活习惯、不一样的风俗习惯。他四处拜访不同阶层的人，同他们进行交谈，他想调查不同的人的饮食习惯、业余爱好，想知道他们对不同问题的看法。他不是按照地位名气来决定要探访谁。在费拉拉他和公爵一起共进午餐，在罗马他和教皇无拘无束地谈话，与此同时，他还和新教的牧师们、茨温利①派的教徒们、加尔文派的教徒们聊天。在蒙田看来，所有的人都是他的同胞。蒙田的这种态度，不是由于苏格拉底曾经这样赞叹过，而是由于他本身具有包容的性格。他不是很留恋家乡的美景，他喜欢结交朋友，认为新认识的朋友和邻里之间的朋友一样值得珍惜。纯洁的友谊一般会比共同地区和血液凝结的友谊更为珍贵。在他看来，在贝德克尔②旅游指南里能找到的地方，已包含了所有人们值得看的地方。在《旅行日记》中，他很少提到拉斐尔和米开朗琪罗以及沿途的建筑物。他独辟蹊径，在书中记述了一些自己的见闻。他曾经亲眼看见一个罪犯被处决时的场景。他曾经被一个犹太人家庭邀请去参加割礼仪式。他曾经去卢卡③的一家图书馆，去过几家意大利式的澡堂，还邀请农妇们和他一起跳舞，他还会同街上任何一个流浪汉闲聊。在旅途中他们听到了许多奇闻逸事，当蒙田一行人来到法国的维特里·勒·弗朗索瓦时，他们从当地人口中听到了

---

① 茨温利，瑞士宗教改革家，1518～1531 年任职于苏黎世大教堂。

② 贝德克尔，19 世纪时德国的一个出版商。

③ 卢卡，意大利中部的城市。

有趣的故事。肖蒙昂巴西尼附近，有七八个姑娘决定打扮成男子，体验男子的生活。她们中的一位来到了维特里，隐姓埋名，化名为马里，她以做编织谋生，为人和善，对每个人都很和气，和气生财，也积累了一些积蓄。后来，她还和一位女子订婚，但也不知什么原因，两人解除了婚约。之后，她离开了这个伤心地，去了蒙提埃昂代尔，依然做编织工，在那里，她又遇到了一位美丽的姑娘，两个人互生情愫，并结了婚。两个人恩恩爱爱地生活了四五个月，不幸的事情发生了，她被从老家来的人一眼就认出来了，为此，还去了法庭，经过审判，被处以绞刑，直到这个时候，她依然宁愿选择绞刑也不想再做女人。蒙田绝对不会为大家公认的珍奇事物去费心力。他觉得，凡是天然自成的已经是珍宝。和歌德比较起来，蒙田有一大优势，在他那个时代，蒙田还不知道有温克尔曼[1]这么一个人，这个要求去意大利旅行的人，把意大利当作艺术史来研究。幸运的是蒙田看到了鲜活的意大利和瑞士。在他眼里，鲜活的一切是最重要的。他有幸参加了教皇主持的弥撒，受到了教皇的接见，不仅如此，还和教廷圣职部的神父们进行了谈话。教廷圣职部的神父们为他的《随笔集》第二版提出了许多宝贵的建议，并建议这个伟大的怀疑论者把"命运"改为"上帝"，或是改为"上帝的旨意"。在罗马他被授予了"罗马市民"[2] 的称号，这种殊荣使他积极争取道德，看来他心里还是有一种贵族的虚荣心。但这并不妨碍他坦率承认，他在罗马的主要乐趣和在威尼斯时一样，在那些妓女身上。在《旅行日记》中，记述的妓女们的风俗和独特的语言行为，比他记录的西

---

① 温克尔曼（1717～1768），18 世纪德国考古学家和艺术史家。
② 参阅本书《蒙田生平年表》。

斯廷教堂和佛罗伦萨主教堂的内容还多。他仿佛又回到了青春年少时代。他的钱有非常大一部分花在了这些妓女身上，有一部分钱用来支付和妓女们谈话的费用。蒙田描述说，这些妓女们要求支付的谈话的费用比她们的其他服务要贵。

其实旅行中他们还遇到了许多危险的事情，一路上平坦的大道很少，崎岖小路却很多，而且前方时常会有状况出现，比如拦路抢劫的，或者城镇有瘟疫。遇到这些情况，他们不得不选择绕道走，另寻他路。有一次，在蒙田一行人赶去罗马的途中，有人给他们通风报信，说前面有抢劫的人设下的埋伏，他们不得不换一条路行走。幸亏他们是结伴而行，相互有照应，遇到困难可以一起解决，可以对那些想动歪脑筋的人以震慑力，否则后果不堪设想。旅行的路上不仅有盗匪，还有守护城门的官兵，要想进城门，必须带齐所有的文书。

蒙田一行人到各地游历，首先便是温泉疗养。他的朋友建议他去世界各地体验温泉疗养的疗效，说不定还能减轻肾结石的病痛，还有可能完全康复。蒙田抱着试一试的心态，来到世界各地的温泉疗养胜地。

首先，他们在穿越法国去瑞士的途中来到勃隆皮埃，位于洛林和德国交界处，泉水有冷泉和热泉之分，热泉无色无味，是可以喝的泉水，温度很高，不能立刻饮用。一个名叫王后浴场的水，有甜甜的草香味，但是蒙田细细品味这里的泉水后发现，泉水中有一股铁屑味。温泉疗养的办法是沐浴，平均一天或两天沐浴三次。蒙田看到许多人在浴场里面治疗，只喝一两杯泉水。而蒙田的治疗方法令人难以理解。他的理疗很有规律：每天清早起来，空腹喝下九杯热泉水，正午吃饭。在四点的时候，准时来浴场泡大约一个钟头的澡，平均两天泡一次。到了晚上一般不吃饭。后来他们启程去瑞士，来到巴登，这里有两三个露天的浴场，一进浴场里面，就会闻到一股硫黄的味道，是温泉里的水散发出来的。水温正合适人们沐浴，这里的温泉有别具一格的小单间，装饰有色彩斑斓木条的墙壁，暖暖的阳光从窗户倾泻下来，地板打扫得很干净，在阳光下闪闪发亮。如果在浴池里觉得时间漫长，可以阅读书籍，或和朋友们玩牌来打发时间。温泉的水不是我们想象中那样带点儿甘甜的味道，而是经过好多次人工过滤的水，味道不仅寡淡，还有种硫黄味。人们一般很少饮用这里的水，如果饮用的话也是喝一小点儿。但蒙田喝了七小玻璃杯的泉水。早上当其他人在吃早饭时，蒙田就来到浴池沐浴，泡完后大汗淋漓地回到旅店。一般他会待半个小时左右。当地人喜欢在温泉里泡一整天，在里面玩牌休闲娱乐。对于一般人来说，水仅仅到他们的腰部，而对于身材矮小的蒙田来说，水到了他的脖子。

之后，他们在去罗马的路上途经帕多瓦，循着水源来到了泉水的源头，泉水从泉眼中汩汩流出，泉水温度很高，他们被氤氲的雾气围绕，仿佛腾云驾雾。泉眼周围的泉水滚烫不能洗浴，更不适合饮用。滚烫的温泉流经地面，地面也被烤熟了似的，犹如定格在煮沸的水的那一刻，像有无数个孔的海绵。沿着泉水顺流而下，就可以看到星星点点的小屋，将泉水引到屋子里面。不仅泉水冒着热气，整个山体仿佛都在呼吸，有的小屋在地面上钻个洞，就能看到热气升腾起来。屋主在房间里挖一个可以容纳一个人的洞，人们就可以在里面进行汗蒸。

紧接着他们去了巴塔格里亚，那里仅有一家温泉浴场，有十几个房间。从不同的地方取得的泉水的温度是不一样的。在泉水流淌的地方，人们建造了许多小石屋，是一个小型的汗蒸房，打开控制蒸汽的阀门之后，就可以在屋里享受蒸汽带来的热量。这里还有泥土浴，房间里放着一只木桶，将取来的泥土倒进木桶中。木制工具是身体的各个部位的形状，把身体感觉不适的部位放在木制的工具里。泥土是黑色的，颗粒微小，柔软细腻，温度和体温相适应，没有任何味道。这些泥土可以在需要的时候更换。

最后，他们来到意大利，著名的拉维拉温泉城，其中一家浴室的屋顶像是教堂的拱顶，采光不好。蒙田第一次见到淋浴器装置，感到很惊奇。温热的水流从上流下，身子感觉到暖暖的。另一家温泉浴场更为有名，可能历史比较悠久。浴场里有三四个拱顶和前一家浴室极为相似。拱顶不是封闭的，而是有一个透气的孔，仅有一丝光线可以透进来。屋子里的光线昏暗，感觉闷得难受，犹如房顶向人压过来，有点儿窒息。这里声称泉水可以治疗各种病症，只要能说出名字的，都可以治疗，有包治百病的意味。蒙田又来到贝尔那贝泉源处，这里泉水的储量惊人，有冷水也有热水。泉水名字的由来是有一段小故事的。据说有一位病人名叫贝尔那贝，听说这里的泉水有神奇的功效，所以慕名而来。在喝其他地方的泉水都没有效果的情况下，决定来这里试一试，来这里静养了一段时间，每天喝着泉眼里的泉水，病还真的治愈了。这泉水有神奇治疗作用的消息也不胫而走。他们一行人参观完后，又来到了另一家。这家浴馆都安装着淋浴设备，有意思的是，管子上都有名称，细看可以看到，不同管子有不同作用，有的写着美味、有的写着恋爱、有的写着失望等。这些设备不都一样吗？不是的，水温是有差别的。来到温泉城，蒙田有机会可以尽情地沐浴了。沐浴和淋浴不能同时进行。通常要去一个浴场沐浴而去另一个浴场淋浴。依照医生的嘱咐，要选择使用的淋浴水龙头是不同的，有的人用第一个淋浴头，有的人用第二个淋浴头，有的人用第三个淋浴头。蒙田遵守医生的忠告，不仅如此，每次沐浴和饮服都有顺序，饮服和沐浴都是间隔着来的。

除了温泉治疗，蒙田一行人每到一处地方，都喜欢去各地教堂看看，他们去过莫城，来到圣法隆修道院。这座修道院坐落在宁静的郊区，寺院历史悠久，蒙田一行人参观了丹麦人奥奇埃的居室和厨房。厨房里有一泓清泉，是厨房的水源。这里的修士多数原本是贵族。庄严的古墓上面是石雕骑士，一共有两具，据说是丹麦人奥奇埃和一位辅佐他的大臣。墓碑上刻着一行字：埋葬在此的是两位无名英雄。之后，他们来到勒米尔蒙，听闻这里的女修道院很出名，蒙田一行人便到那里参观。首先他们参观了修女的宿舍，宿舍干净整洁，摆设别具一格。听执事说，每年到了圣灵降临节的时候，邻近村庄的村民都要交租，而租税是两桶白雪。如果没有雪的话，可以用四头白牛拉的大车来代替。修道院的修女们的着装很朴素，颜色是固定的黑色，布料和样式可以自己选择。修女们在头上先披一层柔软的白纱，再在上边覆盖一层黑纱。

蒙田他们紧接着来到巴塞尔，教堂外面是圣像的壁画，古墓保存完好，在上面写满了超度灵魂的祷告词。教堂里面有时钟、十字架和管风琴。洗礼池在祭坛处，大殿的顶端也是一个瞻礼圣体的祭坛。祭坛的整体布局很有特色。加尔都西教堂建筑从外观来看美轮美奂，经过认真的保修，原来器物的摆放没有丝毫变动，这是由于当初他们在签协定的时候，就有这样的约定，通过这样以展示自己的诚信。

他们来到霍恩，蒙田在教堂里做弥撒的时候，发现了一个奇怪的现象，男人和女人是分开站的，女人站在教堂的左边，而男人站在教堂的右边。女人前边有好几排横放的凳子，她们不是坐在凳子上，而是跪在上面，高度和站的时候差不多。男人除了横放的凳子之外，还有可以扶靠的木杆。蒙田入乡随俗，也和那些人一起做弥撒。不同的是蒙田一行人是双手合拢向上高举，而其他人是双手张开向上高举。

他们来到林道，这里的人信奉两种宗教，人们可以根据自己的喜好，自由选择是信仰天主教或是路德教。蒙田一行人参观了建于公元 866 年的天主教堂，里面的东西都保存完好。在这个地方信仰天主教的人很少。他们来到肯普滕，蒙田去往参观路德派的教堂，教堂装饰和胡格诺派的教堂差不多。牧师用德语向人们布道，结束时，大家用德语唱赞美诗，唱完之后有悦耳动听的管风琴呼应，布道师大声高喊耶稣基督的次数，和教徒脱帽的次数是统一的。他们还看到了一场简单的婚礼仪式，一位牧师走到祭坛的前面，面对大家，手里端着一本书。一位年轻的女子缓缓走到他面前，穿着朴素，头发蓬松，向牧师行了一个礼，然后站到一旁。过了一会儿，一位男子也走了过来，来到女子的身边，腰边佩着剑。牧师说了几句话，之后让人们开始念天主经，紧接着念书中的文字。让新人做碰手礼，并没有接吻。

来到奥格斯堡，蒙田参观了好几所教堂，这里的天主教堂数目很多，仪式也比较好。这里一共有六所路德派教堂，牧师总计有十六位。当清晨的第一缕阳光洒进窗棂，蒙田就早早地起来去参观教堂了。其中的一所教堂有学校的礼堂般大小，教堂里面没有任何常见的图像、管风琴和十字架。墙上的装饰有文字版的《圣经》故事。唱赞美诗的人，有的是滥竽充数，有的连帽子都不摘。然后，一位牧师来到祭坛前，他打开手中的书，念了书中的几篇祷词，教徒们站起身，双手合拢，当牧师念到基督时，他们开始鞠躬。念完这些之后，牧师面向祭坛，祭坛上有一条毛巾、一把水壶以及一只盛有水的杯子。这时旁边的妇女排成一队，排在开头的妇女手中抱了一个婴儿。牧师将手三次伸到杯子的水中，然后洒在婴儿脸上，与此同时口里念着祷文。在这之后，两个男人过来把右手其中的两只手指指向婴儿，牧师对着他们说话，这个仪式就这样结束了。

蒙田一行人还去参观了美轮美奂的圣十字教堂，去时正赶上他们在筹备近一百年前出现的神迹大典。据说事情是这样的，有一名妇女不想把耶稣基督的肉咽下，于是悄悄从嘴里拿出来，然后用蜡把肉包起来，放在了盒子里，在她忏悔的时候，大家发现都变成了真的肉。他们还找了许多证据来证明这一切。他们把那片蜡和肉色的小片放在透明的水晶盒里保存，贡人们祭拜。

他们来到泽费尔德，这是一个环境幽雅的小村庄，教堂也非常美丽。据当地人说，1384 年有个人在复活节那天，不满足于自己领到的一小块圣饼，要求再换一块比这大的。当他的要求被满足时，他把圣饼放入口中，这时，不可思议的事情发生了，他站的地方土地忽然下陷，他跌进洞中，仅露出头来，神父这时将他嘴里的圣饼取出来。至今人们还能看到那个洞，洞上面用铁栅栏保护起来，上面那个人的手指印依然能看到，那块圣饼是血红色的。据说有个人来到教堂治愈了疾病，这个人三天前不小心把一大块肉吞进嘴里，不幸的是肉卡在了喉咙里，在三天的时间里，这块肉既咽不下去，又吐不上来，他感到非常难受。等他来到这家教堂，许了个愿望就好了。

他们去了维罗纳，参观了穹顶大教堂，蒙田觉得当地人的举止很怪异。即使是唱赞美诗的时候，他们仍然不停地说话，连帽子也不脱，没有面向祭坛，没有遵守做礼拜应有的礼节。在这之后，他们去参观圣乔治教堂，教堂里有许多德国人留下来的东西，见证着德国人曾经来过这里。

帕多瓦的圣安东尼教堂建造得很秀丽。穹拱不像其他的教堂那样是整体的一块，而是由许多凹面组合而成的圆顶。有许多雕塑都是青铜或者大理石铸成的。教堂里面没有大型柱子支撑，显得大厅非常空旷。大厅的里面还有李维的头部雕塑，表情忧伤，形象生动，看到就会令人生出怜悯之心。

蒙田终于来到了他梦寐以求的城市——罗马，他的欣喜之情溢于言表。

罗马在当时是很繁华的大都市，街上的行人熙熙攘攘，街道两旁的叫卖声不绝于耳，处处是一派繁荣的景象，和巴黎有相似的地方。蒙田进入罗马城的时候，行李受到了检查，检查非常严格，就连放衣服的小包也翻了个遍。除了这些，检查的人还把蒙田的书籍都带走了要仔细审查一下。这样的审查时间很长，如果有急事的话，那些书是拿不回来的。蒙田来到罗马后，感觉很难受，据医生诊断是肾移位。蒙田服了一剂医生的药方，那是威尼斯松脂，据说松脂是从蒂罗尔山区找到的，把威尼斯松脂夹在饼中，再放些果酱一起服用，这样就不会觉得太难吃。蒙田吃完之后，身体没有其他的感觉，只是尿里有一种紫罗兰的香气。时值圣诞节，蒙田及同伴一起去了圣彼得大教堂，教皇正在主持弥撒，他们挑选了一个好位置，可以将整个仪式都尽收眼底。整个仪式比较繁复，人们将《福音书》和《使徒信书》用两种语言阅读，首先是拉丁语，其次是希腊语。与教皇一起主持祭礼的是其他几位红衣主教，酒是用一个特殊的杯子盛的，以防其他人投毒。让蒙田难以理解的是，在弥撒期间，不论是教皇还是红衣主教、高级宗教官员都坐在椅子上面，戴着帽子，说话聊天，看样子这个仪式虽然布置得光鲜亮丽，但是虔诚不足。蒙田去拜见了教皇，拜见教皇的人需要单膝跪地，在接受完教皇的祝福之后，人们站起来，走到房间的中央，在半途中，再次单膝跪地，接受教皇的第二次祝福。然后，他们起身走到教皇前面的地毯上，双膝跪地，他们的介绍人单膝跪地，将教皇的长袍卷起来，置于他的右脚面上，露出教皇的红色的鞋，鞋上绣着白色的十字。双膝跪地的人跪着走到他的脚前，俯下身子完成拜见礼，就是亲吻教皇的脚。

蒙田还看到了一场处罚盗贼的场面，他们会在罪犯的前面放一个大十字架，上面用黑布遮住，旁边有一群人步行，他们都穿着布衣戴着面罩，听说都是罗马的贵族，他们都是自愿去陪伴这些犯人到刑场去，他们还自发地成立了一个兄弟会。他们中间有两名神父在车上引导犯人，教育他们。其中有一位拿着一张天主的画像，摆在犯人的前面，让他不停地亲吻天主。这样一来，街上的行人就看不到犯人的脸。绞刑架是两根支架上面放着一根横木，犯人的脸一直被画像遮住，看不到他的真面目。在他被吊死之后，竟然残忍地被大卸八块。

蒙田发现，罗马的教堂没有意大利教堂那么美丽，意大利和德国教堂没有法国那么美丽。在圣彼得堡大教堂，教堂的入口处飘扬着的旗帜被当作战利品。文字介绍说，这是国王们打败胡格诺的时候获得的旗帜，但什么时间，什么地点获得的没有说明。在格列高利礼拜堂的附近，在墙上有密密麻麻的还原书，其中还有一副描绘蒙贡战役的画。在圣西斯廷礼拜堂里的墙壁上有对罗马教廷非常有纪念意义的画。

蒙田还有幸看了一场驱魔礼，在一个小礼堂里面，有一位穿着法衣的教士，正在给一位中魔的人驱魔。这位中魔的男子目光呆滞，神情忧郁，跪在祭台的前面，他的脖子上系着一块布。这位教士口中念念有词，大意是让魔鬼离开他的身体。随后他把脸转向中魔者，时而对他本人说话，时而对他体内的魔鬼说话，时而骂他，用拳头打他，往他的脸上吐口水。中魔者对教士的要求没有准确回答，一会儿为自己辩护，说他觉得自己在造孽，一会儿又替魔鬼说话，说教士的驱魔咒起到了作用，他感到很害怕。这样持续了一段时间，教士拿出自己的杀手锏，重新来到祭坛的面前，左手拿着圣体盒，盒中放着圣体，右手拿着一支正在燃烧的蜡烛。他把蜡烛倒过来，等着它完全融化后，与此同时开始念经文，然后大声地对魔鬼说出威胁的话。当第一支蜡烛将要燃烧完的时候，他会再拿一支新的蜡烛，然后是第二支，紧接着是第三支，燃烧完了之后，他会把圣体盒再放回去，转过身来到中魔者身边，开始松绑，并把他交给他的家人。这位教士还对他的家人说，这个魔鬼很难对付，要把它从他的身体里驱逐出去，还要费些力气。

复活节的前几天，蒙田在拉特兰圣约翰教堂怀着敬仰的心，参观了展出的圣保罗和圣彼得的头颅。头颅保存得非常好，形象惟妙惟肖，上面还有肉、肤色和胡子。圣彼得的脸白皙而长，面色红里略带紫色，胡子是灰色的，头上戴着教皇的皇冠。圣保罗皮肤颜色较深，头很大，脸向横向发展略显胖，灰色的胡子很浓密。头颅放置的位置较高，展示时通过钟声来告诉大家，当钟声敲响的时候，专门负责展示的人员就会把上面盖着的布揭下来，人们就能够看到两位教皇的面目。在展示的时候会读《圣母经》，读完以后幕布会再次盖上。之后会反复三遍。蒙田来到罗马后看到这些景象，得出了这样一个结论：法国的平民百姓要比罗马的人虔诚很多。在富人圈里，朝臣相比来说要差些。

复活节后迎来的第一个星期日，蒙田观看了少女受赐的仪式。教皇的前面有二十五匹披着金光闪闪的绣金衣的马，很气派。有十几头披着紫红色披风的骡子。马车后面的轿子也套着紫红色的丝绒。前面有四个彪形大汉骑在马上，手里举着棍棒。连棍棒上都套着红色的丝绒，手柄和两端都镀了层金色，棒子是四顶红色的帽子。教皇骑在骡子上，红衣主教也紧随其后，把后摆与骡子的笼头用饰带系在一起。

受赐少女一共有一百零七名，每位都由家里来的老妇人陪伴。做完弥撒之后，她们从教堂走到街上游街。她们来到密涅瓦教堂进行这个仪式，回来后排队依次经过祭坛，亲吻教皇的脚，教皇送给她们祝福的话语，把一只白色的锦缎钱包交给她们，钱包里面装有一份礼物。也就是说如果她们有了自己的丈夫，就可以获得她们要求得到的赏赐，每人可以获得三十五埃居的钱，外加每人每天穿的白色婚纱，大约五埃居。这些要进行受赐仪式的少女要脸上盖着一块布，只露出两只眼睛。

蒙田想成为罗马公民，在蒙田眼里，罗马有许多闪光点，罗马是被大家普遍认同的世界城市，在这座城市里国家存在的特殊性和不一样的地方是最不被重视的。这是由于罗马本来就是外国人组成的城市。每个人都把罗马当作自己的家。这里的统治者把他的权威用来对付基督教，基本的司法制度保护外来的人同样融入这个大家庭。选举这方面对参选人来自于哪里没有要求，外来人既可以参与选举也可以被选举为国家公务员。威尼斯政府在自由、贸易方面的优惠政策，给外来的人提供了发展的空间，尽管如此，外来人员还是会有寄人篱下的感觉。在罗马这座城市里他们理所当然地认为这是在做自己的事情，没有寄人篱下的感觉。在水上城市威尼斯，一样也会有很多外国人，但选择在这里定居的人少之又少。在罗马这座城市里，平常百姓看到外来人的穿戴，或者西班牙人或者德国人的穿戴方式是不会吃惊的。

蒙田取得罗马公民的资格证书不是一帆风顺的，遇到了许多难关，蒙田没有运用金钱等手段，全凭借他的游说，说服了一位教皇，在教皇的总管的鼎力相助下终于拿到了这一资格证书。虽然只是一个名号，并没有实质的内容，但是蒙田已经觉得非常满意了。

蒙田是一位世界公民，他不带有任何先入为主的偏见，所以他向往罗马这样一个世界城市，所以希望自己成为罗马公民。

他们后来去了洛雷托，这是一个小镇，位于平坦的高地上，站在上面向下看去，可以看到亚得里亚海或威尼斯湾。古老的用砖头砌成的小房子是祭祀的地方，当抬头看墙壁的时候，可以看到木雕的圣母像，其他的部分都贴满了密密麻麻的许愿书，来自世界各地的人们喜欢来这里许愿，墙上都是银箔和金箔。蒙田费了好大的力气，才在墙上贴了一块许愿牌，上面共有四个银像：圣母的像、蒙田的像、妻子的像以及女儿的像。蒙田的像下面刻着：米歇尔·德·蒙田，法国加斯科涅人，国王勋位骑士，一五八一年。妻子的像下面刻着：妻弗朗索瓦兹·德拉·夏塞尼。女儿的像下刻着：独生女莱奥诺·德·蒙田。

紧接着他们来到皮斯托亚，蒙田一行人参观了教堂，主堂的顶层有人在吹小号，在儿童唱诗班里有穿着祭服的教士在吹喇叭，这是一种古礼，在蒙田看来，这里的人们想要通过恢复古礼来补回失去的自由。

后来他们去了比萨，蒙田参观了圣约翰教堂，教堂里面不论雕塑还是绘画都种类繁多，非常美丽。最显眼的是一个大理石材质的讲坛，上面雕着很多人物，雕功一流，巧夺天工，听说洛伦佐因此杀了亚历山大公爵，锯下了几尊头像献给了卡特琳·德·美第奇王后。教堂的形制与罗马的万神殿很像。这里曾经是亚历山大公爵私生子的住处，蒙田曾经还见过他，那时他已经老了。

在这里生活得很惬意，每天到山林中打猎钓鱼，并以此为工作。

在圣彼得节这天，有人告诉蒙田以前比萨主教，跟随迎神的队伍到城外的圣彼得堡教堂去，在海边投进一枚戒指，经过庄严的仪式把大海娶来，所以这座城市里拥有一支很强大的船队。这一任务由一位小学校长来担任，教士们的任务是迎神，举办盛大的赎罪会。大约四百年前，教皇有一份谕旨说教堂是由圣彼得建造的，圣克莱芒在大理石桌前主持了这个仪式，教皇的鼻子里流出三滴血滴在了桌子上面。这三滴血颜色非常鲜艳，犹如三天前滴上的那样。热那亚人来了把桌子打碎，要将其中一滴血带走，使得比萨人把打碎的桌子从教堂带回自己的城里。但是，等到圣彼得节到来时，就会把桌子再搬回教堂参加迎神仪式。

后来他们来到卢卡，晚上蒙田一行人去大教堂听了晚祷，全城的居民和仪式都集中在这里。展示在公众面前的是木制的十字架，卢卡人对它顶礼膜拜，这是由于十字架年代久远，曾经显示过许多神迹。教堂也是为了更好地存放十字架建成的，放着圣物的礼拜堂位于教堂的中央，在蒙田看来，位置没有选好，违背以前看到的建筑物规则。晚祷进行完后，整个仪仗队都去了另一个教堂。周四的时候，蒙田来到教堂听弥撒，他看到领主国的官员都在教堂里。卢卡人热爱音乐，痴迷音乐，喜欢聚在一起唱歌，少有人对音乐一窍不通，但是他们的嗓音很少有出色的。他们唱的弥撒，不是很好听。这里的人用木头和纸板建造了一座高大的祭坛，在祭坛上面，放着圣像、烛台和银盘。中间是一个盘子，在它周围是四个盆子，整个祭坛布置得非常华丽。每当主教做弥撒时，有人会在一堆乱麻上面点一把火，火苗就会蹿起来。乱麻放在一根悬空的栅栏上面，位于教堂的中央。

他们接着来到维泰博，这天是圣米迦勒节，蒙田吃完午饭后去参观了橡树圣母教堂。通往教堂的大道笔直宽阔，路两旁种满了树，是保罗三世教皇命令建造的。他们不一会儿便来到了教堂，教堂建筑美轮美奂，里面是宗教纪念物和许多还愿牌。他们看到拉丁文记载的一个小故事，大约一百年前的一天，有个人受到盗贼的追击，非常害怕，逃到一棵挂着圣母图像的橡树下面，他祈祷圣母能够救救他，圣母显灵，他隐了身，盗贼找不到他，圣母助他逃过了这场劫难。由于这个圣母显灵的故事，使得人们对圣母很崇敬，便在橡树周围建立了教堂，这棵挂圣母像的树，底部被拦腰截断，挂着圣像的枝丫靠墙矗立，周围多余的树枝也都被砍掉了。

旅行快要结束的时候，蒙田已经被自己的疾病折磨得痛苦不堪。他去做了一种当地的土法治疗。他不愿意看医生，于是他为自己发明了一些新的疗法。就像旅行时自己决定路线一样，他也想要掌控自己的病情。可是，当时他的病情已经很严重了，除了几种慢性疾病折磨着他，还伴有牙疼和头痛。他甚至都有自杀的想法。饱受这些痛苦折磨的蒙田竟然被选为波尔多市的市长，对于这个消息蒙田是否会高兴，令人怀疑。蒙田在十一年前辞去官职时，职位只是一名议员，那为什么还会有波尔多市长的任命？或许是他出版的《随笔集》，获得了市民们的赞誉，把蒙田推上了市长的位置。可是蒙田对此却丝毫不知情，更没有努力促成。或许是他的家人想通过这样的办法，把他叫回家吧。不管原因是什么，蒙田回到罗马，然后从罗马结束了他的旅行回到了自己的家。那是1581年的11月30日，蒙田在告别古堡十七个月零八天后，又回到了自己的家乡。出去旅行归来，蒙田似乎比以前更加年轻、更精神、更加精力充沛。两年之后，蒙田最小的孩子出生。

第八章　人生的终点

第一节　复出任职

蒙田曾经想做到世界上最难做的事情：过着无拘无束的日子，追寻内心的自我，追寻内心的自由，而且事实上他也在朝着他的目标前进。年过半百的蒙田，认为自己离这个目标已经非常近了。然而一件意想不到的事情出现了，他没有要找寻这个世界，这个世界却在找寻他。在他还年轻的时候，那时的他满怀为国效力的信心，可是未能如愿。如今，却有人要主动把荣誉强加于他。讽刺的是，在他认识自己的旅途上，别人认识到了他的价值。蒙田城堡虽然安宁静谧，但不是世外桃源。旅行的日子虽然美好，但并不可以使他永久逃避凡尘俗世，逃避社会。

1581 年 9 月 7 日，他接到了一封信，信中通知他："在一致赞成的情况下"他被任命为波尔多市市长，他本人对此毫不知情，蒙田在《随笔集》中描述到："波尔多的先生们选我做他们城市的市长，而我却远离法国，更远离这个想法。"信中以"对我的祖国的爱"为由，让他接受这项任务，这个消息对许多人来说都是一个令人振奋的好消息，而对已经隐居的蒙田来说，这是一个重担。当市长意味着要占用他的很多时间，需要投入很多精力，需要发挥外交才能，处理好各种关系，比如宗教派别和政治派别的关系，波尔多市和国王的关系。同时也预示着他不得不停止他的旅行。蒙田对于这样一项任命是犹豫的，他在自由和责任中间徘徊，他认为，自己的身体已经一日不如一日，他患有种种疾病，还被自己的胆结石折磨得非常痛苦，有时还有自杀的念头。"如果一个人没有办法去除这种病痛，那么他必须有勇气来结束这一切，这是唯一的药方、唯一的通例、唯一的知识。"而且这个职位仅是个虚名，没有俸禄也没有其他的受益。任期两年，可以通过下次的选举连任，不过连任的情况很少，仅出现过屈指可数的两次。

既然这样，他为什么还要接受这一做官的邀请呢？他虽然深深地知道，如果接受这一官职，他要放弃心中的自由，再者说，一个官职只会给他带来操劳，不能带来特别多的钱财和特别大的荣耀。蒙田在接到第一封信的时候，还想要拖着不去，故意拖延时间。这时他收到了第二封信，当他一踏入古堡，就看到了国王亨利三世的亲笔任命信。这表面上看是一种邀请，实际上是一道命令，不能推辞的命令。国王在这封信的开头委婉地写道：如果这次没有蒙田本人参与的选举能有效果，他会感到非常高兴。然而，国王命令蒙田，"不要拖延，也不要找借口"，立即上任。下面的这些话把蒙田的任何不去的想法都遏制了，"假如你这样做，就迈出了令我非常开心的一步；如果你不这样做，我会非常难过。"国王下的这一道死命令，没有商量的余地。正如他非常不愿意继承父亲的遗传病——肾结石一样，他现在也是非常不情愿地就任市长职位。蒙田非常不情愿地开始打道回府，他依然是慢悠悠地往回走，六个星期之后才回到法国。

我们不禁要问，是什么原因使得人们在蒙田不参与的情况下，推选蒙田做波尔多市的市长呢？也许是人们对他父亲的尽职尽责的了解，同样也把这份信任交到蒙田的手里。在蒙田的父亲任职期间，把城市里的事务管理得很好，这使人们对他的父亲有一种好的印象。也许是他的家人希望他结束旅行，让他回家的一种手段。具体原因我们不得而知。

走马上任的第一天，蒙田做的第一件事是诚实地告诉他的选民们：他们不应该期待他会像他的父亲那样，全身心投入奉献给公务。还是年少的他，就看到父亲整天被公务缠身，身心不堪其扰，看到父亲为了自己应尽的职责，牺牲了自己最美好的青春年华，牺牲了自己的家庭，也牺牲了自己的身体。他的父亲牺牲自己的幸福，甚至考虑以身殉职。他的父亲天生有一颗宽厚慈爱之心，并深得人心。他的父亲提倡必须为他人而忘却自己，说个体无论如何不能和集体相提并论。而蒙田对于父亲的这种生活方式却不认同，也不愿意效仿他的父亲。蒙田知道自己的优点：不记仇、没有野心、不贪恋财物、不喜欢残暴。但他也深知自己身上的不足之处：他的记忆力差、缺乏机警、缺乏经验和领导人应有的魄力。和他一贯的作风一样，蒙田决定把自己最优秀、最珍贵的品质一直保持到最后。在进行自我剖析之后，蒙田补充道："我不希望看到人们对自己应该承担的职务漫不经心，不奔波，不费舌，不流汗，该流血时不流血。"他的总体宗旨就是：尽自己最大努力来认真履行自己的职责，除此之外别指望他会再做什么。其实，他觉得并非所有重要的差事都很棘手。假如有需要的话，蒙田已经做好了思想准备去艰苦奋斗。他有能力做更多的事情，也同样有能力做他并不很喜欢做的事情。蒙田不会对自己职责范围内的工作不闻不问。他最不愿意做的是掺杂着野心的职责，或者借着职责之名掩盖野心的活动。

蒙田有了自己的意见办公室，一支专门的护卫队，一身市长的行头。他的职责是和推事商量决定人事任命和审理一些民事案件。最使蒙田头疼的是要处理好各方的利益关系，这绝非易事。其实上一任市长给他留下了一个烂摊子，上一任市长不负责任，没有处理好各方面的关系，各方面关系十分紧张。不过，一个有利因素是蒙田在任时期，内战正处于休战时期。为了让外界知道，他不会离开他的生活环境，他没有住在波尔多市，仍旧住在自己的古堡里面。由此看来，虽然他为市长这个职位投入的时间、精力只有别人的一半，但是，由于他那敏锐的洞察力和渊博的知识，他的业绩却是超过任何一个人，可以说蒙田的工作效率很高。在蒙田看来，1583 年 7 月，他的第一次市长任期届满之后，他又被选举为任期两年的市长，这在当时是很罕见的，在此之前仅有两位市长获此殊荣，这也是在蒙田意料之外的。其实也是情理之中的事情，这也表明了人们对他在位期间所做的事情是非常满意的。在这次任职期间，没有发生什么棘手的问题，蒙田在平平淡淡的日子中度过了自己的第一届市长生涯。

蒙田在波尔多市担任市长，并且获得连任的机会，证明了蒙田的实力。原本持怀疑和观望态度的人，也看到了蒙田的能力。因此，宫廷、国家和众多的政界人士要求蒙田不仅要做好波尔多市的工作，还要求他能发挥他的能力做更多事情。在此之前，政界人士都怀着不信任的眼光看蒙田，他们一直对蒙田这位异类不信任，在他们看来正是蒙田思想自由、行动独立，不参加任何党派，让他们放心不下。他们责怪蒙田在这个"全世界的人都大有作为"的时代里，不积极主动地做点什么。因为在此之前，蒙田从来没有和国王结交，也不参加任何党派和群体。他的择友标准是按照对方的功绩来选择，而非按照对方所属的派别和信奉的宗教信仰。在当时的年代，蒙田与其他人格格不入，是很难被重用的。可是后来情况有所改变，在可怕的内战过后，当时的狂热被看作非常荒谬，曾经被轻视的无党派人士在政治中占了优势。蒙田这位始终保持着不带任何派别偏见，追求自由的人，成了最为理想的不同党派之间的调解人。

蒙田和同事给亨利三世写信建议国王减轻赋税。

蒙田在任职期间和同事联名给那瓦尔国王去信，为国家的发展建言献策："波尔多市市长蒙田先生、波尔多市检察官和行会理事德吕布先生，接受委托为了陛下治理有方和减轻臣民的负担，向那瓦尔国王、国王驻吉耶讷地区和公爵封邑摄政官送达疏本。兹向那瓦尔国王禀报，各省市没有自由贸易就无法保留和维持现状，贸易自由使各省市自由交流，是促成百业兴旺的条件，农民由此可以出售他们的庄稼供养全家，商人进行谷物交易，工匠给自己的产品定价，这一切都是对税收的支持，尤其本城居民的主要贸易对象是图卢兹和加龙河两岸城市，既做小麦、葡萄酒、菘蓝、鱼，也做羊毛生意。本市长和市政官听说有一份报告，马德凡尔登的人借口因响应维和法令派驻城市维护安全的驻军得不到饷银，决心拦截在加龙河上来回行驶的货船，这必将使该地区全面破产。恳请那瓦尔领主国王不要下令禁止这些船只和货物进入马德凡尔登和该辖区的其他城市；而是根据国王的赦令保留和维持任何人之间的自由贸易。"

在蒙田第二次任期里，社会突然发生了巨大的变化，蒙田为此奔波于各地，费尽口舌，不但辛苦，还差点儿受伤。法国的形势发生了引人瞩目的变化。安茹公爵①去世以后，依据萨利法典，那瓦尔王国②的国王亨利·波旁③（也称作那瓦尔的亨利，即后来的法国国王亨利四世），作为喀德琳·美帝奇太后的女婿，成为法国国王亨利三世王位的合法继承人。但是，这位那瓦尔的亨利是胡格诺派的教徒，不仅如此，他还是胡格诺派的首领，所以他和那些要镇压胡格诺派的法国朝廷站在了对立面。十年前，在"圣·巴托罗缪之夜"要屠杀胡格诺派的信号就是从法国王宫的窗户发出去的。而且，吉斯领导的反胡格诺派也极力阻止这次依据法律程序的王位继承。因为那瓦尔的亨利现在不准备放弃自己的权利，如果他不能和执政的法国国王达成和解，那么一场内战一触即发。这项具有历史性意义的使命——捍卫国家的和平，落在了蒙田这样一位理想的调解者肩上，不仅如此，蒙田是国王亨利三世信赖的人，同时也是王位继承人那瓦尔所信赖的人，再没有比他更为合适的人选了。蒙田和这位年轻的法国国王通过友谊联系在了一起。即便那瓦尔的亨利在被天主教开除教籍的时候，他们的友谊也丝毫没有受到影响。正如蒙田后来在文章中记述的那样，蒙田为了保持他们之间的这份友谊，不得不在自己的神父面前忏悔自己的罪过。

1584 年，那瓦尔的亨利带着四十名贵族和他的所有仆人来蒙田古堡亲自看望蒙田，他让蒙田庄园的仆人来服侍他，吃饭也不是像平时那样先验毒，确定没有毒再吃。这位未来的国王竟然睡在了蒙田的床上，并且把秘密的任务交给蒙田执行，可见他们的

---

① 安茹公爵，法国国王亨利三世的兄弟，1585 年去世。

② 那瓦尔王国是欧洲中世纪和近代初期，地处西班牙北部和法国南部的一个独立王国。

③ 亨利·波旁（1553～1610），1572～1589 年任那瓦尔王国的国王。

友谊非同一般，他对蒙田有着无比的信任。他在《随笔集》中说道："1584 年 12 月 19 日，那瓦尔亲王来到我的庄园。在这之前没有来过，这是第一次，他在这里借住了几天，由我的仆人来服侍，而不用自己带来的侍卫服侍，吃饭的时候不先尝毒，不用盖碟，还睡在我的床上。"当时皇室来访，蒙田需要用皇室的礼仪来招待客人。蒙田专门举办了一次大规模的狩猎娱乐活动，活动举办得很成功，那瓦尔亲王很满意。几年之后，亨利三世和这位未来的亨利四世又出现了矛盾，这次危机非常严重。到了这个时候，这两位君主第一个想到的依然是蒙田，他们又一次邀请蒙田来为他们调解。这足以证明蒙田是多么值得信赖的人，这已经足以证明蒙田对于皇廷、对于国家的和平起到了举足轻重的作用。

第二节　逃避鼠疫

1585 年，蒙田第二次出任波尔多市市长的任期即将结束。他原以为可以功德圆满，功成身退，赢得人们的赞美、爱戴和荣誉，可是命运又和他开了一个小玩笑，没让他圆满地为此画上一个句号。

在再次由胡格诺派和天主教同盟挑起的内战中，在波尔多市面临战争威胁的日子里，蒙田一直勇敢地坚守自己的岗位。他为这座城市做了万全的防御准备，不论白天夜晚都有士兵轮流守卫这座城市。然而，在另一个敌人面前，波尔多市爆发了鼠疫，他却选择丢下市长应尽的职责，狼狈出逃。在蒙田的世界里，自己的生命健康始终位于第一位。或许他不是英雄，他也从未想过把自己装扮成英雄。他不是如卡匹斯拉姆斯那样伟大的主教。

1585 年 6 月，时值炎热的夏天，骄阳似火，波尔多市爆发了瘟疫。当时处在内战时期，又是人祸，又有天灾。我们今天难以想象鼠疫在那个年代给人们带来的恐慌。我们只能隐约感觉到，鼠疫是一个逃亡的信号。在 16 世纪，瘟疫这种流行病是非常常见的。对于伊拉斯谟和其他人同样如此。在短短的六个月的时间里，波尔多市的居民就死了一万七千人，占波尔多市人口的一半，这个人数超过了大屠杀死亡的人数。当时瘟疫爆发的谣言四起，城内人心惶惶，都在想办法逃离这座城市。当时，能付得起一辆车、一匹马的费用的人都逃之夭夭了。只有那些没有钱的穷苦人，不得已留在那里。大多数官员也都离开了自己的职位，逃到了别处。

　　当时，蒙田古堡里也有人感染了鼠疫，于是蒙田就下定决心离开古堡。他带着年迈的母亲、妻子和儿女们开始了逃难的生活。"成千种不同种类的疾病蜂拥而至"，这是他实现他自己精神力量的机会。由于他不能将古堡中所有值钱的东西都带走，他损失了一大笔财产。他遣散了所有的仆人，房屋里的物品都留在原地，人们可以随便拿走。他急匆匆地从家里逃了出来，就连身上穿的衣服都没来得及换，由于逃出时比较慌忙，他还不知道要逃到哪里去。但是，没有人愿意收留从流行鼠疫的城市里逃出来的人。"我一向慷慨好客，却很难为我家找一个避难之地，在鼠疫面前，朋友们都非常害怕，怕被传染。一旦有亲戚朋友想要投奔这一家，这一家就会万分恐惧；一旦在同行的人群中，有一个人突然抱怨自己的指尖感到疼痛，其他人就会突然换了住处。所有的病都被当成是瘟疫，大家并不想花时间和精力去加以区分。按照当时的医疗规则，凡是接近过这种患有鼠疫的人，都会在四十天之内被传染上这种疾病。如果你胡思乱想，整日担心你会被传染，你也会觉得浑身痒痒并发烧。"其实在蒙田看来，"假如我不必为别人的痛苦而感到难受，假如我不去为那一群结伴而行的人当半年的向导，那件事情就不会十分触动我的内心。因为我一直把防御药剂带在身边，那就是决心和忍耐力。我不会整天担惊受怕，因为我深深知道这种疾病最怕这样的心境。假如我是孤身一人独自逃命，我会逃得更快也更远。我不觉得这种死法是最糟糕的死法，一般来说，这种死法时间较短，死的时候你会觉得头昏脑涨，少有痛苦，而且流行病这一点还能使死者得到安慰。死亡的时候不用举行仪式，也不用服丧，可以免去压力。"

那是一次可怕的逃亡，蒙田一行人看到了荒草丛生的田地，看到了无人居住的村子，看到了没有埋葬的尸体。在那为期六个月的逃亡中，蒙田"忧心忡忡地担当起大家长的职责"。在逃亡的时候，蒙田也决定重新参与到政治活动中去，他这样做或许是为了逃亡时有地方可以躲藏。当时，蒙田没有想到的是在他离职期间他的政治仕途达到了人生的制高点。他和亨利·德·那瓦尔以及喀德琳·德·美第奇来往密切。

在他离职之前，他把波尔多市的全部工作托付给了那些市政官吏。而那些市政官吏在这期间一直在给蒙田写信。他们对蒙田的逃离感到愤怒，他们想让蒙田重新回到自己的职位上，承担应该担负的责任。最后，他们写信通知蒙田的任期已满，让他回来参加卸任仪式，接到这封信的时候，蒙田心里很矛盾，不知道该不该去参加典礼。当时他的蒙田古堡没有受到瘟疫的侵害，假如他现在回去的话，就意味着完全是为了一个交接仪式而去冒风险，这样值得吗？但是如果不去的话，他的职责怎么履行？在犹豫着不知如何是好时，蒙田来到距离波尔多市不远的城郊，他通过写信把自己的想法告诉推事，想要让他们来决定自己是否应该做出这样的冒险行为。书信《致波尔多市市政官先生们》的具体内容是："先生们，我在这里从元帅大人给我的消息中偶然得知你们的一些情况。我不惜生命或其他一切愿为你们效劳，由你们作出判断，我出席下一次选举能做什么，是否值得我不顾城市的糟糕局面冒险回城，尤其对于像我这样从空气新鲜的地方来的人而言。星期三我会尽我所能走近你们，也就是说到弗依亚，如果瘟疫没有先我而至的话；如我在给拉莫特先生的信中所说，推辞元帅大人要我陪在他身边的好意；我谦卑地向你们请教，并祈祷上帝赐先生们长寿与幸福。"

等了一晚上后，他又写了一封信问城里推事的意见。到底有没有回信我们无从知晓，我们只是确定地知道蒙田没有去参加卸任仪式。当时，城内发布了一条规定，不准许城外的人进城。蒙田可能是看到这样的一个规定，觉得如果进城的话就违背了法律。他通过这条门禁说服了自己。

虽然在逃离过程中，他把荣誉、赞美、尊严连同他的财产一起丢掉了，但是保住了性命。1585 年 12 月，鼠疫已经过去了，蒙田终于结束了六个月颠沛流离的逃亡生涯，重新回到了古堡，城堡还是他们走时候的样子，但是田里的庄稼却变得荒芜了。蒙田吩咐仆人把房间和院落都重新打扫干净。他又重拾起自己的旧工作，重新寻找自我，并开始撰写他的第三卷《随笔集》。除了身体仍然受到肾结石病痛的折磨，他的内心重新获得了安宁。现在的他在静静地等候死神取走他的性命。死神已经多次"用手抚摸过他"。他来到这个世界上，经历了战争和和平、贫穷与富裕、忙碌和悠闲、健康和疾病、旅行与居家、赫赫有名与默默无闻、爱情与婚姻，最后，他该得到安宁了。

第三节　最后的使命

　　但是，他还不能就此退出历史的舞台，他还没有做最后一件事情，世界还要再召唤他一次。那瓦尔的亨利和亨利三世之间的关系到了剑拔弩张的地步。1587 年 10 月 23 日，亨利三世派遣了一支由儒于斯①指挥的军队，那瓦尔的亨利将这支军队全歼于库特拉②附近。那瓦尔的亨利获得了胜利，完全可以用武力来夺取王位。但是，这样做会存在一定的危险性，他警告自己，不能为获得成功而孤注一掷。他愿意再次尝试和平谈判。在库特拉战役结束后的第三天，一支队伍骑着马来到蒙田古堡。带队的正是那瓦尔的亨利。打了胜仗后的他，来蒙田这里是向蒙田寻求建议的：如何通过外交手段，即和平谈判的方式来利用这次胜利。这是秘密使命，蒙田应邀作为调节者去了巴黎，并向亨利三世提出了自己的意见。他们所谈的事，关乎法国的和平，意义非同小可。这件事为法国带来了和平，也证明了那瓦尔的亨利的一世英名。这件事就是让那瓦尔的亨利皈依天主教。

　　蒙田接到秘密使命之后，一刻也不敢耽误，立刻启程，那时还是冬天。他在随身携带的箱子里放了修改的《随笔集》第一卷和第二卷的第四版，和新写的《随笔集》第三卷的手稿。可是这次的出行却不是一帆风顺，等待他的是千难万险。蒙田先是在途中遭到了袭击和抢劫。他在《致马蒂尼翁元帅》的书信中说："大人，您知道在维尔博瓦树林里，我的行李就在我的眼皮底下

---

　　①　儒于斯，国王亨利三世的将领。
　　②　库特拉，法国一地名。

遭到抢劫；后来，经过长时间七嘴八舌的讨论后，亲王殿下觉得这样抢劫有欠公允。可是我们担心人身安全，不敢逾越，在我们的通行证上把身份写得明明白白。这次抢劫都是由袭击巴罗先生和罗什富科先生的神圣联盟成员干的。因为我的钱柜里有钱，暴风雨就落在我身上。我什么都没能收回，大部分文件与衣服都在他们手里。我们没有见到亲王殿下。托里尼伯爵大人损失了五十多埃居、一把银壶和几件不值钱的衣物。他急急忙忙转道前去蒙特勒索看望哭哭啼啼的夫人们，在那里躺着两位兄弟和祖母的尸体，昨天又跟我们在我们要出发的城市汇合。去诺曼底的旅行推迟了。国王派了贝利埃弗先生和拉吉什先生去见吉兹先生，请他到朝廷来。我们将在星期四到达那里。"

然后，他又亲身经历了这场残酷的内战：刚到巴黎，蒙田就被反对和平谈判的天主教神圣同盟的武装人员逮捕。事情是这样的，一天下午，蒙田感觉身体不舒服，便躺在床上闭目养神。突然他听到外面急促的脚步声，紧接着一队士兵闯进了蒙田休息的屋子，把蒙田抓了起来，他们让蒙田自己骑上马，往巴士底狱的方向走去，蒙田当时还没有弄清楚是什么原因，就已经被囚禁在巴士底狱了。蒙田描述道："我从来没有进过监狱，即使让我站在外面看也会觉得非常不舒服。我那么渴望自由，如果有人阻止我去西印度群岛的话，我也会觉得不自由。"其实当时蒙田还生着病，身心都受到了伤害。蒙田自己回忆当时的场景说："我在巴黎，躺在床上，三天前脚痛，可能是一种痛风，那时已有预兆，下午三四点钟之间，我被这城里的军官抓去当了囚徒；吉兹公爵掌控这座城市，已把国王逼走；我是在鲁昂告别陛下后回到这里的，我骑在自己的马上被带到巴士底狱。王太后听到老百姓的流言知道了这件事，她正在与吉兹亲王会谈，坚持要他答应把我放回，他给那时管理巴士底狱的监狱长下了一道书面命令，这命令又传至巴黎市长，必须得到他的确认。当天晚上八点钟，王太后的一位御厨总管带来了指示，我出了狱，尤其靠了维勒鲁瓦先生的鼎助，他为此花了不少心血，这是我生平第一次坐牢。埃尔勃夫公爵关押我，是为了对神圣联盟的一位贵族被关在鲁昂一事实施报复的权利。"蒙田猜想可能是由于最近发生的一些事件，亨利三世把天主教同盟的人给抓了，他们是想报复。幸运的是，他在狱中只待了一天。喀德琳·德·美帝奇太后发现后就把他放了，但是这位寻找自由的人，却不得已通过这种形式体验了一次被剥夺自由的滋味。当时喀德琳·德·美帝奇把蒙田救出巴士底狱是很费周折的，通过四位高官才最终把蒙田救了出来。

出狱后，他的身体状况出现了问题，肾结石带来的痛苦比较凶猛，蒙田差一点就被死神带走了。等身体有所好转之后，他为了和亨利三世谈判，只身前往沙特尔①、鲁昂、布卢瓦。这次使命完成后，蒙田为国家服务终于画上了句号，他又重新回到了古堡。

在这段为国家奔走的日子中，由于吃饭不规律，一天之中只吃两顿饭，蒙田感到胃很难受，如果少吃一顿饭的话，蒙田的肚子就会胀气，口干舌燥，食欲也会猛增。而且天快亮的时候，他的胃病就会犯，头也会疼得像要炸开一般，不停地呕吐，一直到天亮。别人开始吃早餐的时候，他才能再睡一会儿。

现在，这位身材矮小的贵族已经垂垂老矣，他坐在古堡的书房里，他的头发已经掉光了，露出了圆圆的脑袋。当他那漂亮的栗色胡子变成灰白色时，他就把胡须剃掉了。他的周围变得空荡

---

① 沙特尔，法国一城市名。

荡的，他的母亲已经年近九十岁了，像幽灵一样在房间里踱着步子。他的兄弟们都离开了古堡，他的女儿们都已出嫁，搬到了女婿家居住。虽然他拥有一座古堡，但是不知道这座古堡在他死后将会是谁的。他的家族徽章也是最后的荣耀了。荣华富贵如过眼烟云，一切都成了过去，可就在这个时候，荣华富贵正在向他招手，荣华富贵要把自己奉献给最看不起荣华富贵的人。1590 年，那瓦尔的亨利继位，成为法国国王亨利四世，作为他的朋友和顾问的蒙田，只要去王宫，国王就会为他所做的一切而封赏他，赐予他崇高的地位。例如，也许他会出任在喀德琳·德·美帝奇太后名下的米歇尔救济院的总管——为慈善事业触摸画册的御前顾问。然而，蒙田却什么都没有要，他也不想要。他仅是给国王写了一封信，信中对国王致以问候，然后请求国王原谅他没有参加加冕礼。他在信中建议国王要有宽大的胸怀，"历史上一位伟大的征服者最引以为荣的是：他给予那些被击败的敌人们那么多的理由来爱他，就像给予自己的朋友们那么多的理由来爱他一样。"

国王虽然不喜欢谋求恩赐的人，但更不喜欢不求恩赐的人。过了几个月后，国王回信给蒙田，想要让蒙田接着为他效力，从信中来看，国王要赐给蒙田一笔钱财。但是，蒙田不愿意再为国家效力，更不愿意让自己蒙受待价而沽的嫌疑。他信心满满地给国王回信。信的大意是："我从来没有从君主们的恩赐中，得到过任何物质上的奖励；对于这些物质上的奖赏，我既不渴求，更不愿意无功受禄……陛下，我只想像我自己所希望的那样富足就可以了。"蒙田清楚地知道，他已经彻底摆脱了官宦生活，柏拉图曾经把做到这一点看成是最难做到的事情。蒙田认为荣誉是他人对自己的评价。"我并不十分关心别人对我的看法，而只关心我对自己的看法。我想用自己的实力致富，而不是靠借来的钱致富，外人只能看到一些外在的事物和表象。"正直的人宁愿失去自己的荣誉，也不愿意失去自己的良心。蒙田回顾自己的一生，自豪地写下这么一段话："谁真的看到我灵魂的深处，就会发现，我既没有能力亲近某个人，也没有能力去伤害某个人；我既没有能力复仇，也没有能力嫉妒；我既没有能力激起公愤，也没有能力散布流言；我既没有能力煽动骚乱，也没有能力不信守自己许下的诺言；我从来没有为了攫取另一个人的财产而玷污我的手。无论在战争抑或是和平年代，我只靠我自己所有的而生活。我从来没有为了自己的利益，不付给其他人应得的报酬……在我心中的王国里，我有我自己的法律和审判自己的法庭。"蒙田是一位内心有坚定信念的人，他为自己划定了界限，什么事情该做，什么事情不该做，是有一个内心准则的。他很清楚他要的是什么，追求的是什么。他知道自己什么时候该放下一些事情，不为名利所累，成为名利的奴仆，他始终拥有一颗赤子之心。

在蒙田即将离世的前一段时间，那些高层贵族们，一开始还想挽留他，让他担任重要的职务，想要请蒙田继续为国家效力，蒙田一直没有回应，后来也就不了了之了。那时候，一方面，"自我"的影子和自我的一部分一直萦绕着他；另一方面，他未能得到的温柔和爱情的光芒也一直萦绕着他。他曾经希望爱情来把他唤醒，但是直到那时还没有实现。但是后来，一件不可思议的事情发生了。一位出自名门望族的年轻姑娘，名叫玛丽·德·古尔内的姑娘非常喜欢蒙田写的书，非常崇拜蒙田，她在蒙田的书中寻找自己的理想。这位姑娘还没有蒙田最小的女儿岁数大。后来，由于对蒙田书的喜欢，她进而喜欢上了写书的人，喜欢上了蒙田本人。这种爱究竟有多深，究竟会走多远，很难说清楚。但是，蒙田越来越频繁地到她那里去，一去就是几个月。他成了蒙田的"义女"，精神上的女儿，"我对她的爱比对自己的亲生女儿还要深，她在我独自隐居的地方默默地陪伴着我，就像我身体上的一个重要的部分。在这个世界上，我只喜欢她一个人。假如能够从她的青春年少时期预见她的未来的话，她会是一位有突出成就的人，我们之间的友谊也会升华，她那种真诚和坚强的性格是这种崇高友谊的保证，她对我有着深厚的感情，我是在五十五岁时才遇见她，我只是希望在我去世的时候她不要难过。她是个女子，这么年轻，虽然生活在我们这个年代，却对《随笔集》有自己独到的见解。她对我的爱很炽烈，在她还没见到我之前就对我仰慕已久，这很令人敬重。"他也将遗产中最为宝贵的东西交给了她，那就是在他去世后出版的《随笔集》。蒙田的义女古内尔小姐将蒙田留下来的《随笔集》整理出版，世称"古内尔版"，此后两百多年此书成为蒙田《随笔集》的蓝本。1803 年，人们在波尔多市立图书馆发现了蒙田生前仔细修订过的《随笔集》修改本原件，世称"波尔多版"，此书从 19 世纪开始被认为是蒙田《随笔集》最准确的版本。

1592 年，折磨了蒙田长达十四年之久的肾结石又严重了，这次发痛还引发了其他病痛。他的身体肿得像面包，并且发展到了咽喉，扁桃体肿大，把喉咙堵得越来越难以呼吸。就像被人扼住了喉咙那般难受，这时他已经说不出话了，只能吃些流食。这种痛苦他是能实实在在感觉到的，虽然身子不能活动，但他并没有处于昏迷状态，还能和亲人用纸笔沟通。

蒙田希望把自己的遗体埋葬在乡下，也许人们会好奇，蒙田对于乡下的事务一点儿也不热衷，他不喜欢打理自己的花园，不喜欢森林里的打猎活动，觉得经营庄园是一个苦差事。那他为什么还非要埋葬在乡下呢？这与当时的风俗习惯是吻合的。文艺复兴时期，古希腊罗马的先哲们认为，乡村是先哲们理想的隐居场所，可以有采菊东篱下，悠然见南山的闲适淡泊的心境。等遗嘱都安排好了，神父在蒙田的房间里为他举行了临终弥撒，当神父说道"处于绝望之中，将两手紧握"时，意味着让蒙田把他的灵魂交给天主，蒙田立刻从床上坐了起来。1592 年 9 月 13 日蒙田与世长辞，年仅五十九岁。

蒙田一生中都在研究人生并研究人生的种种经验，他应该知道更多一生中最后的经验：死亡。他死的时候不讲究排场，亦如他活的时候。在他看来葬礼要符合当地的习俗，不能太浪费，也不要太吝啬。他很欣赏苏格拉底对待葬礼的态度，苏格拉底临终的时候，当朋友问他应该怎么安葬他时，他回答道："随您的便。"他欣赏苏格拉底这种坦然面对死亡的态度。蒙田的朋友皮埃尔·德·布拉西①，将蒙田去世的消息写信告诉了培根的侄儿安东尼·培根，而蒙田在临终前收到过安东尼·培根的来信，可是他已经没法亲自回信了。

1592 年 9 月 14 日，蒙田接受临终的涂油礼。② 伴随着蒙田的逝世，埃康家族和帕萨贡家族也随之而去。蒙田并没有像父亲那样安息在祖先们的墓旁，而是安息在波尔多的斐扬派修道院里。③ 蒙田家族第一个和最后一个，也是唯一的一个人，带着"蒙田"的姓氏超越了时代。

①　皮埃尔·德·布拉西（1561~1626），英国哲学家、英语语言大师，主要著作有《论科学的价值和发展》、《新工具》等。
②　天主教为死者举行的仪式。
③　1593 年，蒙田的棺木被送往波尔多的斐扬派修道院。

第九章　回忆蒙田

在历史长河中，有的人犹如太阳一般，他的光芒能被任何时代任何年龄的人发现，比如荷马、莎士比亚、歌德、巴尔扎克、托尔斯泰。有的人犹如星辰一般，只能在特定时间才能体现出自己的价值，蒙田就属于后者。只有阅历丰富，经历人生起伏，看过世间百态的人才能真正走进蒙田的内心，从而读懂他。在战乱时期，蒙田的自由不受外界干扰的思考可以使我们颇受启发。在战火纷飞的时代，在暴力专政的意识形态包围中，每一个人想要获得自由是很难实现的。暴力的拳头一步步紧逼个人的自由空间，个人的自由在这个时候变成了奢侈品。在这个疯狂的时代里，需要莫大的勇气、诚实、坚毅，才可以依然保持内在的自我。世间最难的事情莫过于想要在集体无意识状态中守护内心的一片净土——高尚的思想品德。当处在这样时代的人开始怀疑、丧失信心、拷问思想的时候，才会由衷佩服那些遗世独立的圣人，敬佩他们的高风亮节。

不经历磨难，没有丰富的人生阅历便难以欣赏蒙田的智慧和品格。如果想要真正读懂蒙田，理解他书中的生活艺术和智慧，首先要读懂蒙田为自由而做出的努力，追寻"自我"所作的抗争。人文主义曾经风靡欧洲，给人们带来了自由的空气，一大批人文主义艺术家、画家、诗人、学者将美的享受带给人类。等到了16世纪中叶，也就是蒙田生活的时代，他的诞生伴随着"现代人文主义"的逐渐消亡。布满阴云的中世纪一度笼罩着这个时代的人们，人们感到压抑，透不过气来，于是有志之士开始抗争，想要冲破乌云，创造一个新的时代。经过数百年艰苦的努力，世界开始变得宽阔，变得丰富充盈，开始有了新的面貌。无数的学者们开始不辞辛苦地重新翻译柏拉图和亚里士多德的至理名言，把经典著作带到读者面前。欧洲的文艺复兴运动在伊拉斯谟的领导下如火如荼地进行着，人文主义发展成为一种世界性的、统一的文化。宗教改革既拓宽了人民的视野，又奠定了新信仰的基础。活字印刷术的发明，为知识的跨国界跨地域传播的实现提供了可能。不同国家积累的知识，成为大家共享的财富。思想领域的统一使人们的眼界开阔，减少地域间的纷争。在精神世界不断扩大的同时，世界的物理空间也在空前扩大。人们开辟新航道，开始海上探险，寻找新大陆、新海岸。随着航海事业的发展，人们发现世界竟然如此之大，国家之间的贸易交流范围可以如此广泛。财富在古老的欧洲大陆慢慢积累，一派欣欣向荣的景象，这一繁荣景象从建筑物、绘画和雕塑方面都能看到，欧洲大陆被经济和文化的繁荣包裹着前行。当人们生活的物理空间扩大后，人们的好奇心也随之在加强。

同样，19世纪末20世纪初也是这样的时期，这一时期属于新旧世纪交替阶段，飞机遨游太空，电报信号传送，人类的生存空间大大拓宽。物理、化学、科学和技术将自然界的奥妙做了科学解释，将自然界的力量为人类所用。每每如此，希冀的力量便会重新燃起人们心中将要熄灭的火苗。数以千计的人这样响应乌尔里希·冯·胡登的号召："活着是一种乐趣!"但是，浪潮如果来得太过猛烈，那它回落的速度也会很快。在当时的时代，新的技术成就和文化成果是把双刃剑，带来繁荣的背后也成了强大的破坏力量，例如文艺复兴和人文主义埋下了不安的因素。梦想的种子给基督教注入了新思想，可是带来的却是一场宗教改革的灾难，爆发了宗教战争，人们处于水深火热之中。活字印刷术也被宗教利用，疯狂传播神学。人文主义并没有胜利，排除异己却得以成功。欧洲各国无不在内战中相互残杀，同一时期西班牙征服者在美洲大陆肆意残杀无辜的原始居民。文明的拉斐尔、米开朗琪罗、丢勒和伊斯拉谟的时代，变成了阿蒂拉、成吉思汗、帖木儿等人穷兵黩武的时代。

蒙田在其短短一生中经历了时代从大繁荣变成大倒退的悲剧，在急速变化的时代，蒙田头脑始终保持清醒，守住了内心的安定。对于像蒙田这样富有同情心的人来说，内心受到的震撼是巨大的，蒙田束手无策什么也不能做，只能眼睁睁地看着这一切发生。人文主义的光辉瞬间被兽性代替，这种倒退并不常见。蒙田理想中的世界是和平、理性、友善和宽容的，但这些只能是幻想，那个时代剥夺了他享有这一切的权利。蒙田所处的时代一直战火纷飞，他也多次举家搬迁逃避战乱。他渴望的和平在辞世的时候也没有来临。十五岁的蒙田曾经亲眼看见了波尔多民众反抗"征盐税"的起义被政府强力镇压，这在年幼的蒙田心中留下了不可磨灭的印记。当时政府绞尽脑汁，运用各种各样残酷暴行将人活活折磨致死，刑法种类多样，有绞死、木桩刺穿、被用刀斧剁成四块、斩首、焚烧等。当时尸横遍野，乌鸦在这一地区上空盘旋多日，久久不曾离开。他听到大人的惨叫声，闻到过同胞被烧焦的气味。正是由于受到这个事件的影响，他一生中极力反对任何形式的残暴镇压行动。

蒙田步入成年之际，内战刚刚打响，正以狂热的意识形态即将把法国完全毁掉。"火焰法庭"将无数新教徒判处火刑，"圣·巴托罗缪之夜"短短一天的时间死亡人数就达到了八千。胡格诺派采用同样的暴力手段以牙还牙，以暴制暴，运用拳头解决一切问题。他们涌入教堂，将精美雕像打碎，他们甚至都不让死者安宁。"狮心王"理查一世和"征服者"威廉一世的陵墓也被盗之一空，墓地的宝藏也被拿走。武装人员时而是天主教派派出来的，时而是胡格诺派派出的，他们走街串巷，从一个村庄到另一个村庄，从一个城市到另一个城市，都是百姓之间的冲突。在这种兽性的支配下，没有一方会轻易选择退让。被俘获的驻地武装人员集体排成一行，然后被执行枪决，河流都被染成了红色，散发着腥臭的气味。大约有十二万座村庄被洗劫，在人们视线中消失。过了一段时间，仇杀露出了狰狞的面目，不需要任何的伪装。一大群武装歹徒开始袭击各个地区的城堡，路过的行人，不论是天主教徒还是新教徒都不能豁免。那时骑着马穿过一片茂密树林的危险不低于远航去新大陆或者到野蛮的吃人部落里去。当时人心惶惶，大家不确定自己的房屋和财物是否还归自己所有，也不确定明天是否还能活着，是被抓走还是自由身。1588 年，蒙田在生命的最后阶段写道："在我们三十年来所处的一片混乱中，所有的法国人，无论个别而言，抑或笼统而言，每时每刻都眼见自己处在倾家荡产的边缘。"

世界上哪里还有安定？蒙田一直有这种感觉，这种感觉慢慢成了蒙田人生的智慧。如果蒙田不想和这些疯狂的人一起兴风作浪，不想和他们一起毁了自己的国家和生活的世界，他必然要寻

找到自己安身立命的地方，保持内心的自我。当时讲人道主义的
人们和我们这个时期的感觉很类似。这种感觉可以通过蒙田的挚
友拉博埃西在 1560 年写给他的一首诗体现，拉博埃西慨叹："是
什么命运让我们偏偏在这样的时代诞生?"

> 我眼看自己的国家走向毁灭，
> 我看不到其他的路，
> 除了离开家园；
> 我去向何方，
> 听从命运的安排。

> 天神们的发怒
> 早就催促我逃离，
> 为我指向
> 大洋彼岸辽阔、开放的土地。

> 在我们这个世纪之初
> 新大陆在惊涛骇浪中出现，
> 正因为天神们
> 要将它当作避难的去处。

> 当残忍的刀剑和可耻的祸害
> 殃及欧洲时，
> 那边的人们会在更美好的天空下
> 自由耕耘农田。

　　每当人生的宝贵价值，人生所拥有的和平、独立和天赋的权利，生活的更加美好、更加富有正义感等一切，被少数偏激分子和意识形态狂热者无情剥夺的时候，对于极力抗争这一切的人来说，终极问题归结为：我怎样保持住我自己的自由？虽然面临重重困难，我如何在党派的癫狂行为中依然保持清醒的头脑？如何在兽性支配的环境中保持自己的良知？如何摆脱教会、政治家违背自己意愿的无理要求？从另一方面来讲，我如何做到自己的一言一行走得不比最内在的自我更远？我如何拓宽视野使自己的关注点不再是世界的某个角落？我如何不让外界发号施令来强迫我的意愿？我如何在面临危险、疯癫的状态和他人利益被牺牲的时候，依旧守护住内心的那一片净土？我如何保持住自己强健的体魄和原有的思想？我如何保持镇定，保持自己的感情？

　　蒙田将毕生精力都用在处理一个问题上而且只能是用来处理这一个问题，那就是：我如何保持住自己的自由？这是蒙田为了想要在一个不加思考的时代，不屈从于意识形态和党派的意识，拥有内心的自由。蒙田的所有探索和努力对我们来说像兄弟一样亲切。假如我们现在把他当作一位值得爱戴和崇敬的艺术家来看待，因为没有一个人可以像蒙田那样将自己的身心投入到这样一门艺术中去："人生的最高艺术乃是保持住自我。"在和平时期，蒙田的思想也不过时，人们可以从蒙田的思想遗产、文学遗产、道德教育遗产和心理学遗产这些方面来考察。在蒙田所处的时代，学者们对蒙田身份的争论一直存在：蒙田是一个怀疑论者吗，或者他是一个基督教徒；他是一个伊壁鸠鲁派的信徒，还是一个斯多葛派的信徒；他是一个哲学家，还是一个以读书为乐的人；是一个作家，还是一个天才业余写作者。

　　蒙田为了保持内心的自由所做的这一切斗争，是果敢的，也非常坚韧的，但是从外表上却丝毫看不出这种斗争的伟大和崇高。蒙田不像席勒或者拜伦那样慷慨激昂地发表了长篇大论，也没有像伏尔泰那样具有强烈的攻击性，他不是用激昂的陈词来说服大众，没有口口声声把为"人类的自由"而奋斗挂在嘴边。在他看来，"内心自由"完全是个人的事情，如果要将这种追求传给他人很可能会遭到他们的嘲笑。从内心深处来讲，他不喜欢社会改良家、口头理论家和到处兜售信仰的人。他知道要把始终保持内心自由这一件事做好已经非常不容易了。所以，他的斗争都是属于防御性的，仅仅是保卫内心的堡垒，没有人可以进入这个堡垒，歌德将堡垒称作"碉堡"。他为人处世都很低调，尽量不引人注目，就好像穿着隐形衣走在世界上，最终目的是找到一条通向自我的道路。

因此，蒙田写作的内容并不是人们熟悉的传记类的故事。他从来不会发表激昂的言辞来号召群众，他的性格很腼腆，不喜欢出风头，他从来不想让自己成为大家崇拜的对象。从表面上来看，他的角色是一个国民、一个官员、一个丈夫、一个天主教徒、一个认真完成他人布置的任务的人。这是他的伪装，他采取的这种方式可以不动声色地观察自己心灵的变化，然后用丰富的文字加以描述。他毫不吝啬自己所写的作品，允许他人借用自己的观点，但是却根本不想把自己的作品奉献给别人。不论身处什么样的环境，他都始终保持自己最本质、最纯洁的一面。在他人夸夸其谈，结成同伙，采取极端行为，不停说教、炫耀自己的时候，他却始终不参与，他有自己的想法。他唯一关心的是：自己不被卷入其中，始终在非人性的时代保持自我理性，保持内心自由。他从来不会关心别人对自己的嘲笑、冷漠、猜疑和胆怯。在别人眼中，蒙田是个异类，他不热衷于追逐名利富贵。即便是他身边的至亲之人，也难以看出他是多么坚强、机智，在阴暗的社会寻求自己的一片净土，他要度过自己短暂但有意义的一生。

所以这位看上去无为的人却大有所为，做出了常人无法企及的功绩；他追寻自我独立的实质是为了表现一位超越时代的伟人。蒙田追求的精神永远不会过时，对于任何时代都有借鉴意义，他的作品给我们的启示影响是深远的，而同一时期的神学论文和哲理性的议论都被时代抛弃，唯独蒙田的作品历久弥新。

第十章　蒙田的《随笔集》

蒙田的《随笔集》共有三卷，总共一百零七篇，各篇的随笔篇幅长短不一，文笔朴实自然。

第一节　《随笔集》产生的背景

蒙田的《随笔集》的产生背景有主观和客观两个方面。

一、时代背景

蒙田出生于 1533 年，所处的时代是 16 世纪后半叶的法国。这时的法国处在文艺复兴后期。1553 年，《巨人传》的作者法国文艺复兴后期的杰出代表拉伯雷去世，那年蒙田二十岁。蒙田学习知识的青年时期受到了人文主义思想的熏陶。文艺复兴时期除了文艺的繁荣，还有科技的飞速发展和"地理大发现"，这些开拓了蒙田的视野。

这是一个文化、艺术、科技大发展的时代，也是动荡的时代，有着加尔文宗教改革引发的宗教迫害和法国胡格诺战争。蒙田真切地感受到了宗教意识的狂热和内战的无比残酷性。

文艺复兴在思想界、学术界、科技界获得了举世瞩目的成就，使得蒙田可以在其中自由徜徉，开拓了蒙田的视野。蒙田经历的法国内战为他提供了可研究的事实，使蒙田对人性以及人类的命运有了更深层次的理解。蒙田的《随笔集》就是在这样的时代中孕育出来的。

二、家庭背景

16 世纪的法国，下层阶级想要跻身上层阶级，可以购买破落贵族的爵位，以及他的城堡和领地。这样跻身为贵族的资产阶级被称为"穿袍贵族"。蒙田的祖辈们在法国西南部的海港小镇拉卢塞耶做了几十年的海运货栈生意，通过向英国出口熏鱼、葡萄酒及其他的杂货发家致富。蒙田的曾祖父拉蒙·埃康进行了明智的财产购置，买下了蒙田城堡。这是蒙田家族可以登上贵族阶层的第一步。蒙田的父亲皮埃尔·埃康选择了从军，跟随法国国王弗朗索瓦一世征战意大利，从而获得了"蒙田领主"这一贵族荣耀。蒙田家族从此放弃了经商，而是以贵族的身份来经营管理自己的庄园。蒙田的父亲从军队回来之后，不仅身份变了，而且有了更高的文化素养追求，他非常热爱文艺复兴文化。这样的"穿袍贵族"和世袭贵族有什么不同呢？穿袍贵族在当时被称为"高贵人"。他们不以自己获得的军功、拥有的财富、得到的地位为荣，而是以自己深厚的文化学识、较高的文化素质修养为荣。正是出于这种原因考虑，蒙田的父亲要制订培养计划，立志把自己的儿子培养成知识渊博的人。在文艺复兴时期，主流的知识就是掌握古代希腊罗马哲贤们的经典著作，所以蒙田的父亲才把拉丁语作为蒙田的母语让他掌握，因为拉丁语是阅读这些经典的钥匙。蒙田在随笔中常常引用那些古希腊贤哲们的语录和例子。正是这样崇尚文艺复兴文化的家庭成就了蒙田。

三、天赋及后天的努力

蒙田的成功，历史时代和家庭背景都是外在的因素，主要的因素还是蒙田自己拥有的一些优秀品质。

1. 蒙田善于观察、勤于思考是《随笔集》产生的精神动力。

蒙田常常说自己的记性差。不管是蒙田自谦还是确实是这样，蒙田的观察力却非同一般，他拥有敏锐的洞察力。他可以将自己观察到的现象做深入的分析思考，看到事情的本质。孟德斯鸠这样称赞蒙田的《随笔集》："在大多数的作品中，我看到了写书的人；在这本书中，我看到了思考的人。"虽然蒙田自嘲，说自己"懒散"写书，其实他对待写书的态度是非常认真的，他博览群书，孜孜不倦地探索知识。从一个细节就可以看出：他一直不断修改自己的《随笔集》，直到他去世。还有他在自己的书房木梁上刻着格言，时刻激励自己。

2. 蒙田选择把《随笔集》留给后世。

蒙田在三十八岁时就选择不问世事，隐居在古堡中，用了十年的时间写了《随笔集》。让我们设想一下，如果蒙田没有在三十八岁时选择隐居，而是继续在官场中经历宦海沉浮，或许我们就不能读到他的《随笔集》了。是什么原因使得蒙田决定辞官归隐？

一是蒙田追求的理想：在蒙田的精神世界中，他早已将古希腊哲人苏格拉底作为自己的榜样。在蒙田的三卷《随笔集》中，苏格拉底这个名字出现了多达一百一十多次。蒙田将苏格拉底称为"所有优秀品质皆十全十美典范"，那苏格拉底有什么优秀品质，值得蒙田对他如此推崇呢？大概是因为苏格拉底"坚持自我"、"不为外界所左右"、"宁死不屈"。蒙田喜欢人文主义所描绘的美好未来，然而事与愿违，他所处的现实却如此残酷：战乱不断。在他眼中，这个时代是狂热偏执、失去理性、充斥暴力和腐败伪善的时代。在他任职法院推事时，他亲眼看见了判决后，发出这样的感慨："多少判决比罪犯的罪行更要罪恶！"

二是由于，在 16 世纪的法国乃至欧洲，人们到了四十岁的时候，就认为自己已经老了。在古希腊罗马时代，文人学士都喜欢离开喧嚣繁华的都市，去过归园田居的世外桃源般的生活，写写书，安享晚年。蒙田深受古希腊罗马文化的影响，也追求这样的生活。

四、前人的奠基

蒙田的《随笔集》不是在象牙塔中凭空乱想出来的。书里最初的散文是引用塞尼卡等作家的一些语录，拼凑出的。阅读起来，感觉有些像 16 世纪经常读到的格言书和资料的一些"备忘录"。其实类似的作品有很多，爱拉斯谟曾经出版了他加注释的古典格言集，他把注释和评论加以拓展，仅有三个字的拉丁文的格言加了评注后，就成为一片很好的散文。蒙田也借鉴了这样的方法，后来他对引用的格言重视程度逐渐降低，对自己的思考分析和评价越来越加以重视。

第二节　《随笔集》风格

蒙田所处的时代，取不同书的内容加以整理，拼凑成一本完整的书出版的例子很多。比如，15 世纪晚期，意大利人文主义者兼诗人波利齐安诺出版的《杂录集》。当时把这类作品叫作"杂谈"，还有马基雅维利的《杂论集》，李维的《罗马史》其中的前十册，1587年新教徒杰出的军事领袖拉努出版的《政治、军事杂谈》，都是采用这种文体。1590年蒙田的《随笔集》的意大利版本出版时，取名为《道德、政治、军事杂谈》。这种杂谈类型的文体是希腊议论文的一种变体。经常围绕道德谈论主题，文章的内容往往短小精悍，语言生动幽默，使读者读起来很亲切，犹如坐在作者面前聆听作者把故事娓娓道来。普鲁塔克的《道德论》是蒙田最喜欢的著作之一，这本书是由许多论文汇集而成的。西班牙绅士梅克西亚写的《杂录集》中有杂谈一百二十篇，内容的大部分是对历史问题和道德问题发出的感想，和蒙田的散文很相似，里面也论及赫拉克利特、德谟克利特，说到亚历山大和西比奥的节制问题等。梅克西亚的这本书于1557年被翻译成法文，蒙田也曾经读过这本书，也受到该书的影响。

散文的形式除了有希腊的议论文的影响之外，还受到其他古典文体的影响。其实散文和独白有相似之处，可以从奥列留斯皇帝的独白一文中就能发现，这种文体和公开信也有相似之处。蒙田对塞尼卡的《致卢西留书简》（培根将它称为《零散的沉思》）一书有研究，而且也很熟悉意大利的书信集。读蒙田的散文会有一位老朋友给你从远方寄来一封书信的亲切感觉。《论儿童的教育》是蒙田写给德伏瓦的，《论孩子与父亲之相像》是他写给杜拉夫人看的。

当时流行的悖论的方法，也对蒙田散文文体的形成起了很大的作用。比如对无知的赞美，这种方法被16世纪的作家广泛使用，如在阿格里帕、戈利、兰地、爱拉斯谟等的书中能看到。

在希腊议论文、书信、独白、悖论等这些文体形式和使用手法的基础上，蒙田创造出了一种新的文体形式，这种文体的突出特点就是，文章的篇幅没有具体的规定，结论也没有具体的模式，语言风格也没有限制，主线在于作者的思想的流动，揭示出了思维的流动过程。所以，蒙田把他的作品命名为"散文"，在当时是有创造意义的，有"尝试"、"试验"的意思在里面。从这一点来看，蒙田开创了一种新的体裁。

蒙田认为，散文和自己的性格有相似之处，散文适合自己的写作习惯，犹如鞋子很合脚。这种文体让他可以有空间聊聊他自己，可以让他对一些权威的问题表示怀疑，但是自己不卷入其中，还可以任凭自己随意地发挥。蒙田的那种偏离主题的发挥是修辞学上的一种修辞手法。他的作品内容往往包罗万象，开门见山，16 世纪的书没有几本可以像蒙田的《随笔集》那样穿越时代和我们交流。

第三节　《随笔集》的思想内容

蒙田的《随笔集》的内容包罗万象：风俗习惯、人生哲理及名人箴言等。而且，修改工作一直在进行，蒙田的思想也一直在发展。因此，蒙田《随笔集》的思想不是一成不变的。这三卷《随笔集》的侧重点不同。学术界认为，《随笔集》的第一卷是伦理道德哲学，对人性的不同表现形态进行剖析和研究。对人的终极问题生和死及野蛮和文明做了进一步思考。这一时期斯多葛主义占主导地位。《随笔集》的第二卷中，占主导地位的是怀疑主义思想，被大家记住的名句是："我知道什么呢？"这句话出自第二卷《随笔集》第十二篇的《雷蒙·塞邦赞》。这篇随笔在第二卷占有三分之一的篇幅，而对雷蒙·塞邦赞的论述还不及全篇的十分之一，重点是在借雷蒙·塞邦赞，抨击禁欲主义和教条主义，进而阐述自己的怀疑主义思想。《随笔集》的第三卷占主导地位的思想是伊壁鸠鲁思想，主要讨论如何更好地生活。

英国历史学家彼得·博克曾经努力从八个方面对蒙田的《随笔集》的思想内涵进行分析。这八个方面分别是：人文主义思想、怀疑主义思想、宗教态度、政治态度，以及作为心理学家的蒙田、作为人种学家的蒙田、作为历史学家的蒙田和他的美学观念。①

就像彼得·博克所说的那样："蒙田不是一个有系统理论的思想家。实际上，他是有意以毫无系统的方式来提出自己的看法。因此，如果谁想要系统地论述他的思想，谁就要冒很大的风险。"②

由此可见，想要把蒙田《随笔集》的思想做一个有条理系统的梳理，是非常困难的。虽说如此，蒙田著作中也有几种认识比较一致的思想。

一、蒙田的怀疑主义思想

"我知道什么呢？"这是蒙田的格言，蒙田在《雷蒙·塞邦赞》中博古通今，发现了理性是因人因地而异，道德也是由地点和时间的转移而发生变化，科学也是有着无知、错误和矛盾。所以，他总结出来这样一句话，并把它作为自己的座右铭。在 16世纪 17 年代中期，蒙田依照文艺复兴的流行趋势，将这句话刻在自己的纹章上，纹章的另一面是一只左右摇摆的天平，形象地与他的座右铭呼应。不仅如此，蒙田让人刻在书房屋顶木梁上的

---

① （英）彼得·博克著. 蒙田. 孙乃修译. 北京：工人出版社，1985.
② （英）彼得·博克著. 蒙田. 孙乃修译. 北京：工人出版社，1985.

六十五句拉丁文和希腊文的格言里，其中有九句都是怀疑派哲学家塞克斯特①的格言，例如："不知为不知""未得其解"等，从这里可以看出，蒙田的精神世界受到了怀疑论的影响。在西方，怀疑论哲学的开端是公元前 275 年，古希腊的怀疑论哲学家皮浪②被认为是怀疑论的鼻祖。怀疑论的系统阐述还是在四五百年后，皮浪在他的代表作《皮浪学说纲要》里对这一思想进行了系统地阐述。他把怀疑主义的基本原则概括为："每一项命题都有与之对立的另一个命题"，两个命题的真假我们并不知道，也不能够知道。这一原则的依据是，一是我们的感觉并不可靠。"同样一种印象并不是同一个物体发出来的"。我们对于自然界的特殊现象的感觉也是因人而异的。不同人对同样的一种现象的感觉是不一样的。怀疑主义的另一个论据是，人类的判断和不同的风俗习惯——"印第安人喜欢这种事物，而我们却喜欢另一种事物……有的埃塞俄比亚人给他们的孩子文身。而我们就不会……"从这个角度来讲，我们很难说这个地区的习俗好，那个地区的习俗就不好，也不能一概而论认为所有的习俗都是好的。我们对一件事情也不能总是不做判断。塞克斯特认为，我们的生活必须"符合自己国家的已有的习俗、法律、制度"。他反对人们认为只有自己国家的习俗是正确的，而其他国家的习俗都是不正确的。塞克斯特对希腊哲学家普罗泰戈拉提出的"人是万物的尺度"观点予以批评，在他看来，普罗泰戈拉的观点是将种族中心主义变为人类中心主义。

---

① 塞克斯特（约 160～210），主要代表作《皮浪学说纲要》等。
② 皮浪（约前 365～前 275），古希腊怀疑论哲学家。

　　其实塞克斯特是对苏格拉底观点的一种继承和发展。苏格拉底曾经说过"我一无所知"。怀疑主义尊崇的另一个信条是：西塞罗的《经院哲学论》一书中谈到的"新经院"哲学家阿瑟西拉的观点。在他看来，我们就连"万物皆不确定"这一点也难以肯定。这种思想是带有反思性质的怀疑主义。中世纪，塞克斯特的作品就已亡佚。在当时认识论很少能使人们提起兴趣。直到 14 世纪，欧洲知识界才对认识论又有了研究的兴趣。14 世纪，英国哲学家奥卡姆·威廉提出，靠人类的理智不能证明"上帝无所不在、无所不知"，然而他没有怀疑我们已经掌握的关于这个世界的知识。他把信仰和理性这两个词所表示的范围分开了。15 世纪，尼古拉的《论博学的无知》里面讨论的问题和威廉的观点是相对的。也就是说，认为人类可以通过非理性的方式来认识上帝的可能性是有的。

　　16 世纪，威廉的思想被大家所接受，许多大学都在教授他的思想。知识界对皮浪的怀疑论的反对声音开始变小。人们通过威廉的观点来重新审视古代的怀疑论哲学。在《愚人颂》一书中，爱拉斯谟娴熟地运用了滑稽幽默的方式，使得这种观点本身具有的悖论性得以很好的展现。他以"愚人"的身份自居，并赞美愚行，他站在怀疑主义的立场批评经院哲学家的教条主义。文章结尾时，他模仿尼古拉和圣保罗，把基督教描述成一种愚蠢的表现，但这种愚蠢比智慧还要高。通过这种方式，爱拉斯谟巧妙地把古典传统和基督教融合为一体。吉安弗兰西斯科也仿照这一做法。他在著作《异教学说虚荣考》中引用了塞克斯特的作品，抨击古典哲学、占卜术、手相术等。他批评的这些，在当时备受普通民众的推崇，许多知识分子也很赞同这些。吉安弗兰西斯科认为，预言和启示才是知识的真正来源。德国人文主义者阿格里帕的作品《论科学的不确定与虚浮》，和爱拉斯谟作品中喜欢使用悖论的方式来探讨问题是很相似的。他把不同种类的知识一一罗列出来，之后集中批判他们认为的"真理性"。阿格里帕对于人们可以通过理性获得知识的这一途径很怀疑，在他看来，通过非理性的途径一样可以获得知识，这是由于他是一位方术之士。

16 世纪中叶，这个时期，蒙田还在念书。巴黎的一大帮知识分子对于认识论方面的问题非常感兴趣。拉缪，一位在大学最有争议的人物，站出来攻击亚里士多德，遭到亚里士多德的信徒的激烈抨击，把他称为怀疑论者。当时，一位青年律师，名叫布鲁耶，出版了《反对新经院哲学对话集》，这本书继承并发扬了赛西罗的《经院哲学论》一书的思想。书中不仅探讨了知识的问题，还探讨了法律的相对性的问题。16 世纪 60 年代，塞克斯特的《皮浪学说纲要》两种拉丁文版本在当时出版。1576 年，蒙田的同学法国哲学家桑舍兹①发表了《一无所知》这篇文章。在书中批判亚里士多德和中古时期的逻辑学家。

蒙田隐居塔楼长达十年之久，但离群索居的文学创作并不是"怀疑危机"，他虽然逃离社会，但他的精神世界并不是荒漠，他在小书房里阅读塞克斯特、西塞罗、爱拉斯谟、阿格里帕②等人的作品。蒙田的《随笔集》中的怀疑主义思想不是空穴来风，而是顺应那时知识界对认识论的浓厚研究兴趣的潮流。他对怀疑主义提出的问题非常感兴趣。虽然蒙田看塞克斯特、西塞罗、爱拉斯谟、阿格里帕等人的作品，但是他的怀疑主义是自成一体的。

第一，蒙田在《随笔集》中的基本论调是：人类的看法因人

---

① 桑舍兹 (1523~1601)。

② 阿格里帕 (1486~1535)，文艺复兴时期德国医生兼哲学家，代表作为《论科学的虚华与不确定性》等。

而异，由此而来的人的认识具有不可靠性。蒙田曾说，"天下找不出两个人对同一事物的看法完全相同"。他对于那些看手相人的预言和医生的诊断都不完全相信，持嘲讽的态度。他认为，通过这种给人看"迹象"的途径得到的结论是矛盾的。蒙田的怀疑论的思想和前人的思想是一脉相承的，但也有自己的独到见解。他会利用任何机会来嘲讽这一切，这一点和爱拉斯谟十分相似。他抨击占卜者这一点上，和吉安弗兰西斯科也有着非常相似的地方。但也有不同之处，蒙田就连预言也一起批判了，这与吉安弗兰西斯科不同。蒙田把各种各样的习俗和名目众多的法律，看成是怀疑论的重要证据之一，在这一点上，他和塞克斯特很相似。他也认为观点会随着时代的发展而不断变化，这种变化是不可靠的证据，在这一点上，蒙田很像桑舍兹。蒙田自己对怀疑论的态度我们无从知晓。我们难以断定他有没有经历过个人的"危机"，也许怀疑在他的手里仅是一种修辞手段。但是他的散文里怀疑的主题反复冒出来，可以推测出他很可能经历了一次个人的"危机"。不管怎样，只要一思考这些认识论的问题，他就会感觉头昏脑涨。我们也很难判断蒙田到底是反对理性，还是仅仅反对教条主义。"理性"这一词语在蒙田的文章中出现过许多次，但是用法是不同的。分析"理性"这个词语在不同语境下表示的含义，可以发现，他可能赞成"宇宙理性"的概念，反对"人类理性"的说法。说到这里，我们需要区别对推理的敌对态度和对"实践理性"的欢迎态度。他赞美怀疑论者，是由于"他们运用自己的理性去探索和辩论"但是并不会自己做出主观的选择。这一点也是蒙田在创作他的《随笔集》时遵守的原则。

第二，蒙田《随笔集》的出发点是有否定性的，在蒙田看来，他所处的时代是一个充满暴力、腐败堕落和伪善的时代。蒙田的怀疑主义思想很大一部分是对于迷信、偏见、巫术、迫害的否定，他要"揭去人和事物的假面具"，应该不断重新审视着一切。

第三，蒙田的怀疑主义思想并非是怀疑一切，他把真理存在排除在外。他希望探究真理，把一切当时被接受的观念否定，来重新思考这个世界，还世界以本来面目。

第四，在蒙田看来，绝对的真理无法认知，只有通过先认识部分真理，通过探索自己的身体和精神的表现来探究。虽然个人会有不完善的地方，但是人们可以找到寻找真理的途径。蒙田的《随笔集》是对自己的深刻剖析，是对自己的深入了解。蒙田曾说，"我自己就是我作品的全部内容"。

二、蒙田的宗教观

总的来说，塞克斯特的怀疑论反对：坚信自己的习俗和观念是正确的，而和自己的习俗和观念不一样的是错误的，还主张怀疑论者的生活习惯要"符合自己国家的习俗、法律、制度"。① 蒙田的怀疑主义思想不妨害他在表面上看来是循规蹈矩的。从对宗教的态度来看，蒙田表面上是天主教徒，并且 1580 年在罗马拜见过教皇。但从蒙田写的书中很难看出，他是一位真正的基督教徒。由于亲眼看到了宗教战争的残酷性，他说："没有什么比基督教徒更深怀敌意的了。"他还说，"宗教创立的目的是为了消灭罪恶，但实际上却使罪恶得以掩盖、滋生和发展壮大。"虽然蒙田没有从正面来反对天主教，但是在他看来，人来到这也是一件偶然的事情。他崇拜的是维系大自然的力量。蒙田说，"那些星

---

① （英）彼得·博克著. 蒙田. 孙乃修译. 北京：工人出版社，1986.

球不仅支配着我们的生命，而且支配着我们的倾向、意愿和言辞"。因此，"我更喜欢那些崇拜太阳的人"。在神学家们眼中，蒙田是位无神论者，是个崇拜自然的人。蒙田的《随笔集》一出版就受到大家的欢迎，但是 1676 年罗马教廷暗地里把他的书列为禁书。奇怪的是 1580 年，蒙田把《随笔集》交给教廷圣职部审查时，却获得了通过。这是为什么呢？是那位审查官没有理解蒙田的思想的内涵？其实一个主要的原因是：在 1580 年，天主教会面临的威胁主要来自于新教，无瑕顾及蒙田的思想。其实，在和异端思想斗争时，怀疑主义思想有利于天主教。彼得·博克曾经这么评价蒙田："蒙田的坦率表白是个假面具，在大众面前是一个面孔，可是私下里则是另外一副面孔"，"蒙田的文学手段——含沙射影不直接说明，非传统观点处处藏锋，而表面上看起来却是一脸的诚恳"。"蒙田对教会的言听计从的态度，不是出于真心，而是他经过谨慎考虑而做出的选择"[1]。彼得·博克还说，"在 16 世纪那时的欧洲，有许多人对某一种宗教表面服从，但是在心里认为另一种宗教更好"[2]。我们可以通过了解蒙田的怀疑主义思想，来解读《随笔集》。这样一来，我们不能轻易地把蒙田的宗教信仰简单地归入哪一派，或者把蒙田的政治立场做一个简单的归类。有的人说蒙田是"自由主义者"或是"保守主义者"吗？"自由主义者"这个词通常形容那些赞成民主、保卫少数人的权利、捍卫言论自由等的人。但这种态度和蒙田没有任何关系。蒙田曾经在一篇文章中，为巫师进行辩护，但并不是因为他持有自由主义的观点，他这样做是建立在怀疑主义的立场上。

---

[1]（英）彼得·博克著. 蒙田. 孙乃修译. 北京：工人出版社，1986.
[2]（英）彼得·博克著. 蒙田. 孙乃修译. 北京：工人出版社，1986.

因为在他看来，当时人们对巫师的指控，属于主观臆测。蒙田反对当时法国加尔文教徒信仰的自由，同时，反对新教关于基督教徒有权利不服从统治者不合理命令的说法。蒙田觉得："人有什么义务，不是由个人来决定，而是应该服从统治者的命令。"蒙田和苏格拉底一样，主张对自己国家规定的规则表面上予以服从。从这一点来看，蒙田像一位保守主义者，但是在16世纪的法国，还没有"保守主义"这一名词。在法国大革命后，才有了"保守主义"和"自由主义"的对立，也可以称为"左派"和"右派"。蒙田不喜欢变革，他对于社会上存在的种种弊端是了如指掌的，他的《随笔集》中常常提到政府和社会的弊端。尽管这样，他仍然认为变革是非常可怕的。蒙田说："就政治来说，只要这种政治是稳固的、符合传统观念的，就会比改革好。批评一种政治观念容易，但是建立一个更好的政治制度却是难上加难。"由此看来，蒙田不喜欢革命和镇压的一个理由是："那肯定是由于过分自大，才把自己一个人的观点看得无比重要，以至于为了自己的看法不惜破坏和平，带来内战、政治革命等恶果，使社会风气败坏。"① 蒙田在内战期间一直保持中立立场。他反对任何形式的暴力，通过循序渐进的方式实现社会的进步。蒙田既不想推翻现在的制度，也不想人们对现在的制度有什么幻想。蒙田说："人们都相信法律，不是因为它的公正，而是因为它是法律，这就是法律权威的奥秘，没有其他。"② 蒙田看得很明白，法律是主观的，但是是强制的，人们只能遵守。

蒙田对怀疑主义有着浓厚的兴趣，和当时的时代有着密不可

---

① （英）彼得·博克著. 蒙田. 孙乃修译. 北京：工人出版社，1986.
② （英）彼得·博克著. 蒙田. 孙乃修译. 北京：工人出版社，1986.

分的关系。蒙田是 16 世纪 30 年代的人，摆在他们面前有一个重要的问题，一个急需解决的问题——对于基督教两派：天主教和新教应该怎么选择？这两派互补相容，彼此对立，两派的神学家为了打垮对方，竟然互相揭露对方信仰的根基。新教徒怀疑传统的权威，而天主教徒则怀疑《圣经》的权威。蒙田认为，两派之间互毁信仰根基的做法，会带来难以预料的严重后果，两派的人只是逗一时的口舌之快，没有预料到下面这一点：

单从民众来说，只要有人批判和谴责他们以前奉为神圣的观念时，只要他们看到自己信奉的宗教信仰的条文受到怀疑时，他们就会对其他的信仰同样产生怀疑，就会怀疑其他信仰的可靠性，最后选择抛弃一切权威。

在这种出现信仰危机时代里，蒙田应父亲的要求，翻译了 15 世纪加泰隆作家雷蒙·塞邦的《自然神学》一书，此书于 1569 年出版发行。蒙田的父亲在去世的前几天，在一堆即将烧毁的废纸下发现了这本书，于是嘱咐蒙田要将此书翻译成法语。这是蒙田接触到写作的试笔作品。《自然神学》共计约有一千页。书中将大自然比喻成一本书，就像《圣经》那样，显示出上帝的存在。书中把大自然看作一个等级制的社会，人居于最高的一层，因为人是上帝制造出来的最高贵、最完美的产物。塞邦的书是"自然的神学"，这种神学建立在理性基础之上，不是信仰和启示上。这反映出当时人文主义学者对人尊严的肯定。

《自然神学》既然是蒙田的父亲让蒙田帮着翻译的，因此这本书对于父亲的作用很大，但对于蒙田可能就不会有什么作用。蒙田一开始还感到挺有趣，他在《随笔集》中说"对我来说这是一件新奇的工作，碰巧我有时间，由于不能拒绝父亲的要求，就只好勉力而为"。1575 年前后蒙田饱受怀疑的折磨。他的著名的文章《为雷蒙·塞邦辩护》就在这一时期写成。看题目会以为蒙田也是拥护塞邦的人，而实际情况却是，一位怀疑论者对人类理性的各种矫揉造作的抨击。蒙田在文章中说，人类狂妄地把自己看作是天地中最高尚的生灵，然而动物也和人一样具有务实的理性，再说我们的理智并不可靠，因而得出的结论也就靠不住。

现在的读者看来，蒙田很可能是一位不可知论者。但是蒙田的怀疑主义和现在的不可知论有极大的不同。"不可知论"这一概念是科学家赫胥黎 1869 年首先提出来的，是为了说明这样的信念：我们对于超自然的上帝或任何假定的实体都是无法知道的。即是说，赫胥黎对"超自然的"东西是怀疑的，但相信现象，相信人类的理性。蒙田持有的观点与之恰恰相反。蒙田不相信现象、不相信人类的理性，好像相信信念。这样说的依据是，在他的《为雷蒙·塞邦辩护》中的结论是：只有靠信念才能参悟基督教的奥秘，人借助于上帝的帮助才可以使自己超越人性。

蒙田的这一观点我们可以把它称为"信仰主义"，这一概念产生于 19 世纪，从其他角度来反对自然神学。蒙田的态度是温和的，带着怀疑的顺从态度。而克尔凯卡尔态度是激烈的，带着强烈的信仰的跳跃。蒙田的宗教态度不是只有他一个人这样，在 16 世纪，这种现象很普遍。自然神学有着根深蒂固的传统，它的代表人物是托马斯·阿奎那，他以人类的理性作为根基，为了证明上帝的存在提出了五点证据。蒙田反对人类的理性，基督教自身也有反人类理性的传统（至少有反理性倾向），从圣·保罗到圣·奥古斯丁和威廉（在他看来，"自然理性"不能证实"上帝是存在的"），接着到 16 世纪，传承下来。路德是一位信仰主义者，在他看来以理性和人的尺度去衡量神圣事物是可笑的。蒙田的父亲把雷蒙·塞邦作为路德主义的解药，而蒙田的说法却是站在路德这边。在天主教徒和新教徒中有很多信仰主义者。前面提到的吉安弗兰西斯科就是其中的一位。16 世纪中叶，天主教徒对自然神学产生的怀疑主义的思想，不能看成是离经叛道。因为，塞邦的《自然神学》的前言也曾在 1559 年遭到教会的谴责，原因是他强调理性的重要性。

16 世纪中叶也是教会改革时期。特伦特主教会议第一次召开是在 1540 年左右，但是一直到 1562 年～1563 年时才把主要的教义公布出来，在天主教的历史上，具有转折意义，因为通过这次教义的公布，以前一直争论、没有结论的问题有了权威的结论。这一时期，依靠信念可以释罪的说法被宣布是不对的。古老的拉丁文版本的《圣经》，被看作是标准的《圣经》版本，市面上出现的希腊文版本的《圣经》，以及希伯来文版本的《圣经》，还有其他语言版本的《圣经》，一律弃之不用。再次予以肯定了以前遭到一度怀疑的崇拜圣人、崇拜圣物的做法。通过宗教法庭和"禁书目录"这一系列的措施，教会的正统思想得以空前的强化。由于推行这种严格的宗教改革措施，使得天主教和新教的矛盾激化，两种宗教以前的包容被打破了。

蒙田的宗教立场如何？从他写的一些作品中，可以隐约感觉到，蒙田好像和当时正统的天主教徒一样，服从特伦特主教的统治。在蒙田的旅行日记中，我们能够感觉到，他在游览罗马的时候，喜欢去教堂听讲道，和其他教徒一样去观赏圣人的遗物，去圣彼得堡教堂参观维罗尼卡的手巾，还去罗列多参观当时极具盛名的天主教圣地——圣居，还花了很多钱买神像和蜡烛。在他的《随笔集》中只要提到法国的宗教战争，就会将天主教那一方称作"我们"。其实，他是赞同特伦特会议改革的新天主教信条的。他赞美米兰天主教波罗米奥的苦干、苦修的节俭精神。他不赞成把《圣经》译成其他国家的语言，在他看来这是一件"弊大于利"的事情，因为谁能去审核巴斯克文或布列顿版本的《圣经》？总而言之，《圣经》"并非人人皆可读"。在文章中他声称，他所写的东西不会违背"天主教会、罗马天皇、罗马教会"的信条。"我生是其人，死是其鬼"，他还觉得他的思想观点愿意服从"那些指导我的行动、写作和思想的人的裁决"。蒙田在这里表明接受教会对自己的思想上的控制，并承认教会拥有这样的权利，而且接受了罗耀拉在《精神训练》一书中提出的观点："如果教会做出决判，说我看到的白色物体是黑的，那我就相信它是黑的。"总的来说，怀疑论者心知肚明感官是靠不住的。

蒙田并非是个普普通通的天主教徒。如果只是普通的宗教徒的话，他就不会对宗教问题有自己的见解，也不会对很多问题有非同凡响的看法。比如，在对奇迹的看法上，蒙田和天主教见解不同，天主教认为奇迹是上帝首肯而超越自然法则之上的。在蒙田看来，"奇迹建立在我们对大自然的无知这一基础上，而不是大自然本身所固有的"。"我们看到野蛮人觉得奇怪，他们看到我们也同样觉得我们奇怪。"蒙田延续了西塞罗和塞克斯特对"神奇"持有的相对主义的观点，他使用的"奇迹"这个词，是"神奇"这一词汇的通俗的说法。宗教改革时，教会对能够创造奇迹的圣人和圣物的重要意义予以肯定。这时，蒙田、西塞罗和塞克斯特的话就变得有另一层含义。同样的话在不同语境下有不同的含义。蒙田的表达是很隐晦和巧妙的。我们可以这样理解蒙田的意思，虽然奇迹的确会出现，但是我们无从知道奇迹是否已经出现。而教会确定地宣告说：我们可以知道奇迹的出现。蒙田的"我们"有可能是相对人类的理性而言。从另外一方面来看，蒙田似乎故意提出了更为激进的见解，这就是，"奇迹"本身之一概念就是没有意义的，因为这个概念本身有群体优越感的意思。蒙田认为大自然蕴含无穷的奥妙，不看重人们所说的大自然的"法则"，假如没有这一法则，这么说也就没有超越一说了。与此类似，蒙田觉得应该把传统基督教对"天意"的理解，同样也归入群体优越感之中。

蒙田在《随笔集》中说："要是严霜冻坏了我村里的葡萄，我的神父就会说，那是上帝的怒气在威压在人类的头上……再来看看我们的内战，谁能不为这世界的倒悬而扼腕切齿，谁能不惊呼末日的审判已经来临，殊不知许许多多比这种状况还要坏的事人类早已目睹，殊不知活在这个世界的其他地方的人们快快活活地过了万余年。"这段话是从基督教的角度批判人们骄傲自大地以为人类知道上帝的行动。"主的判断渊深难及"（《圣经·诗篇》第36篇第6节，蒙田把这句格言刻在自己的书房横梁上）。我们通过对这句话的理解来推测蒙田的理解，一种可能是蒙田在遵循公元前1世纪罗马诗人卢卡莱修的思想传统，完全否定"天意"。卢卡莱修的《物性论》中把天意看成是原子的一种没有丝毫意义的舞蹈。蒙田最喜爱的作家之一就是卢卡莱修。另一种可能是，蒙田从小说的角度欣赏卢卡莱修的诗。但在思想上不赞同他的观点。蒙田说得很隐晦，交给读者慢慢体会，可能一千个读者会有一千种不同的理解吧。我们能从蒙田的作品中知道他反对什么，但是我们无从知晓他赞成什么。

蒙田专门写了一篇文章为巫师辩护，文章的结构和前两篇的结构一样。他在《随笔集》中说到，经常会有人控告巫师，"世界上我们这块地方的巫师，其性命岌岌可危"。他严肃地指出，"杀人要有确凿的不容置喙的证据"。在审判巫师时，也没有明确的证据来证明巫师的罪行，仅有的证据往往也是自相矛盾的。巫师自己的认罪书不能作为重要的证据，因为认罪书和控告书一样也不是总是非常正确的。人提供的证据是有适用范围的，仅仅适用于人际事物的处理上，而对于超自然的事物，这些证据就失去了作用。应该给被告人"解毒药，而不是毒药"。这句话的意思是，应该把这些被告人作为病人看待，而不是作为罪犯来看待。被告人需要解毒药是指，帮助他们逃脱那种自己并没有犯罪但以为自己犯了罪的忧郁惧怕的心理。总而言之，"一个人准是过分看重自己的臆断才会去把别人活活烧死"。

蒙田不反对巫师的存在，这一点和他对奇迹采取的态度是一样的。令他产生怀疑的是人类理性有多大的能力，以及巫师的活动的臆测。现在的读者对巫师、奇迹、甚至天意的看法很难认同。蒙田不是非让我们相信这些东西。蒙田的意思我们很难理解，蒙田的《随笔集》中的许多文章表达模糊，蒙田是想让读者自己体会其中的意思，自己推断出结论。对于距离蒙田的时代这么远的读者来说，要读懂蒙田的所思所想很有难度。

蒙田对于与巫师相关的问题的看法非常独到，当时的人们读起来会觉得震撼。他的想法和意大利人文主义学者阿西亚提的观点不谋而合，不仅如此，他的这一观点和波尔多法庭他的同事的看法也是一致的。他们把巫师案件归为"虚幻不实的想象"。这一观点是与传统的观念相反的。传统观念里把巫师看作重大的威胁，当时名望颇高、学识渊博的让·布丹在书中也是这种态度。

蒙田违背传统的观点并不仅仅体现在他对奇迹、天意、巫术等宗教问题的看法上。他把祈祷看作可以达到"神奇效果"的符咒，但很多人并没有诚心祈祷。这样的想法是在新教徒抨击天主教玩弄幻术的敏感时刻发表的。他赞成自杀，并举出来许多例子，在那时禁止自杀。他对比较宗教的内容很感兴趣，他认为，

《圣经》中洪水、神下凡化身为基督还有圣母之处女生子，这些观点在犹太教和基督教之外的传统里屡见不鲜。除了上述的内容，还有神父的独身、斋戒和割礼等也一样。

上述的观点有破坏宗教的意味，但蒙田让这些看法为基督教所用，他还借着"超自然的感应"来解释基督教和美洲印第安人宗教的共同点。他对自己文章中的话百分之百相信吗？他的宗教立场究竟是什么样的？他的《随笔集》内容就像万花筒一样包罗万象，同时书的内容有些隐晦。蒙田为我们提供了广阔的知识世界，我们探索这些知识是要花很大力气的。

人们对蒙田的宗教信仰有多种猜测，从以下几个方面来讲：

第一种可能，认为蒙田的天主教部分多于他的怀疑论的部分，虽然蒙田接受不同的非正统思想，但是这些思想并没有动摇他对天主教的信仰。他反复强调，他书里写的是他自己的一些"想象"，和大学里的辩论的性质有相似之处，是尝试着寻找一种答案。"不是为了宣布真理，而是为了寻找真理"。他在书中说，这些想象"属于观点之类，与信仰无关：那是我个人的想法，而不是来自对上帝的信仰"。这些只是他在进行思想的实验，想看看能出来什么样的化学反应。犹如孩子在练习，需要大人时刻纠正一般。基于这点，蒙田给它的文章取名为"散文"，这样的文体很少见。蒙田和16世纪意大利哲学家旁波那齐的"双重真理"观点很相似。旁波那齐觉得，存在这样一种现象和命题，如"灵魂是不朽的"，从信仰这方面来看，这是真理，但我们不能用理性证明它的正确性。反对这种说法的人的理由一样很有说服力。蒙田深知他的一些观点可以说是"冒失的"（运用神学术语论述非正统的观念，但未被看作异端），但是他也宣称会服从教会的权威。旅行到罗马的时候，他把刚刚出版的《随笔集》交给教会审查。教会审查的结果是通过，但是提出了六点修改意见，需要修改的只是个别无关紧要的地方，并且告诉蒙田，修不修改都可以，蒙田自然没有做任何修改。让教会审查人员感到不舒服的是，书中提到"命运"，而不是"天意"。书中还提到某些异端诗人，比如加尔文派的核心人物贝萨，以及在公元 4 世纪背叛基督教的皇帝朱力安，并为他们进行辩护。从教会审查官的态度来看，和我们认为的蒙田作品具有颠覆性的看法，这难道不是成为错误的了吗？照这么说，比教会敏感的历史学家不也成了粗心大意的历史学家了吗？我们对审查蒙田作品的审查官不免会有怀疑：他是否意识到了蒙田作品的复杂性。审查官当时采取宽松的态度是有原因的，其中一个原因是：1580 年，那时教会的最大的威胁是新教。蒙田在书中并没有流露出对新教的同情。在和异端论战的时候怀疑主义可以当武器来使用，怀疑主义是与天主教站在同一战线上的。蒙田的"想象""孩子的练习"的说法有一定的讽刺意味，那些审查官只是从字面上理解了这些说法，没有深入地思考。

另一种可能是，蒙田身上的怀疑论的部分多于天主教的部分，他一直坚持"不下断语"的怀疑论原则。他认为，人们发表的宗教观点中（不包括信仰），最能让人信服的观点是，"承认上帝是一种不可理解的力量，是万物的始源和保护者……他接受人类以各种名义和形式献给他的那些赞美和崇敬"。塞克斯特认为怀疑论者应该尊重社会的不同习俗，蒙田一直遵守这一原则。他声称自己服从教会的权威，我们可以把这仅仅看成是一种表象，是蒙田出于慎重考虑所做的事。

蒙田的一个朋友，名叫普修，他在荷兰的雷登执教的时候，看起来俨然是一个加尔文教徒，而当他在西班牙的卢汶执教的时候，看起来俨然是一位天主教徒。但实际上，他只是表面上服从教会的权威，对于加尔文派和天主教派这两派都不信仰，他只是一个名叫"圣埃家族"小团体中的一员，这个小团体要求他的成员对当时的教会采用阳奉阴违的态度。这并不是说蒙田也参加了一种类似于"圣埃家族"的小团体，而是说在16世纪的欧洲，有的人表面上服从一个宗教，但是内心对这个宗教并不是很诚心。

从第二种解释来看，蒙田所说的对教会言听计从，只是表面上的，是出于谨慎的考虑。但当他说"社会干涉不着我们的思想"，每个人要有属于自己的"后屋"，来存放我们的东西、我们的想法。"智者应当内求诸己，任凭己意臧否万物，然而表面上则应对既定体制百依百顺。"他在表达这样的观点时，也暴露出自己内心的真实想法。蒙田在《论习俗》的文章中，对"天主教的"观点的说法看成是仅适用于世俗的事物范围。而根据"怀疑论的"观点把他的看法与政治和宗教相联系。第二种理解在解释蒙田的文学手段方面很有用，蒙田擅长的文学手段是处处令人难以捉摸的隐喻，处处隐藏非传统观念的锋芒，而表面上看起来却是一脸的虔诚。从这一点来看，蒙田宣称的服从于教会的权威，可能只是一个表象，是为了保护自己的一种手段。也许蒙田戴着一个面具展示在教会和众人面前，而真实的蒙田隐藏于面具之下。

三、蒙田的人文主义思想

人文主义在十五、十六世纪的欧洲盛行，持续的时间长，而且影响范围广。布克哈特的名著《意大利文艺复兴时期的文化》出版之后，"人文主义"这一词汇被当时的历史学界熟知，但是不同的历史学家对人文主义一词的理解却不尽相同。有的历史学家认为"人文主义"一词泛指对人的尊严的关注，不仅如此，还把以人为中心的文艺复兴时期，和以神为中心的中世纪进行对比。有的历史学家把"人文主义者"词汇理解成教授"人文科学"的教师，包括历史、伦理、诗歌以及修辞。西塞罗和其他同一时期的学者，都认为以上四门学科都具有"人文"特征。在文艺复兴时期，人们都同意这个观点，人的本质特点就是言谈能力以及辨别是非的能力。有的人文主义者颂扬恺撒的丰功伟绩，有的人文主义者赞美刺杀恺撒的布鲁特斯，有的人文主义者恰恰相反，他们认为积极入世者，要比消极出世者更有社会责任感。在他们看来，蒙田连续担任两届波尔多市长，比他隐居在自己的书房内写书更有价值。而有的人文主义学者与他们的看法相反。有的人文主义者推崇柏拉图，有的人文主义者尊崇亚里士多德，有的人文主义者是斯多葛派的拥护者，非常推崇罗马的著名哲学家赛尼卡，敬佩他在《致卢西留书简》一书中流露出来的"坚定如一"的信念。赛尼卡认为，坚定如一的人会活得最幸福，活得最轻松。因为具有这样品质的人，对自己有清楚的认识和了解，知道怎么克制自己的欲望，因而在遇到突如其来的困境下，能够坚强地面对，不被命运打倒。这一哲学观点，对于当时处于水深火热战争中的人们是很有积极作用的。当时人文主义者们的思想并非完全一致，人们对人文的理解也各有不同。彼得·博克说："蒙田不是一个典型的人文主义者，如果真的存在这样一种典型的话。"① 虽然有差别，但是和人文主义的思想是共通的。他们都赞美古典的东西，都认为古人的智慧和基督教的精神是能够完美

① （英）彼得·博克著. 蒙田. 孙乃修译. 北京：工人出版社，1986.

融合在一起的，而且最为关键的一点是，他们都以人为中心。

首先，苏格拉底等人文主义者认为，人类的头等大事不是认识自然界，而是认识人类自身。他们喜欢引用希腊哲学家普罗泰戈拉的著名格言，即"人是万物的尺度，是存在的事物存在的尺度，也是不存在事物的不存在尺度"。人类应该把研究的重点放在对于人的研究，而非对于物质世界的研究。蒙田可能不是闪光的伟大的人文主义学者，但是他的光辉也是不可忽略的。蒙田说："儿童首先应该知道怎么认识自己。"出于这种想法，蒙田的《随笔集》描绘了自己认识自我的过程。

第二，认识自我是第一步，仅仅是认识的开始，是一种"小我"。认识人类是第二步，认识人性，是一种"大我"。蒙田书房的格言中有一句泰伦斯[①]的格言："吾生为人，人性具备。"人文主义者的箴言是通过认识自我从而认识人性。在蒙田看来，虽然每个人都是与众不同的个体，都拥有不同的外貌、不同的性格、不同的语调和说话方式。但是，人都有共同之处。这样我们才能向别人学习他们的经验。蒙田在随笔《论经验》中写道："人人提醒自己认识自己，就会产生很大的作用。"他还说，"人们的意见都是互相嫁接的。"由于这个原因，蒙田才"为了方便我的亲人和朋友"，写了对自我的认识的《随笔集》，希望能够让后人有所启发。

第三，人文主义学者分属于不同派别，共同的一点是他们崇尚古典文化，赞美古人的智慧。蒙田也不例外。他最欣赏的学者都是古人，比如：普鲁塔克、塞涅卡、西塞罗、卢克莱修、贺拉

---

① 泰伦斯（拉丁语名字），古罗马喜剧作家。

斯、第欧根尼①、维吉尔、恺撒、希罗多德、塔西佗、奥维德等。
他喜欢引用这些学者的话语，并作为自己的人生格言。蒙田有着
和当时的人文主义者共同的爱好。他虽然对希腊文知道的很少，
但是他的拉丁文却非常好。这也应该归功于蒙田的父亲成功的家
庭教育，拉丁语成了蒙田的第二母语。在六岁之前，蒙田只会说
拉丁语。他的启蒙读物是奥维德的《变形记》。他在波尔多市的
吉耶讷学堂上学的时候，教他的老师有著名的人文主义学者，在
学堂里，流利的拉丁语使得他脱颖而出。蒙田书中的散文的引语
都是拉丁语。

　　第四，在蒙田眼里，他觉得自己所在的时代没有非常杰出的
学者，人才辈出是谈不上的。他对现世带有一种批判的眼光，常
常把当下的人和古时候的人作比较。蒙田崇拜的英雄是古代的英
雄。在他看来，荷马、马其顿王国亚历山大大帝、希腊底比斯将
军巴密浓达②，才是英雄豪杰。他最为推崇的是苏格拉底，他把
苏格拉底称为"独步一世的人物"、"仅见的一个最智慧的人"、
"我所知道的最完美的人"。③ 是什么原因使得蒙田对苏格拉底推
崇备至？这是由于苏格拉底对自己的无知有比较清醒的认识，有
自知之明。对一些职业诡辩家的不屑一顾，不拘小节的个性，喜
欢自嘲的口吻，这一切都与蒙田有着相似的地方。普鲁塔克和蒙
田在精神上是有共同点的。普鲁塔克是一位贵族，一位哲学家，
也是一位非常务实的人，在自己的家乡任过职，对于人们应该怎
样度过自己的一生这个问题，一直热衷寻找答案，他的一些著作
也一直在探讨这个问题。蒙田的作品风格，深受普鲁塔克作品风

---

① 第欧根尼，古希腊哲学史家，著有《哲学家传记》十卷。
② 巴密浓达，希腊底比斯将军。
③ （英）彼得·博克著. 蒙田. 孙乃修译. 北京：工人出版社，1986.

格的影响。在蒙田眼中，普鲁塔克所处的时代是默默无闻的时代。

蒙田有时被看成是批评人文主义、是"反文艺复兴"的一股力量。蒙田没有明确说明他对当时的人文主义者到底是什么态度。蒙田从爱拉斯谟的作品中受到启发，但是他很少在书中提到爱拉斯谟，那可能是因为教会把爱拉斯谟和路德视为他们的敌人。蒙田对于人文主义带着批判的眼光来审视它。而一个坚定的人文主义拥护者，应该对古典语言学、修辞学的价值完全相信，对于人的尊严和人的理性的力量有着绝对的信仰。如果这样理解的话，就把人文主义看得过于简单。有的人文主义者和蒙田一样，也是对修辞学持有批评的态度。蒙田并非"典型的"人文主义者，如果这样的典型真的存在的话。他很有自己的想法，有自己独特的观点。在他看来，柏拉图的"对话集"是枯燥乏味的，他认为精通自己国家的语言比精通古人的语言更为重要。古人的话不一定就是权威。和同一时代的大多数人不同，蒙田不会对权威顶礼膜拜（教会排除在外）。在蒙田看来，掌握过多的古典知识，不是一件荣耀的事情，只是可以多一些炫耀的筹码。他认为，多了解自己比了解西塞罗更有意义。人文主义者都觉得理性拥有强大的力量，但是蒙田对理性却没有什么信心。

四、蒙田的人生观

三十八岁的蒙田选择辞官归隐，退隐到他的古堡，隐居长达十年之久。在这十年的时间里，他完成了剖析自我的作品《随笔集》第一卷和第二卷，并成功出版发行。而后，他踏上了旅行的路途，从法国出发，途经瑞士、奥地利、德国来到意大利。历时十七个月零八天，旅行还未完成，便接到出任波尔多市市长的任命，在任职期间，他曾经多次在两位法国国王之间斡旋。经历了从"出世"再到"入世"，蒙田的人生态度也发生了变化。

第一，蒙田隐居古堡的行为，和他的古代斯多葛派的哲学思想有着千丝万缕的联系，尤其是受到罗马哲学家塞涅卡的《致卢西留书简》一文中的人生理想影响。塞涅卡认为，坚贞的人，知道如何克制自己欲望的人，在人生旅途中的步履最为轻松，因为这样的人在难以预料的命运打击下，仍然能够像橡树那样屹立于狂风中而纹丝不动。这样的哲学思想，对于经历过 16 世纪腥风血雨的宗教战争的欧洲学者，有着强大的吸引力。蒙田写《随笔集》其实也是在塞涅卡巨人的肩膀上来看这个世界。同时，我们也能从蒙田的著作中看到斯多葛派的人生哲学的痕迹。

那些被称为"有公民感"的人文主义者觉得，积极入世的人生要比消极出世的人生更有价值。他们认为，蒙田担任波尔多市市长，做人民的公仆，要比他隐居重新思考自己的人生更有意义。蒙田连任波尔多市市长，并为国家的和平在两位国王之间斡旋，是受到了"公民感"的驱使。

蒙田《随笔集》的最后一篇是《论经验》，随笔的视角不是从人们的视角出发，而是从蒙田个人经验出发，是蒙田对人生的态度。蒙田在书中说："对于我来说，我热爱生活，上帝赋予我什么样的生活，我就开始什么样的生活。我并不希望生活本身提出需要吃喝的需求，我觉得人希望有双倍的需求，即使是错误的需求也值得我们原谅。"有学者指出蒙田的这句话，是他的伊壁鸠鲁派的思想的反映。

《论经验》这篇随笔的最后一句话是："在我看来，最好的人生是情理之中、合乎情理的人生，这样的人生有序，虽说没有奇迹，但是也不会荒唐。"这也是蒙田一直在追寻的人生理想。

第二，蒙田笃定内心"寻找自我"的坚持，一直在守护着"内心的自由"，以此来抵御外界强加给他的偏见、习俗和狂热的宗教信仰。但是，这并不意味着蒙田不赞同"入世"的价值。他认为，要追寻"内心的自我"与为大众服务并不矛盾，二者可以和谐共存。他这样比喻：人们有自己的面向街道的前房，他们在那里同别人会见，并相互交流。但人们也要退隐到只属于自己的后房——即"自我"。人们在"自我"的世界里，重新笃定自己"内心的自由"的信念，在此基础上对社会中出现的现象进行思考。人们退居"自我"的小世界是为了更好地与别人交流，互相学习到有用的知识。他也推崇广泛阅读各种类型的书籍，到世界各地旅行，有不同的见闻，和朋友们交流。

第三，蒙田对于死亡和痛苦的看法是，生命有尽头，每个人都必须面对死亡。不论是古代哲学家，还是 16 世纪的人文主义学者，都把死亡和痛苦作为一个重大的人生课题讨论。在他看来，人生难免会有痛苦，痛苦可以增加愉悦和享受的感觉。

蒙田对于死亡的态度是："谁教会人死亡，谁就教会人生活。"由此可以看出，蒙田探讨死亡这一命题，最终目的是想通过了解死亡，进而知道生命的可贵，如何学会热爱、享受生命。首先，要学会坦然接受死亡，蒙田说："死亡是人生的目的地，是我们必须要瞄准的目标。如果我们惧怕死亡，每前进一步就会惶惶不安。一般人的做法就是不去想它。可是，如此粗俗的盲目是多么愚蠢！"蒙田进而指出，"死神在哪里等我们，是很难确定的，我们要随时随地恭候它的来临。对死亡的熟思就是对自由的熟思。谁学会了死亡，谁就不再有被奴役的心灵，就能无视一切束缚和强制。"其次，要珍爱生命，热爱生活。蒙田说："生命本无好坏，是好是坏全在你自己。""在你活着时，要好好的生活。"

"但愿人人都工作，尽可能久地发挥生命的作用。"

蒙田认为人生旅程是这样的："一个人在尚未演完人生喜剧最后也许是最难的一幕之前，绝不要说生活幸福，因为幸福取决于安详和知足的心境，果断和自信的心灵。"他还引用了贺拉斯的语录："人的幸福要等到最后，在他生前和葬礼前，无人有权利说他是幸福。"

蒙田说："如果有人研究我的一生，大多会说我有好的终结，也就是死得安详，不引人注目。"他对死亡的态度是豁达的，他的葬礼也非常简单。

五、作为心理学家的蒙田

面对国家的动乱，政治的腐败，蒙田选择弃官归隐到书房里。他想要通过这种方式得到内心的安宁，可以静下心来做自己喜欢做的事。马尔库斯·奥列留斯曾经说，要寻求宁静的人，没有必要退隐到安静的乡村。"只要你愿意，退回内心去，全在你自己。"蒙田明白这一观点和自己的想法不同，蒙田没有完全否定这一观点，他承认"真正的独处"确实是自己的一种心灵的状态，"即便是在闹市或是宫殿之中"也能体会到这一心灵的状态。但是，他又说："然而远离世俗则更易臻于此境"。最为关键的一点是，不能把自己的全部身心都投入到社会公共事务中，应该有属于自己的心灵居所。蒙田在《随笔集》中这样描述这一心灵居所："完全属于我们自己的，完全自由的，旨在实现我们真正的自由，就像是无妻、无子、无物、无仆的那种情景。"

蒙田非常喜欢个人的空间，喜欢自己独处。但在当时，在16世纪的法国，一位贵族也有这样的想法是很少见的。他有时也会承认，最伟大的职业就是"为公众服务，为众人造福"，他曾经说，他想要过一种"人皆谅之"、"既不会麻烦自己也不会麻烦他人"的生活。总的来说，在他看来，自己已经到了迟暮之年，他已经为别人奔波了大半辈子，他想把自己的后半生留给自己。蒙田不赞成通过工作来代替悠闲的时光。在他的《随笔集》中两次出现了他对临终景象的一种鄙视，充满了"母亲、妻子、孩子的悲声……昏暗的屋里烛光摇曳，床边站着医生和牧师""我曾见过一些临终的人，那么多人围着他，大家都很悲痛……我对死并无怨言……但要死得孤独，无声无息，适合我这种隐退、独居的生活……这与社会毫无关系，死亡是个人的事"，这在同时代的其他人看来，蒙田的观点是难以理解的。因为，许多人认为孤独的死去是一件很可怜的事情。蒙田在他的《随笔集》中喜欢探讨死亡这个问题。不过并非只有蒙田一个人关心，当时有许多人对"死得其所的艺术"这一问题关心。

蒙田喜欢享受孤独带给他的乐趣，这源于他的个人喜好。蒙田在战乱的时代喜欢独处，喜欢躲在自己的书房之中，不喜欢社交。他显然不是一个一心为公众服务的人文主义者。他引用了这样一句格言："我们来到世上，不是为了为自己聚敛财富，而是为了民众利益"，但他又指出，这种无私的"为民"精神是"野心和贪婪"的遮羞布，人们的的确确在公饱私囊，打着为民做事的旗号，来满足自己的欲望和野心。他认为，"世上最广为人所接受、最为普遍的愚行就是对名望和荣誉的挂怀"。在说这些话的时候，蒙田很可能会想到路易十四或拿破仑。他曾经赞美过亚历山大大帝，但是在他的眼中，最伟大的人物就是苏格拉底。

如果让苏格拉底处在亚历山大的地位，这种景象可以想象到。但是如果让亚历山大处在苏格拉底的位置，这种景象就很难想象出来。假如有人问亚历山大"你能做什么"，他会毫不犹豫地回答你："征服世界"。同样的问题问苏格拉底，他会回答你："使我的生活使得其所"，这句话包含的寓意更为深刻。

蒙田退隐到古堡之中，有的人可能以为蒙田是在逃避世俗，逃避纷扰的社会。蒙田并没有把隐居看作是一种逃避外面社会的方式，恰恰相反，在他看来，隐居的生活更具有挑战性，他喜欢有挑战性的东西。在他眼中，他认为个人生活的世界是一种自然的世界，而群居生活的世界是一种虚伪的世界，他常常借用戏剧中的一些形象来表达他的这种观点。

每个人都能在舞台上扮演一个很体面的人，但若是奉行一种精神原则，既能适应万物又能吞吐万物，这就成了问题……我们过着一种独居的生活，避开了众人的耳目，但，我们自己的心灵中却需要有个标尺来衡量自己行动的合理性……我有我自己的法律和法庭来审判我自己。

和苏格拉底一样，蒙田赞成人要有"内心的主见"，他非常鄙视那些毫无批判地接受一切的人。他极力批判当时处于统治地位的伦理观念，在他看来，建立在"别人的赞同"基础上的荣誉"是极不可靠、极不稳固的"。在 16 世纪的欧洲，这种听从"内心的主见"的想法并不奇怪，但是如蒙田这种运用通俗的语言表述这种要求的情况，是很少见的。

如果要找到一位真实的人，始终表里如一，不论在台前还是幕后都是如此，并非易事。我们需要对古代英雄人物的日常生活做一个详细的了解。这样的想法是对的，可是实施起来并不容易，因为古代和文艺复兴时期赞成的"历史的尊严"的观念把人物的许多细节都进行了处理。蒙田曾经严厉地批评那些古代以及现代的历史学家，他们总是"选择他们认为最值得让人知道的材料，而忽略了更能揭示人格的只言片语或个人的举止"。蒙田宁愿知道"布鲁特斯在作战的前一天夜里在帐篷中和一些心腹知己的谈话，而第二天他对军队的那番训话并没有那么重要；宁愿知道他在卧室里的举动，而他在讲坛或元老院的举止并不比前者更为重要"。

所以蒙田更偏爱传记而不是历史。就像法国主教阿姆约在他翻译的普鲁塔克《希腊罗马人传》一书的前言中所说的那样："历史注重的是事，传记注重的是人；前者更注重社会，后者更注重个人；前者更重外在的东西，后者更重内在的东西；前者着眼于事件，后者着眼于行为的动机"。蒙田好像不知道 16 世纪人文主义者乔维奥的《名人传》，或是 1550 年出版的瓦萨里的意大利艺术家传记。但是他非常喜欢普鲁塔克的《希腊罗马名人传》，也阅读过苏埃托纽斯的《罗马皇帝传》，他很喜欢公元 3 世纪希腊作家拉尔修的《哲学家列传》。在拉尔修的作品中，我们不仅看到了哲学派系的情况，还了解到了实实在在的人。我们了解到芝诺是斯多葛学派的创立者，他是塞浦路斯人，喜欢吃新鲜的无花果。

在蒙田看来所有的描述都是有一定意义的，一个人的性格能够通过一些不起眼的小事情表现出来，就像那些无意识的、习惯性的动作会使一个人的个性表露无遗。"每个人的动作都表现性格。我们从恺撒对法尔萨拉战役的部署和指挥中可以看出他的那种精神特质，这种精神特质同样也在他对闲暇和爱情的考虑上显示出来。"他还说："我们的身体很容易不知不觉地显示出内在的自然倾向……恺撒常常用手指挠头，这是碰上难题时的形体动作，西塞罗皱皱鼻子，那是一种嘲弄天性的表现。"他们的语言以及肢体动作表露了一切。在蒙田看来，梦可以体现做梦者的心愿。他在《随笔集》中的《论想象力》一文中，说到圣弗兰西斯身上的痕迹，还有国王用触摸的方式就能治好病，这些奇怪的现象都能通过心理的角度来解释。他不相信占卜者的语言，但他不反对审视这些征兆。他能做的就是用一种自然主义的态度来解释这些征兆。

《梦的解析》的作者弗洛伊德曾经认真读了蒙田的著作。蒙田和弗洛伊德对梦的问题，以及童年习惯的形成时期是非常重要的问题，看法有着一致的地方："我们的恶习在婴儿时期就已经扎下根来，我们教育中的最重要的阶段就掌握在保姆手中。"和弗洛伊德一样，蒙田往往把自己看成是一个人在探索，是一个"充满荆棘之路的开拓者"，是进入"曲折坎坷的心灵和深入内心的黑暗深处"的先锋。

虽然两个人都在心理学方面有自己的独特见解，取得了一些成就，但是他们还是有其局限性的，没有摆脱传统文化对他们的束缚。蒙田把古希腊以来在医学领域、哲学领域、修辞学领域和神学等领域的独到见解进行整合加工。希波格拉底制定了依据症状诊断疾病的法则。亚里士多德的《修辞学》探讨了感情的表征。亚里士多德的徒弟狄奥福拉斯特，著有《人物》一书，书中进一步阐述了用表征来推断个性和人格。狄奥福拉斯特的书中形象生动地描述了"庄稼汉"、"迷信者"等众多人物的趣闻逸事。蒙田深受普鲁塔克和拉尔修的著作的影响。蒙田所处的时代，不论是艺术家、剧作家，还是演员都对情感和性格的表征有着很深的研究，有的从事医生这个职业的人，开始研究产生忧郁的原因，还制定了我们所说的心理学定律。16世纪出现了"心理学"这个词汇，一直到了18世纪才得到进一步的发展。蒙田在他的散文中对个性人格的外在表征进行了研究，他提出的观念并不是想当然而来，而是对当时学术界推崇的、主流的"历史的尊严"

的观念的反驳，他把零散的观点、例子搜集起来，认真分析、思考，这一点是同时代的人不可比拟的。

弗洛伊德所说的合理化的思想，这一观点是蒙田在进行心理分析研究中提出的，合理化是指我们的心理喜欢为自己的真实动机寻找漂亮的借口。蒙田在文中喜欢使用"自欺"一词。加尔文使用宗教的词语来解释"自欺"，蒙田从世俗的角度来理解这个词语。在政治家看来，宗教是一种心理上自欺欺人的"合理化"产物，是掩饰自己个人私欲的"外衣"。蒙田在论述"自欺"这个词汇时，进行了深入的分析，他的散文的地位在圣奥古斯丁的《忏悔录》和拉·洛希福科的《格言集》之间，他的作品以他个人为研究对象，是揭露人性自私和虚伪的经典著作。他了解到人的复杂性，有人为热心公众利益服务的背后可能隐藏着一颗野心；有人做官成为人民公仆的背后可能掩盖了一颗贪婪之心；还有人为了掩饰自己的自傲的心理才会表面上装得很谦虚。一般来讲，一个人在众人前面是一套，背后又是一套，也就是说在众人面前扮演的"角色"和私下生活里是有区分的。蒙田认为，从仆人的视角来看，他的主人没有一个配得上"英雄"这个词。

蒙田一直在追求没有丝毫伪善的真实，他知道人们一般都会带着假面具示人，你不可能真正了解其他人，所以他在散文中的主题是研究自己，"别人根本不能看透你，只能通过那些不可靠的推测来揣度你"。他在《随笔集》中喜欢离开主题论述他自己的生活细节，讲他的饮食习惯和喜欢穿什么款式的衣服。偏离主题的这些看似不着边际的语言，可能会使读者不耐烦，但它却有着认识论上的原因。这是由于"每个人身上都体现出人类形态的完整模式"。蒙田隐居在塔楼里沉思和笛卡尔在火炉边思考、普鲁斯特临终的自我反省是很类似的。他把近距离接触死亡时的经历完整地描述下来，即他有一次意外地从马上摔了下来。我们读起来觉得似乎是蒙田安排好后体验死亡。蒙田自传式的描述方法，是一种对其他人没有丝毫伤害的自我放纵，掩饰了他在认识论上的一些观点。当在书中提到安儒的国王列奈曾经为自己画了张像："人们用自己的写字笔作自画像为什么不如用画笔来得正当呢？"

蒙田对意大利文艺复兴时期的自传的发展状况一概不知，这很奇怪。教皇庇护二世写过自传，塞里尼写过自传，米兰医生卡达诺也写过自传，当时写自传和画自画像是一起风靡起来的。那时平托里乔、瓦萨里、提香都有自画像。卡达诺的作品和蒙田的作品类似，卡达诺的作品中也喜欢谈论自己的身体健康状况、外表穿着打扮，还有他的兴趣爱好：钓鱼、独处、读史书等。上面说到的意大利人写的三种类型的自传，在蒙田写《随笔集》的时候还没有出版。塞里尼、卡达诺、蒙田他们几乎是同时在写自传，可见当时人们热衷于探讨对个性的认识，蒙田也是顺应当时的潮流。

六、作为历史学家的蒙田

蒙田对人类深刻的认识，是不受一时一地的时空限制的，是跨越时空的。他最喜欢的历史学家是希罗多德、李维、塔西佗。他尤其喜欢恺撒的《回忆录》和普鲁塔克的《希腊罗马名人传》这两部历史学著作。他也喜欢阅读福瓦萨的《百年战争史》和康米尼写的有关路易十一和查理之间的战争史。他很欣赏文艺复兴时期，史学名著戈西亚第尼的《意大利史》。他先是看地方史，然后慢慢开始读世界史，从布歇的《阿坤廷年鉴》到门德萨的《中华帝国史》。

蒙田觉得儿童应该学习历史，儿童教育中历史课程是不可少的。因为阅读历史可以使人常常和那些"生活在盛世的杰出人物"对话。这里的"盛世"指的是古希腊和罗马的盛世时代。加图是"大自然遴选出来的表现人类美德和坚定如一的至高典范"。蒙田《随笔集》中写的有关"三位善良妇女"的散文，说的就是三位具有高尚品格的罗马妇女。之后在其中一篇散文里提到历史上的"最杰出者"是荷马、亚历山大以及底比斯将军伊巴米农达。读史书关键不是要死记硬背事情发生的年代，而是要看历史人物做了什么事情，他们背后的人性的光辉，学习他们令人敬佩的精神。一位好老师应该"灌输到学生脑子里去的东西，主要的不是迦太基灭亡的日期，而是汉尼拔和西比奥留下的教训"。蒙田和与他一个时代的人都认为，历史通过名人的故事来教给人们美德。他对古典文化的喜爱克服了他的文化相对主义论。在他的一篇散文中，他觉得墨西哥人和秘鲁人在与西班牙的战斗中表现出来的那种勇敢和坚定的精神，是可以和"古代最杰出的人物"比美的。

蒙田所在的那个时代，人们常常把亚历山大、加图和西比奥看成英雄。蒙田与他们不一样的地方是，他把荷马和苏格拉底看成杰出的政治领袖，与前面的政治家置于同等地位。在蒙田看来，阅读历史的主要目的是，通过阅读历史能获得对于人的理解和知识。"人的内心状态复杂于真实，在这里获得尤为生动、完整的体现。"也就是说，通过学习历史，我们不仅可以学习到古人的美德，还能够获得一些心理学知识，让我们学会"怎么为同一件事情又哭又笑"。这里是说洛林的公爵列奈在为他的敌人"勇敢查理"的去世而落泪。

历史包罗万象，能告诉我们许多人类心理的知识。虽然文化、地域不同，人们风俗习惯相异，每个人都有自己的个性，但从人性上来讲是一致的。这也是蒙田不断认识自己的原因："每个人都具有人性的完整形态"，这里的"形态"就是亚里士多德所说的"样式"、"潜力"。"天性常在。能准确判断现在，就能洞察过去和未来。"

蒙田对变异有深入的了解，接近于痴迷的状态。他小时候的启蒙读物是奥维德的《变形记》，那时候他对这本书爱不释手，如饥似渴地阅读这本书。后来他自己的散文一个主要论题就是谈论变异和各种复杂的形态。在文中他使用了不同的词汇来描述这样一种状态。例如，形容词：掉落的、流畅的、枯萎的、转动的、好动的、漂泊的、波动的。还有名词：变化、动荡、摇动、腐败、颓废、衰落、流动、倾向、不稳定、运动、转变、移动、变动等。

我们先来看作者自己的态度以及他所说的"不稳定性"。"眼下给我快乐的，转眼就会让我伤心……我的判断漂浮无定。"这句话看似是对一种无常性的个性人格的一种辩解。在其他方面蒙田对人性做出了解释。他说如果想进入"曲折的心灵之路"，是一件非常不容易的事情。"自我"不会像身体那样静静坐在那里等着你来描绘。在你刚刚确定焦点的时候，它已经无影无踪了。所以我们需要的只是一个动态的画面和连续发生的故事。"我不描述本质，我只描述每日每时的流程。"

每个人都在发生变化，社会也在不断地变化。蒙田说："我认为不稳定性是我们国家的一件最坏的事，我们的法律和我们的时装一样缺乏稳定性。"观念也会不断地改变，有时候盛行这种观念，有时候又会有另一种观念盛行一时。"人的信念、判断、观念像卷心菜那样，有周期，有季节，有生死。"道德也在发生变化。在蒙田看来，他所在的那个时代，人们不如以前那样诚实，伪装、虚伪到处都有。"我们的道德大大地败坏了，正在逐渐沦丧。"蒙田经常提到法国内战时期，人们的道德日益沦丧。但是，他认为这种道德沦丧的情况仅仅是区域性的。"我们若是根据自己国家的这种虚弱和颓废就认为整个世界都在走向没落和衰朽，那就荒谬绝伦了。"

蒙田从宏观的视角审视法国的动乱，蒙田发现，法国的动乱就和蒙田步入老年一样，是一种自然而然的事情，是浩渺宇宙中的一粒微尘。"万物皆在不断运动、变化、更替。""世界处于永恒的运动之中。万物皆在不停地运动：大地、高加索的岩石、埃及的金字塔……稳定不过是一种较慢的变化而已。"只不过有的变化可以人为阻止。不同的人有不同的生活习惯，社会也会有自己的风俗习惯。他这样描述法律："就像河流，越流越大、越宽"。在他看来，法律是浩渺宇宙之中的一块比较稳定的岩石，人类不能对它进行修改，因为人容易经常出错。有些变化犹如苹果要落地，是不能避免的。

蒙田对变化的理解是凭空想象的吗？其实不是，宇宙的变化观念古来有之。希腊哲学家赫拉克利特认为，"人不能两次踏进同一条河流中"。斯多葛学派认为人世间的事物处于不断地变化之中。特别是赛尼卡，他对时光的飞速流逝有很深的感触。他还将人类从婴儿时期到老年时期的变化过程，和"政体"由兴起到衰亡的过程做了一个比较。古典作家如萨鲁斯特和朱文纳对于道德的堕落以及人类从朴素简单变得复杂颓废的问题有过很多想法。16世纪的人们也会经常探讨古人遗留下来的问题。许多法国人都赞同蒙田的观点，觉得他们现在处于一个没落的时代，还有人悲观地说，整个世界处在没落时期。

蒙田同时代的人对一些事物的变化非常敏感。新教徒对教会内部的变化观察甚微，特别是对人类从"初民的"贫穷和单纯到复杂堕落的发展趋势。在他们看来，这种趋势可以扭转过来。有一些法国律师对法律和习俗的改变很感兴趣，文艺复兴时期，重新燃起了研究古罗马法律的热潮，一开始他们想把古罗马的法律运用到现在的社会，但是随着研究的深入，发现罗马法律不适用于他们所处的社会，因为完全是两个时代。如果单从这一点来看，律师是相对论者。巴斯基耶是蒙田的朋友，也是这些律师中的一位，他写道："法律的多样性取决于人的行为的多样性，而人的行为的多样性则又取决于地区和环境的多样性。"让·布丹也是这些律师中的一个，他在《治史捷径》中谈道："企图从罗马法规中建立放之四海而皆准的法律原则，是很荒唐的，罗马法律本身也在随时发生变动。"他提议用一种系统的比较方法研究世界史，从而解释"所有国家的建立、成长、变化以及衰落"。古典作家罗伊则在《宇宙万象》一书中论述了变化的问题。书中提到了语言、艺术、法律、帝国以及其他民族的文化，其中有阿拉伯、希腊、罗马的文化。罗伊的基本观点是，变化是一种循环，从粗放到精美，再由精美到腐败。

依据罗伊对历史的解释，武力和文治、帝国与文明，它们的兴衰一般是同时出现的。巴斯基耶从另一个角度看问题，觉得"国家以武力而兴，以文治而衰"。蒙田也赞同这个观点。蒙田说："著书立说似乎是一个失去平衡的年代的一种表征，动乱以前那些年代哪有这么多著作问世？罗马人不也是在帝国没落时纷纷埋头著书的吗？"在罗伊看来，历史的兴衰是一种天意，所以他认为发展是一种螺旋形的而不是圆形的。布丹觉得世界历史中有命理学的成分，他认为这种成分受到了星星的影响。蒙田的态度更加谦虚，也是持有怀疑的态度，他只是想自己叙述变化现象，并不给出任何的判断。

虽然蒙田的历史相对论和地理相对论并非他个人的见解，但在蒙田所处的时代，以律师为主体的学者和他有相同的见解。蒙田和他们的教育背景相似，而且和这些人交往密切，因此他也属于这个律师群体。他对法律史、语言以及制度设施的看法不太可能来自巴斯基耶的观点，很有可能是继承了其他学者的看法。他的许多观点也没有像布丹和罗伊那样，最终成为一套完整的体系。从另一方面来看，相对于他们来说，蒙田的视野更加广阔，思考也更为深刻。律师以及古典学者拥有的对于体制演变的敏锐洞察力，哲学家、诗人、西班牙人具有的对于便于广泛的感受，蒙田兼具这两种品质，并把它们融合在了一起。蒙田和斯多葛派以及新斯多葛派的哲学家不一样，在蒙田看来，"自我"以及整个世界都处于不断地变化中，即使是稳定也是缓慢的运动、变化。同一时期的学者中，只有意大利的物理学家卡达诺与他有类似的观点，他觉得不断变化着的"自我"是把握不住的。蒙田的许多观点我们能够从以前学者们的研究中找到，蒙田是站在巨人的肩膀上进行研究，但是蒙田将这些思想汇总，并联系现实中存在的问题，提出了自己的独特见解。

七、蒙田的政治态度

要知道蒙田的宗教立场需要花费很大的力气，我们不能简单地把蒙田归为哪一类。同样，我们研究蒙田的政治立场时，也是要花费很多功夫，我们不能按照现在的标准把他的政治立场简单归类。有的人把他归为自由主义者，而另一些人则持有相反的观点，把他归为保守主义者。其实，上述的两种说法都不对。"自由主义者"一词一般指代现代人的某种态度，比如说赞成民主、宽容、少数人的权利、言论自由等，这些和蒙田是没有关系的。他为巫师辩护的文章是基于怀疑主义的立场，而不是我们认为的自由主义立场。他反对加尔文教徒对自由的崇尚，还反对新教对于基督教徒有权拒不服从统治者不合理命令的理论，蒙田在《随笔集》中说："人的义务究竟何在，这个问题不应由个人来决定，人应当听命。"和苏格拉底、塞克斯特一样，蒙田认为对自己国家的习俗要在表面上予以服从。

如果单从蒙田赞同表面服从国家习俗这点上来看，蒙田倾向于是个保守主义者。但这里存在一个问题，如果我们从严格意义上来讲，保守主义者是和自由主义者相对立的人。从这点来看，16世纪还没出现保守主义者。法国革命时期，党派划分为"左派"、"右派"。如果我们笼统地运用这一概念，就会遇到这样的困难。"保守主义者"这样的概念笼统地使用的话，16世纪的人们几乎都可以划分为保守主义者。这是由于不论是谁，在为自己的观点辩论时，都从传统找依据。

我们仅仅能确定的是，蒙田不喜欢改革，不论这样的改革后果是会带来社会的进步，还是会造成社会的倒退。他对社会上存在的许多问题都有自己的深刻的洞察，在他的散文中常常会出现批判现实社会的主题。即便他认为社会存在好多问题，但是他还是不支持改革，改革会带来可怕的灾难。蒙田曾说，"就政治而言，只要这种政治是稳固的、符合传统的，它就会比改革好……批评一种政治体制是很容易的……但是建立一个更好的政治体制来取代被摧毁的政治制度，就会出问题"。他站在怀疑主义的立场上，既抨击革命，又反对镇压。他给出的理由是："那一定是由于过分的自重和自大，才使一个人把自己的观点看得如此重要，乃至为了实现自己的观念而不惜破坏和平，带来诸如内战、政治革命这样许多不可避免的恶果，使风气大败坏。"

从蒙田的反对理由我们可以看出，蒙田考虑得很多，不仅仅在叙述怀疑主义的后果，还考虑到内战会带来的后果。他在思考政治问题时，内战是一个中心问题，这个问题也是同时期法国人最为关心的问题。

历史学家习惯把16世纪后半叶法国爆发的内战划分为四次。内战持续了很长时间，从1562年的瓦西大屠杀和德勒之战开始，一直持续到1595年的教皇赦免亨利四世。内战所说的"宗教"战争是指天主教徒和加尔文教徒（又称为"胡格诺"）之间的战争。加尔文教徒的势力较强，教徒来自各行各业，有贵族、律师、商人和手艺人，主要分布在南方的许多城市（蒙田所在的波尔多也在其中）。由于摄政者美第奇的卡特琳和首相罗比达对加尔文教派的妥协退让，使得加尔文派在1562年获得了信仰自由。有了合法的名义，加尔文派迅速壮大，政府一看形势不妙，可能会威胁到自己的统治地位，于是态度发生了一百八十度的改变，开始血腥镇压加尔文派。1572年爆发了残酷的圣·巴托罗缪大屠杀，起先是美第奇的卡特琳密谋刺杀新教徒的领袖科里尼上将，紧接着扩大到巴黎市对巴黎市内的新教徒的屠杀。后来，里昂、图卢兹、波尔多以及其他地方都开始了。镇压进行了一段时间后，卡特琳对新教徒采用缓和的政策，但这样一来天主教徒开始不满皇室这种左右摇摆的态度。那时，这种不满仅仅是区域性小范围的。1576年，天主教对政府开始产生怀疑，于是天主教徒在地方性联盟的基础上建立了全国范围的"天主教联盟"，通过自己的力量来保护天主教徒的利益。

那时，相比天主教来说，新教的势力还很小。那为什么天主教容不下这个新兴的教派呢？可能是天主教派嗅出了新出现的教派对他们的威胁。当时法国的天主教徒对新教徒是深恶痛绝的，就像英国新教徒对待罗马教徒的痛恨一样。圣·巴托罗缪大屠杀的目的是通过毁灭不服从分子这种手段告慰上帝。大部分天主教徒都有这样的心理，蒙田除外，他和一些新教徒绅士以及新教徒邻居的关系良好。由于大多数人都保持这样的态度，所以这也是内战的起因之一。

战争的政治起因是，一些大贵族像盖日家族、波旁家族等，虽然没有直接引发内战，但对内战起着推波助澜的间接作用。他们是想借助这次机会从中获利，因为君主专制制度实行中央集权，这削弱了他们的利益。于是大贵族和政府间有了冲突。盖日家族是天主教同盟的首领，波旁家族则相反，支持新教徒依照瑞士的模式在朗格多克建立联邦政府。这些大贵族势力想要披着"宗教"的外衣为自己谋利，他们是战争中的第三种势力。让·丹布和蒙田都属于大贵族利益群体。蒙田指出盖日家族的亨利和波旁家族的亨利（后来的亨利四世），出于政治上的考虑，都公开发表过拥护和他们信仰对立的信念，蒙田分析说："要是不怕他的追随者把他抛弃了，那么瓦尔就会随时回到他们世代崇奉的宗教立场上去，要是没有什么危险，盖日也会尊奉奥古斯堡公告的。"他一度怀疑那些参战的目的是出于宗教或爱国的原因的人，上了战场是否会齐心作战。在高尚的目标背后往往隐藏着邪恶的用心。"热情能助长我们的仇恨，残酷、野心能创造奇迹。"在蒙田看来，"坚持古代宗教和国家体制的"被视为好的政党。他对内战持中立的态度，虽然"中立态度带来很多恶果"和许多"不便"。当他在《随笔集》中谈到中古时期意大利的党派之争时，他这样说："对于反教皇派而言，我是一个教皇派，对于教皇派而言，我则是一个反教皇派。"

内战会给人们带来思考的空间，激发人们对已有政治理论的进一步思考：权利在什么地方，以及什么时候运用这种权利去毁灭有价值的东西。从政治理论来看，这场内战体现了两种君权观点的矛盾。一种观点是，君权来自人民，这种权利理应受到限制，而且如果国君昏庸无道，人民可以发起武装暴动推翻国君的统治。在圣·巴托罗缪大屠杀之后，新教徒就是这种观点，文章《反对暴君，保卫自由》就论述了这一观点。蒙田的一位名叫乔治·布沙南的朋友在《苏格兰国王的法律》这篇文章中也支持这种观点。这篇文章是在 1570 年前后写的，文中表明苏格兰玛丽皇后被废黜是合理的事情。文章在 1579 年才最终发表，是应当时的形势所需。等到了 16 世纪 80 年代，一直不和的天主教徒和新教徒，在反对暴君这一点上达成了一致。

还有一种观点是，君权来自上帝，而非人民，这种权利是"绝对的"，不能分享，也不能受到限制，所以人民没有造反的权利。那时居住在法国的苏格兰人亚当·布莱克伍德就赞同这种观点，在回复他的同胞布沙南的《为君王辩护》一文中就持这种观点。让·布丹也拥护君权是难以分割的。

蒙田没有形成成体系的政治理论。虽然第一位把蒙田散文翻译成英文的人（根据意大利文版本翻译的），将这些散文称为"道德、政治、军事论文"，但蒙田《随笔集》中涉及政治的内容只占有很小的篇幅。虽然这样，蒙田对于当时有关君权本质以及限制的争论仍有深入的了解。那些新出版的著作蒙田都会购买。他用调侃的语调和超然物外的态度评论布沙南和布莱克伍德时说，"不到一个月前，我见到两本苏格兰人写的书，两本书都论述这个问题但立场却针锋相对。赞成民主的人把君王看得不如马车夫，而赞成君主的人则把君王的权力看得比上帝还要高。"

蒙田认为这两个苏格兰人的争论没有必要，他认为，争论到底什么样的政府或社会形态是最好的，是没有实际意义的，这种推测"只能益智而无其他用场"。他不是一位仅仅仰望星空的空想家。不论是政治方面或是宗教方面，他都能清醒地认识到人类理性的局限性。他和马基雅维利一样，知道人世间的事物很难说清楚。他们都会把隐形的看不见摸不着的力量叫作"命运"。他赞成马基雅维利的观点，认为君主在必要的时候可以"运用坏的手段达到好的目的"。但他对马基雅维利的观点留有保留意见。在蒙田看来，马基雅维利的《论文集》"相当扎实"，"但是要批评这些文章也是很容易的，而那些批评他的人同样也面临着别人的批评"。马基雅维利信奉的基本原则"很少错或者根本不会错"，蒙田不同意这一点。在蒙田看来，为政治做预测，就好像为天气做预测一样是靠不住的，这是相对于当时的年鉴和各种预言而言。他认为，与那些预言对着干和完全依从那些预言行事，同样是不谨慎的。

有时同样的政治口号，不同的利益群体使用会有不同的寓意。叛教的皇帝朱力安借用"心灵自由的口号挑起内战，而我们的君主则利用这个口号将内战之火熄灭"。这句话里有对当时统治者的批评意味，蒙田深刻地知道事物本身会非常复杂，因此他对那些空洞论述大道理的人表示反感。

总而言之，蒙田不拥护君主制，不拥护贵族制，也不拥护民主制。他的观点注重实际、是相对主义的。和当时大多数人不同，他不相信实际规律背后有永恒的"自然法则"，人类风俗习惯的多样性是很难用"法则"来概括的。在蒙田看来，法国适合的政体是君主制，由于各国的风俗习惯不同，不同的社会与不同的政体相适应。"在自由和民主政权下长大的人把其他一切政体都看作是可怕的、违反自然的。那些习惯于君主制的人也是这样看问题的。"这种看法和马基雅维利的看法是相似的。在马基雅维利看来，如果一个君主想要在一个已经习惯自由的城市里施行他的那一套是很难的，相对马基雅维利来说，蒙田的观点更为深刻。

蒙田曾说，最适合一个民族的政体是能使这个民族发展下去的政体。习惯决定了政体的形式和作用。我们往往会对现存的制度不满，但我认为在民主制度下要求少数人的专制或是在君主制度下要求另一种政体，都是愚蠢有害的。他还引用了一句短小的谚语——"量体裁衣"。

总的来说，蒙田根据非传统的理由，支持要维持传统的政治秩序。许多时候，他用坦率直白的话语说出来，使我们不禁会联想到霍布斯。"人们相信法律，不是因为它是公正的，而是因为它是法律。这就是法律权威之奥妙的根基，此外无他。"蒙田通过研究其他国家的政治理论，以及本国的政治理论，比如"立法危机"，法国内战期间与权威产生冲突，使他看到了法律的真面目。他看到法律是主观武断的、违反自然的，但同时又是不容置疑、只能服从的。

法国的内战把君主原来的面目揭开，使人们对君权有了新的认识。在当时，许多法国人认为国王有神奇的力量，甚至相信君王的手指可以治疗病人，认为通过君王触摸病人就能治愈病人的病痛。有许多政治人物，比如律师巴斯基耶，同样把君主当作"神圣不可侵犯的"。可蒙田和他的朋友拉·波耶却不这样认为。拉·波耶写过一篇批判君主制的文章，将人们认为的国王的"奇迹"事件的真相公之于众，在他看来，公众仪式，就是为了让人们服从统治让人们喝的"迷魂药"（这和马克思把宗教看作人民的鸦片的想法接近）。蒙田和拉·波耶的态度有不同的地方，也有相似之处。蒙田赞同朋友说的把人们对于君主制不切实际的幻想打破，让人们看到君主制的本来面目。君主和平民的不同在于"外衣"。"为什么人们只看其表而不看其人呢？""在出头露面的时候皇帝那种华贵令人心醉神迷，但从幕后去看他，原来不过也是个俗人而已。"蒙田还指出："帝王和鞋匠的灵魂出自同一个模子"，"即使我们坐在世界最高的宝座上，我们也还不过是我们自己而已"。蒙田深知，君王也是在舞台中扮演一个角色，只不过角色的名称是"君主"。维护君主制度这种特权阶级的标志是衣着、习俗、仪式等。人们很容易想象一位工匠"坐在便桶上"的情景，却很难想象国会首脑也会有这种场景，因为他们在大众面前露面的时候，总是衣履华贵。蒙田和当时多数人们的想法不同，他不赞成推翻当时的社会制度，重新建立新的社会秩序，同样也不要对现存的制度抱有任何幻想。

蒙田一直追求真实，揭开人们伪善的面目。这样的做法和拉·波耶类似，他们都是斯多葛传统的道德家。罗马皇帝马尔库斯·奥列留斯也和蒙田有类似的观点。他在著作《沉思录》中说，"对于那些看起来特别值得我们赞同的事，我们应当揭开外表，查看其价值，将一切溢美之词通通抛开。因为外表极易使理智受到蒙蔽"。

八、作为人种学家的蒙田

蒙田对于研究各个不同民族的文化有浓厚的兴趣，他没有种族优越感，对其他民族没有先人为主的偏见，对其他民族存在的种族优越感有深刻的理解。在他的《随笔集》中，有许多不同社会的风俗习惯，蒙田对此得出这样的结论："我们认为道德法来源于天性，其实是来源于习俗……应当这样看：超出习俗之外的东西也不属于理性的范围。"

他对食人族的食物、房屋、歌曲和舞蹈做了详细的叙述。蒙田在书中说巴西人"没有贸易，不会写字，不懂算数，没有官吏，没有政治压抑……没有贫富之分，没有合同，没有继承……没有衣服，没有农业，没有金属。"但蒙田不把他们称作野人。这里的"野"字不是野蛮的意思，而是和"野生的"一个意思，是指自然生长，没经过人工雕饰。

读到这里，你可能会把蒙田归为一个人类学家，这样归类是不准确的，混淆了19世纪末出现的社会人类学理论的文化背景和蒙田所处的时代的文化背景。蒙田从伦理道德的角度看问题，而现代意义上的人类学家并非从这一角度看问题。所以我们不把蒙田称为"人类学家"，而是称为"人种学家"。

随着新大陆的发现，当时的人们对异国的风俗习惯有着极大的好奇。到了16世纪，人们的眼界更为开阔，对异国的风俗习惯有浓厚的兴趣，这也带动了旅行类小说的蓬勃发展。德国乌尔姆一位名叫约翰·鲍姆的牧师写的《各国习俗录》就成为了当时的畅销书。

为什么会产生这样的情况？有两个原因：一个是因为文艺复兴带来的古典文化的复兴热潮。古希腊人对其他民族的文化十分好奇，苏格拉底把全世界当作自己的家乡。斯多葛派的学者也有同样的世界性的想法。希罗多德在研究人种学方面有独到的见解，很多人喜欢看他的作品，学术界的人士喜欢研究他。在书中描述了埃及妇女奇特的习俗：头顶物，站着小便。除了客观的记录之外，希罗多德还运用古典作家的观点来解释自己看到的现象。这为许多16世纪的作家提供了一个思路，用古典观点来审视这些习俗。比如：探讨美洲的印第安人天生就是奴隶吗？没有出现私有财产是印第安人黄金时代的原因吗？

另一个原因是：新大陆的发现即美洲大陆的发现，使人们对异域的人们的生活状态非常好奇。许多描写新大陆的书籍常常整篇记录印第安人的生活方式，作者对印第安人的态度，不同的人有不同的立场，有同情的、有充满敌意的，还有保持中立客观的。西班牙传教士戈马拉写了《印第安人通史》一书，这本书是要让查理五世看的，那这本书的态度就不言而喻了。在书中戈马拉说西班牙人还没来之前，印第安人是偶像崇拜者、食人者等，等西班牙人来了之后，带来了基督教的教义，感化了印第安人，他们的生活习惯发生了改变。书中把印第安人信仰基督教看成是西班牙人的功劳。戈马拉是墨西哥征服者科尔蒂斯的下属。戈马拉写书的立场就显而易见了，为西班牙征服者的行为开脱，为科尔蒂斯的行为开脱。

本左尼的著作《新世界史》对印第安人的描述与戈马拉的描述大相径庭。本左尼是米兰人，生活在西班牙的铁蹄统治之下，在新大陆住了长达十四年的时间。首先他在书中揭露了西班牙残酷的统治，对于和他同是被统治者的印第安人持同情的态度。

蒙田还没写巴西人之前，早就有很多写巴西人的著作了，他们通常描绘自己眼中的巴西人的模样。有一位从德国来的名叫汉斯·斯达登的人去考察的时候，被杜比南巴人抓住，成了他们的俘虏，在等待被吃期间学会了他们的语言，并成功从里面逃了出来。1557年，他回来后，把自己的冒险经历写成了一本书，书中客观详细地描述了当地人的生活习惯。不知什么原因蒙田没关注这本书，但是他阅读了法国的安德烈·德维和让·德·勒儒写的关于巴西人的故事。德维是天主教方济会的修士，他写了《南极法国奇闻》一书，描绘了巴西人的生活。在德维眼中，土著人的生活"就像野兽那样"。但是和"我们欧洲"比较的话，欧洲人并不比他们优越。巴西人崇拜偶像，但是在德维看来，这比"当代的罪该万死的无神论者"要好得多。法国新教徒让·德·勒儒的《巴西旅行记》与德维的这本书有相似的观点。勒儒觉得和巴西野蛮人生活的社会相比，现在的法国才是一个堕落的时代，内战期间有难以计数的无罪平民被杀害。而巴西人生活的社会中，人们生活得安宁、和睦，非常惬意。

著名的罗马历史学家塔西佗在《日耳曼民族志》一书中赞美了日耳曼人野蛮人般的勇猛的男性气质，批判了当时法国男子的偏女性的特征。勒儒和他一样，借用巴西人的例子，批判圣·巴托罗缪大屠杀的残酷。龙沙曾经想逃离战火纷飞的法国，逃到南极去。"野蛮人生活在那里，他们乐陶陶地顺应着自然的规律。"拉·波耶第在他写的诗歌中批判内战的混乱局面，表示想要去一个新世界生活。

以上是其他人描写的巴西人，现在我们来分析蒙田的作品，看看和那些人的作品的不同之处。蒙田读过戈马拉、本左尼、德维和勒儒等人的作品。他借用了戈马拉书中的材料，戈马拉歌颂了西班牙对美洲的征服行为，而蒙田对此嗤之以鼻："那么多的城市被夷为平地，那么多的民族遭到灭绝，上百万的人民遭到屠戮，为了珠宝和胡椒的买卖，世界上最富饶、最美丽的地区被破坏得面目全非，这是卑鄙的胜利。"西班牙人把印第安人吃人看作是一种野蛮的、罪恶的行为，以此为理由奴役他们。蒙田却为这些吃人者做辩护，也包含着批判西班牙政府的意味。这一点上，他和德维和勒儒站在同一战线上，用巴西人的例子，来抨击当时的社会和西班牙的统治。蒙田在《随笔集》里说"我们看到这样一种可怕的野蛮行为，我并不为之感到遗憾。我感到遗憾的是，看他人的错处看得很准，而对自己身上的东西却视而不见。我以为还有比吃死人更野蛮的吃活人的行为"。这表面上是为吃人者辩护，这实际上是对法国宗教战争的批判。

蒙田是位推行道德的道德家，不是一位社会学家。他想通过引用其他民族的例子，来引导读者的思想和行为。他说，旅行是很好的道德教育的方式中的一种。"那么多的性格、派别、判断、观点、法律和习俗能教会我们对自己做出敏锐的判断"，可以开拓人们的眼界，同时认识到自己的理性不是万能的。

1580 年，蒙田在《随笔集》的第一卷和第二卷出版后，开始"以他之眼观世界"的旅程，他从法国出发，去了德国、瑞士和意大利等国家。用他的话来说就是身体力行。每当蒙田来到一个新的地方，他都会先向当地人询问那里的生活习俗和信仰，并且将之认真地记录下来。在他到了德国时，向人们询问路德派人生对神学的态度。等来到瑞士后，他向茨温格利派和阿加尔文派的教徒询问他们的想法。在意大利的维罗纳，他碰巧参加了一个犹太人的集会，并向他们了解有关宗教仪式的状况。他还在教堂参加举行的弥撒时发现人们没有诚意，因为在仪式过程中，他们头上戴着帽子，背对着背大声说话。在托斯卡那的时候，他拜访了一位农妇，这位农妇在当地享有诗人的名声，他走时还请她赠送首诗。在罗马的时候，他还参观了犹太人的割礼仪式、驱邪仪式以及鞭笞赎罪的仪式。那些鞭打自己的穷人居多，他们鞭打自己仅仅是为了得到一些糊口的钱。他也观察路上的行人。他说，"罗马人最喜欢的一项活动就是遛马路"。他和巴西人通过翻译交流过，他还同十几个巫师交谈过。在意大利，蒙田同样进行实地考察。蒙田来到一个地方都在亲身感受着，蒙田是位踏实的怀疑论者，他喜欢亲自体验各种事情，感受其中的各种事情，然后写出自己的所闻、所见、所思、所感。

蒙田不只是观察这些，他还会尝尝不同地方的小吃，"尽量体验各种各样的风俗习惯"。其实，当时旅游的人都很注意体验这些。而蒙田的不同之处在于他看到各种现象之后，会运用自己掌握的知识来解释这些现象，这是一种反思性质的观察。他蔑视那些眼界狭隘的人，把自己所在地区的法规看成是唯一的。在研究各地的习俗的时候，不论是巴西人的、罗马人的，抑或是卡斯康人的，他都采用同一种方法。在他看来"每一种习俗都有它的作用"。蒙田的观点和现代的功用主义社会学家或人类学家的观点接近。这是由于他们其实都是一脉相承的，都继承了亚里士多德的传统。亚里士多德认为：任何事物都力求保存自己，任何事物都有一种功用或是"最终原因"。就是因为这一观点，蒙田极力反对改革法律。他觉得应该相信习俗而不是人类的理性。

从这里来看，蒙田是一位相对论者，蒙田曾经在《雷蒙·塞邦赞》一篇中对文化相对主义做了详细的描述。在他看来，人类对美的定义没有一个标准的尺度。"印第安人觉得厚嘴唇、扁鼻子、黑皮肤是最美的；在秘鲁，人们觉得耳朵越大越好看"。他对宗教观也是这样认为的。"我们成为基督徒，就像我们不是普利高丁人就是德意志人那样"，然而人们却乐意把这种观念，一种偶然性才能使人们坚强的观念看成是正确的。蒙田还说："有些社会有男妓，有些国家里女人去打仗，有的国家里女人是站着小便的，男人却是蹲着的。"他认为，"男性和女性是同一个模子里铸造出来的：除了教育和习惯以外，两者几乎没有差别"。男性可以压迫女性所凭借的权威，不是自然得到的，而是掠夺来的。蒙田发表的对普通人的看法也很新颖。身为法国的一位贵族，他没有贵族的优越感，而是真心赞美普通民众，怀着一颗同情心，对他们在巫师审判和内战中饱受的痛苦非常同情，同样也会感同身受地非常难过。在他看来，普通平民懂得的知识少，很容易被表面的现象蒙蔽，但是他们的性格淳朴善良，很自然，不加掩饰，可以作为勤劳、坚定和智慧的榜样。他们也没必要同亚里士多德或者西塞罗学习他们的理论。蒙田说，"我见过上百个工匠和农民，他们比大学校长还聪明、快乐，我真希望能和他们一样"。他们依靠直觉就知道应该对死亡抱有的正确的态度。"我从来没有见到过我的哪一位农民邻居为如何打发生命的最后一寸光阴而发过愁。大自然教他们在死亡到来之前不要胡思乱想"。蒙田从日常生活习惯的一点一滴开始观察，他是个有心人，是个热爱生活的人。

蒙田以人类的角度批评种族优越感。"人根据自己的关系而创造他心目中的神的形象……人只能根据他的能力去想象"。他甚至怀疑"人类高于动物"的观点，他说，"当我逗我的小猫玩的时候，天晓得是它在逗着我玩，还是我在逗着它玩?"普鲁塔克认为动物也有智慧并将之当作武器，抨击那些认为人类的理性最好的人。蒙田觉得动物也有权利批评人类，就像人类对动物做的那样。他把动物也视为一种文化，但是他对动物的赞美和对大自然的赞美不可一概而论。

因为有这样的信念，所以蒙田没有种族优越感，他提倡宽容。当年，西班牙殖民统治者指责印第安人的人吃人现象，蒙田站在印第安人的立场上，为他们做辩护。蒙田认为，"印第安人当着众人的面，两个人用剑柄把俘虏打死，再将他们烤熟，与众人一起分享俘虏的肉，他们这么做，并不是像有些人想的那样，将人肉拿来食用，而是一种极端的报复方式。我认为，我们指出的这种柏柏尔人式的恐怖并没什么不好。我不赞同的是，我们在批评他们的时候，对自己犯的错却熟视无睹。在我看来，吃活人比吃死人更为恐怖，将一个知疼痛的人活活拷打得支离破碎，一点一点地加以烧烤，让狗和公猪撕咬致死，要比等他死了之后烤着吃更野蛮。"蒙田这里提到的"吃活人"在法国宗教内战中是真实发生着的。

在蒙田之前，古人就已经认识到了人类的文化习俗、宗教信仰和道德规范是各种各样的，而且早已有人得出了文化相对主义的结论。比苏格拉底生活的时代还要早的一位哲学家，色诺芬曾经说："埃塞俄比亚人的神都是狮子鼻、黑头发，色雷斯人的神都是灰眼睛、红头发"，他总结道："如果牛和马都会绘画……那么马画出来的神就会像马，牛画出来的神就会像牛。"塞克斯特从习俗中找出对立面，从论断中也能找出对立面。薄伽丘提到三个指环——象征上帝的是犹太教、基督教和回教制定的三套规则——的故事，谁都觉得自己得到的是真正的指环，"但问题仍然是，谁拿到的是真正的指环"。在 16 世纪，法国社会的动荡，使得思想领域也在发生着变化，相对主义论也得到了发展，这样一来，人们对其他民族的生活有了憧憬。

蒙田不是绝对的相对论者，在不同的情况下，持有不同的态度。有时候他会从自身文化的视角写文章，比如他说："妇女最有用、最光荣的技艺和职业就是操持家务"，这就没有考虑社会上男女的不同分工。有时候，他会用多种视角来看待这个事情，他认为意大利社会给妇女的自由太少，而法国又给妇女的自由过于多。有时候他认为所有的文化都不错。而有时候他从自然的角度来思考，会对文化进行批判，认为印第安人的文化好过欧洲人的。这是因为"我们抛弃了自然，而印第安人更为接近自然"。

如果蒙田向外界标榜自己是一位有理论体系的哲学家的话，我们就能发现他的这些前后矛盾的做法是不对的，但是蒙田从来不认为自己有系统的理论体系。就像他赞扬苏格拉底，他的作用是化作牛虻，在人们骄傲自大的时候提醒人们。其实，蒙田的观点和自己民族的文化关系联系并不紧密，但是他从人类的复杂性深入研究，产生了更为广阔的影响。他拥有敏锐的洞察力，可以看出他人的想法。他描述了三位巴西人对法国文化的印象，令巴西人吃惊的是佩带武器的男子会"听命于一个小孩"（查理九世），穷人在富人的门口要饭，"而不是把他们扼死或放上一把火把他的屋子烧掉"。蒙田总结说，巴西人看法国人会感到非常惊奇，那么法国人看巴西人应如是。在当时，很多艺术家相信，理想的美是可以通过数学的办法计算的。蒙田觉得，这种理想的美有一定的范围，而且只在一个小范围内。他对基督教也有相同的观点。当时欧洲人正沉浸在发明印刷术和火药的喜悦中，蒙田一语点醒了他们："在世界的另一头，在中国，人们早在一千年以前就已经使用了这两项发明。"正因为蒙田没有民族优越感，所以他的历史观才没有被时代淹没。

第四节　《随笔集》的艺术特色

蒙田一开始并没有打算写书，也从来没有想过自己会成为作家。蒙田从来没有把自己当作文学家，他希望人们更注重《随笔集》的思想内容，而不是艺术特色。在蒙田看来，自己仅仅是把自己的所思所想记了下来。他说，"写作的时候，我常常是没有计划的，有了第一个字，第二个字也就出来了"。"我向纸倾诉，就像我和第一个碰到我的人倾诉那样"。如果说他有"美学"的知识，他一定会感到不知所云，因为在当时，这个词还没有出现。但是《随笔集》是极富艺术特色的作品。

第一，蒙田的《随笔集》是优秀的"自我写照"。蒙田曾说，《随笔集》是"一本诚实的书"，"因为我是在描绘我自己"。① 蒙田的《随笔集》虽然不是蒙田的自传，但却是对真实的蒙田的描绘，是蒙田的真实写照。他的《随笔集》和奥古斯丁②的《忏悔录》，以及卢梭的《忏悔录》有相似的效果。

第二，蒙田的《随笔集》多处引经据典。蒙田的《随笔集》中处处闪耀着古代贤者们的智慧，作品中多处引用贤者们的语录（引自拉丁文的古典作品有 1264 条，引自各种格言的有 800 条）。在他看来，归纳出一般法则是很难的事。他甚至认为"世界上没有两种完全相同的观点，就像没有两根完全相同的头发或两粒完全相同的谷子"。蒙田最擅长的就是把格言颠倒过来，他的独特才能就是将他人的话运用到自己的文章中，使其原来的意思面目全非。除了语录外，《随笔集》中还有大量的古代作家的奇闻逸事和民间传说。蒙田的这种做法，不是围绕一个中心而做的论述，而是为了为随笔加入新鲜的素材，使随笔对现实的批判性更强。蒙田借鉴的先哲们的格言和思想，都是为自己的主题服务的，他的主题思想都是自己分析总结出来的。

蒙田的随笔不像一般议论文那样论点突出、条理清晰，使读者可以一看就明白。他的随笔饱含情感，思想脉络很难把握，蕴含的思想往往是模糊的，读者如在云里雾里，很难领会其中的深

---

① （法）米歇尔·德·蒙田著．（西班牙）萨尔瓦多·达利编选．朱子仪译．蒙田随笔．上海：上海人民出版社，2006．

② 奥古斯丁（约 354~430），罗马帝国基督教思想家，著有《忏悔录》、《论上帝之城》等。

意。他把自己的写作状态称为自由联想（想出第一个字，第二个字也会出现）。他经常带着读者跳出人们习惯的思维模式，站在一个不同的视角看原来的问题，得到新的收获。我们可以把他的作品比作交响乐，主题反反复复出现，而主题之外的乐句和部分都是为主题服务的，向我们揭示最终的结论。他强调了一点："我在习俗许可的范围里表达我的见解；那么我不能公开讲出来的东西，我就用手指来指示。"这就需要读者一读再读，认真思考，慢慢体会。正如读李商隐的《无题》那样，读者经历不同对诗的解读也不同。不同时代的读者读蒙田的《随笔集》会有不同的感觉，即使是同一位读者在人生的不同阶段去读它，也会有不一样的收获。蒙田的《随笔集》值得人们一读再读的原因是，它给读者留下了想象的空间。

第三，蒙田《随笔集》的一个艺术特色是：主题和文章内容不一致。比如说：谈《塞亚岛的风俗》，内容主要是说自杀问题。谈《谈维吉尔的诗》，内容主要是对性的态度。谈《谈马车》，主要内容是批判欧洲人在新大陆殖民地的残暴行为。谈《伦虚妄》，内容是旅行时的见闻。谈《论跛子》，内容是巫术。谈《论经验》，内容是对人生的一些感悟。蒙田随笔的中心思想往往模糊又充满悖论。这种艺术表现手段会使人在山重水复疑无路的境地下，体会到柳暗花明又一村的惊喜。那些只是粗略看一下题目，就猜文章内容的人是不会明白的。所以，读蒙田的《随笔集》时，不能粗枝大叶地了解主干，应该细细品读。

第四，蒙田《随笔集》的语言风格是简洁、轻松、诙谐、口语化。简洁是指，蒙田喜欢用简短的语句，而不是冗长的复合句和繁杂的类比句，喜欢用"和"字来连接要点，这样文章的整个节奏就非常明快，使人读起来心情也会非常愉悦。蒙田曾说：

"我喜爱那种简洁、丰富、活泼、有力，不纤柔、不做作，要强悍、率直……自如、洒脱、有豪气……不要沾染教书匠、修道士、律师那样的文风，要军人的那种风格。"蒙田和苏格拉底一样，看起来没有什么观点，有时候是故意找一个观点。像卡斯蒂里奥描述朝臣问题类型的著作那般，蒙田想要达到不加雕饰的自然效果。在他看来，修辞是"文学的浮华"，他会在文中使用很多口语，讽刺尤为常用。有的时候他也会写一些精美的文章，运用大量的修辞，《为雷蒙·塞邦辩护》就是一个例子，这篇文章既是对人生苦难的同情，也是对学问的徒有其表所做的批判。德国的一位人文主义学者阿格里帕，就曾经写过同样主题的文章，蒙田的这篇文章就是模仿他的著作写成的。蒙田批判修辞的功用，可以看成是另外一种形式的修辞，也是一种用来说服读者的手段，使得读者更容易接受他提出的思想观点。蒙田给人的平易近人的形象也非常有用，但是他用得多了，难免会使人产生怀疑。蒙田散文中的"我"和普鲁斯特小说中的"我"是相似的，这是一种文学写作手法。正由于他使用这种方法才使我们更难理解蒙田，而且常常会会错意。

他喜欢"塞涅卡式的轻松的笔调"，喜欢洋洋洒洒的不受拘束的句子结构。他的作品"诙谐"，不是一般人理解的那种幽默，而是用普通文体来描绘普通人在生活中的形象，使读者身临其境。蒙田经常在《随笔集》中引用各种思想，却不轻易下结论，是一种"诙谐、私语"式的文体。[①] 这种文体的一个特点是可以巧妙使用口语，比如说，他说人类还可以以为自己是宇宙的中心，但地球只不过是"宇宙这幢房子里的第一层"，帝国的兴盛

---

① （英）彼得·博克著. 蒙田. 孙乃修译. 北京：工人出版社，1986.

就像"卷心菜一样"等。

第五节 《随笔集》的影响

蒙田在后来写的散文中提道："我只增加而不修改，我的书本身就是浑然一体的。"他的确在修改的时候增加了很多内容。1588年版的《随笔集》第一册、第二册不仅增加了许多内容，第三册也同样增加了内容。学者们把修改过的版本称为"B本"，和1580年的版本以示区别。后来蒙田给1588年出版的文章加了注释（称为"波尔多"版本），还增加了一千多段的文字，这就有了第三版，我们称为"C本"。人们不禁怀有疑问，他有没有做任何改动。我们明白，蒙田对于自己每时每刻的思想都了如指掌，但是对于自己从1572年开始写《随笔集》到1592年去世的这段时间思想的变化却忽略了。蒙田的思想有自身的发展变化轨迹。从这点来看，蒙田和卢梭、歌德，以及很多的传记作家是不一样的，这些作家的文章主题就是他们的智力和精神的发展过程。假如蒙田在写作的时候没有发现自己精神上的变化，我们从何知道呢？研究蒙田的学者皮埃尔·维利查阅了大量资料，对蒙田做了认真的研究，尽管他的这些研究还没有被所有的专家接受，但是为我们提供了一个视角。维利在一张表中把蒙田读书的年份记录下来，做了一个整理。1578年他读恺撒的著作，1584年～1588年读戈马拉的著作，1588年之后，读希罗多德和柏拉图的作品等。不仅如此，维利还把蒙田散文的写作年代也做了统计：1572年～1574年，蒙田总计写了四十五篇散文；1575年～1580年，总计写了四十九篇散文；1580年～1581年，写了去各地旅行的日记；1588年～1592年，蒙田的思想材料主要在"波尔多"版本中，依据能找到的材料和书信，维利写成了关于蒙田思想发展历程的著作，这本书在 1908 年出版发行。

研究蒙田的学者皮埃尔·维利在 1908 年出版的《蒙田思想发展》一书中，将蒙田的思想做了三段划分：青年时期处于斯多葛阶段，1575 年左右是怀疑阶段，最后是他的成熟阶段。其实如果把人的一生划分成几个时期，会有点儿牵强。一个有争议的例子是：人们把马克思的一生做了几个阶段的划分，划分后给人的感觉是青年时期的马克思和后来写《资本论》的马克思不是同一个人，人的思想在时刻变化，很难做准确的划分。不同人对把蒙田的思想阶段进行划分持有不同的观点，但是维利对蒙田思想阶段的划分给了我们很多启示。这三阶段具体是：

第一阶段，时间跨度是 1572 年到 1574 年，蒙田在信仰斯多葛派时期，写了 45 篇随笔。从他于 1563 年给挚友拉博埃西写的信中可以看出他的思想倾向，他在书中赞美挚友直面死亡的勇气时说，"无所畏惧的勇气"。还有第一点可以证明，蒙田觉得善与恶取决于人们对待它的态度，这与斯多葛派主张的观点是相符的。蒙田早期的随笔集的篇幅都很短小精悍，可见他喜欢道德箴言。

第二阶段，时间跨度为 1575 年到 1580 年，这是蒙田处于怀疑主义思想的时期。他写了 49 篇随笔，其中一部分录入《随笔集》第一卷，其中有 37 篇录入《随笔集》第二卷，这是由于两卷是同时出版的。蒙田的怀疑主义思想产生在 1575 年，因为在这时候，蒙田在写《雷德·塞邦赞》。当一个人对已有的观念产生动摇时，在心理和思想上都会有大的波动。在这一时期，蒙田把"我知道什么"这句话刻在了胸章的上面。所以有的学者将之称为"思想危机"。

第三阶段，时间跨度为 1580 年到 1588 年，是蒙田思想的成熟阶段，体现了伊壁鸠鲁学派的思想。他让人们要珍惜自己的生命，热爱自己的生活。这段时间蒙田写了《随笔集》的第三卷。这本散文集和其他的散文是有区别的，与他在 1570 年及在此之前的两三年里所写的散文不同。就如维利发现的那样，第三卷中的每篇散文的篇幅都很长，平均来看，第三卷的每篇散文的长度，都是第一卷中的每篇散文长度的六倍。后来蒙田写的散文论证材料也发生了变化，不再是依靠引语来论证，而是运用自传性的材料来论证，这一点能看出蒙田从知识的权威中脱离了出来，在他谈论儿童教育的时候曾经要求人们摆脱这种束缚，看来他做到了。他后来写的散文对斯多葛派的批评的言辞更多，用词也更大胆。他的一些态度也越来越明确，比如对酷刑拷打的反对态度。他的观点也和同时代的人的区别越来越明显。他可以很好地驾驭这种散文形式，来为自己所要表达的主题服务，他有了自己独特的文学体裁。总的来说，我们从蒙田的《随笔集》第三卷中得到的印象是：蒙田不仅找到了自己要表达的观点，而且熟练地掌握了表达的艺术。蒙田通过《随笔集》的记录寻找到内心的自己，他拥有了内心要坚持的东西。蒙田思想变化的三个阶段与蒙田《随笔集》的写作年代相符合。蒙田没有一套完整的思想理论体系，因此，他的思想有时前后不一致，他有时会放弃一些原来坚持的观念[①]，但并没有完全将之抛弃。正是由于蒙田思想的多方面性，读者才会有不同的体会。蒙田思想的历程如果说是一种"演变"，还不如说成是一种"发展"。蒙田在一些思想上的认识有一个变化发展的过程，比如，他曾经一度和上流阶层的人们一样看不起普通老百姓，他后来渐渐认识到普通老百姓也是有优点

---

① （英）彼得·博克著. 蒙田. 孙乃修译. 北京：工人出版社，1986.

的，他所赞扬的巴西野蛮人的优点，都是在他看来老百姓身上所具有的优点。他曾经一度把群体的价值看得高于个人的价值，从一开始的赞美亚历山大转为赞美苏格拉底。他曾经一度像斯多葛派学者那样相信哲学能告诉我们如何死得其所，后来他总结出来哲学告诉我们应该怎样去享受生活。在他年过半百时，他开始肯定自我，他说："陶然于自己的天性之中，乃是一桩绝对完美、实在神奇的事。"蒙田已经有了宠辱不惊，看庭前花开花落，去留无意，望天上云卷云舒的悠然自得的心境。

如果我们知道蒙田在 1572 年之前的信仰，就可以看到他的一个重要的转变。他曾经说过："自主地做出个人的选择，而且不理睬教会的某些观点，因为这些观点似乎有点错误或者古怪。"他还说道："如果我听到有人谈论鬼、预言、灵异或法术，我就会同情这些被这类蠢话迷住心窍的可怜人。"怀疑主义者从来不会下断言，会给出模棱两可的说法，可能相信巫师，也可能不相信巫师，占同样的比重。用现代的语言来说，就是他相信自己位于理性主义的上面。

蒙田曾经这样批评那些写传记的作家，觉得他们笔下的人物都差不多，没有鲜明的个性，都像是流水线生产出来的产品，有着固定的形象来"安排和解释某个人物的全部行动"。这样一来，人们就难以真正了解到真正的人物。如果人们这样来研究蒙田，就会产生很大的偏差。他的思想没有系统的阐释，他对世间的事物有着敏锐的洞察力，书中有的地方的见解有时会不一致。但是，从他的整个思想发展的历程来看，就不难看出，他对早期的一些观念有着深入的理解，后来在此基础上形成了以后的观点。

16 世纪后半叶的法国，和蒙田同时代的人也看出了蒙田的思想的变化，而且对这些变化也很理解。人们对蒙田推崇备至，他的《随笔集》深受人们的喜爱。短短八年（1580 年～1588 年）时间里，蒙田的《随笔集》就印刷发行了四版。从总体上来看，早期的蒙田最受人们推崇，因为那时的蒙田有着斯多葛的味道，和当时人们追求的思想很相近。那个时代的读者，读蒙田的著作是想从中找到解决自身问题的答案。蒙田的一位名叫德莱蒙的朋友，1594 年这样写道，蒙田"很勇敢，相信斯多葛哲学"。同时代的爱斯披里把他称作"一位心灵伟大的斯多葛学者"。蒙田的另一位朋友把他的《随笔集》称为一个"生长美妙、难忘的格言的苗床"，但他不太喜欢蒙田写的第三卷《随笔集》，在他看来蒙田是位有胆有识的人，机智，妙语连珠，喜欢自嘲和嘲讽他人。有些读者对蒙田存在着误解，有的想从蒙田的《随笔集》中寻找斯多葛学派的影子，有的读者把蒙田的《随笔集》作为至理名言，认为是知识的宝藏。蒙田的《随笔集》是他个人独有经历和独特思想个性的体现。他在自己的作品中详细描述了自己的长相和所有的兴趣爱好，表达了内心的真情实感。有些读者会感觉那都是蒙田内心的独白，和自己没有任何关系，而且文章结构不清晰，在他们看来这是蒙田的失误，但是，正由于这样，才使得人们看到了一个真实的蒙田，一个毫不矫揉造作的蒙田。

在 17 世纪前 60 年里，蒙田的读者群一直在扩大。蒙田《随笔集》的受欢迎程度，可以从复印次数看出来，《随笔集》每两年印一次，1608 年至少印刷了 5 次，1617 年印刷 6 次，1627 年印刷 5 次，1636 年印刷 9 次。法国的著名人物，如贝雷第区的主教让-皮埃尔·卡缪、教士兼哲学家皮埃尔·伽桑秋、勒·瓦耶、贝尔戈拉客等，这些人都对蒙田推崇备至，其中一个原因是蒙田的反对权威的思想，使他们产生了共鸣。贝雷第区的主教让-皮埃尔·卡缪也反对宗教改革，对信仰主义颇为喜爱，他写的散文

《杂谈》从蒙田的《随笔集》中受益，他把蒙田的散文称为"绅士的祷告书"。哲学家皮埃尔·伽桑秋，非常推崇蒙田和沙朗，认为自己是塞克斯特的信徒。贝尔戈拉客著有《月球游记》，也很喜欢蒙田的著作。勒·瓦耶、贝尔戈拉客两人还非常喜欢蒙田的文化相对主义的观点。诺德喜欢蒙田的文风和他的智慧的语言，批评那些轻信巫师的人，其实他更喜欢沙朗的有条理的娓娓道来。由于诺德是个理性主义者，又是亚里士多德派的学者，因此难以接受蒙田的全部观点，他的信条是"以理性来衡量一切"。这些人把蒙田观点和自己的观点融合起来，蒙田的观点难免会发生变化。还有一群法国贵族阶层的人崇拜蒙田，因为蒙田在书中说无论在客厅还是书斋，有教养的人都会觉得非常自在。在他们看来，蒙田是一位接受良好的人文主义教育、谦虚不自夸有礼貌的人，一位温文尔雅、和蔼可亲、头脑清醒、富有智慧的人。但是，在 17 世纪前半叶的法国，他也受到了宗教信徒的攻击，说蒙田是"无神论者"。

在 17 世纪后半叶的法国，出现了反对蒙田的思潮，笛卡尔就是一个代表。其实，蒙田和笛卡尔在怀疑论上的观点是有相似之处的，但是，笛卡尔在最初的时候怀疑一切，后来就和蒙田分道扬镳了。在笛卡尔眼中，宇宙是运行的巨大的机器，他将动物看成像钟表那样机械、死板、无生气。而在蒙田的眼中，动物和人一样是有灵性的。笛卡尔把整个世界都看成是机械的结构，认为蒙田早已跟不上时代的步伐。那时，帕斯卡尔也在批判蒙田。他在自己的《思想录》中说，批判蒙田"对死亡所持的异教徒态度"，说蒙田的自我描述是"愚蠢的计划"。帕斯卡尔在仔细研究蒙田的著作后，引用了蒙田的一些观点，但是，他将这些观点纳入到自己原有的思想体系中，一种和蒙田完全不同的道德和神学体系。有的神学家批判蒙田是由于他的"无神论",鲍雪大主教曾公开批判蒙田。笛卡尔派的哲学家兼天主教神学家梅尔布朗什从哲学和神学两个方面批评蒙田。蒙田的书在 1676 年也被罗马教廷列为禁书。西班牙人对异端思想的反应更为快速,在 1649 年就早已禁止蒙田的书在西班牙出版。有的学者认为,反蒙田的思潮与天主教会对蒙田著作的态度有着密切的联系。在 1580 年到 1590 年间,天主教会的主要威胁是新教,由于蒙田不是新教教徒,蒙田那时的怀疑主义思想,可以成为天主教反对新教的一种有力的思想武器,可以用来动摇新教徒独立做判断的信心。然而 17 世纪后半叶的法国,天主教和新教的矛盾有所缓和,而怀疑论的一些观点,如:"放浪的自由思想者",成为天主教的主要威胁,这思想导致天主教难以控制自己的教徒。因此蒙田与天主教提倡的主流思想相背离,所以成了批判的目标。

蒙田被批判的美学方面的原因为:17 世纪的法国还盛行古典主义文学,古典主义文学创作有自己的创作法则,文学艺术家必须遵守。例如,大家都熟悉的戏剧"三一律",文学艺术创作的形式要严谨。而蒙田的随笔和当时要求的法则相悖,不符合主流的审美特征。作家盖·德·巴尔扎克批判蒙田作品的论证和题目不相符。作家查理·索列尔批评蒙田的随笔"缺乏条理和连贯性"。帕斯卡尔批评蒙田的随笔"混乱",不知所云。这些从宗教和审美角度的批评在当时很有影响力,所以蒙田的《随笔集》的法语版在 1669 年到 1724 年期间没有印刷出版。

蒙田的《随笔集》在 17 世纪就已经走出国门,走向了世界。1603 年,弗洛里奥把蒙田的《随笔集》翻译成英语,由于是用意译的方式翻译的,不是十分准确,但非常优美。莎士比亚就曾经读过这一译本的书,在他的《暴风雨》中就曾经引用过蒙田的语句，受到了蒙田随笔中的《话说食人部落》的影响。虽然培根的《随笔集》的文风结构和蒙田的截然不同，但思想内容受到了蒙田的启发。1685 年，查理·科顿翻译的蒙田的《随笔集》英语版和读者见了面。这个新的译本比弗洛里奥的译本更准确，受到英国读者的广泛欢迎。

18 世纪，蒙田的《随笔集》被人们重新发现，重新翻译。1724 年，蒙田的法语版《随笔集》在英国得以出版。这是蒙田的《随笔集》在销声匿迹了五十多年之后，又重新出版，这位出版人曾经翻译过洛克[①]的著作，在他看来，蒙田在儿童教育方面是洛克的先驱。蒙田的自由的文体形式重新兴起，是对 18 世纪路易十四时代价值观的反叛。法国的启蒙运动对蒙田给予了高度评价，把蒙田看成是自由派思想的宗祖。伏尔泰把蒙田看成是自己的战友，是由于他极力反对西方人的种族优越感。伏尔泰曾经把蒙田和孟德斯鸠相提并论，而孟德斯鸠是一位有自己理论体系的作家。伏尔泰不赞同帕斯卡尔对蒙田的批判，伏尔泰认为，"蒙田像他所做的那样朴实地描绘自己，这是多么可爱的设想！因为他描绘的是人性……"孟德斯鸠对蒙田的评价是，蒙田是四大文豪之一，"这四大文豪分别是：柏拉图、马勒伯朗士、沙夫茨伯里和蒙田！"卢梭由于人生经历坎坷，颠沛流离，晚年体弱多病，和蒙田的处境不同，所以对蒙田的态度有所保留。狄德罗欣赏蒙田的文风，喜欢他那松散的结构，条理的不明晰，在他看来这样才自然而然，没有矫揉造作的痕迹。狄德罗把蒙田和 18 世纪的哲学家爱尔维修放在一起。总而言之，蒙田在 18 世纪被看成是哲学家。1789 年之后，蒙田又变为了一个革命家。在圣·埃泰纳

---

① 洛克（1632～1704），英国著名哲学家。

看来，蒙田怀疑一切，培根踏实能干。"他们为法国大革命开辟了道路。"① 由此看来，18 世纪的法国对蒙田的评价好评居多，但对他的理解不够全面。

18 世纪中叶，1753 年到 1754 年，三卷蒙田《随笔集》被译成德文。德国著名文学家歌德和席勒都曾经读过蒙田的《随笔集》。德国著名作家赫尔德②觉得，蒙田代表着对民歌的陶醉和对自然的回归。③

19 世纪，一些原来的对蒙田的批评依然存在，但是读者对蒙田的了解越来越多，也越来越欣赏蒙田，在人们眼中，蒙田是一位杰出的思想家，更是一位久别重逢的老朋友。福楼拜④将蒙田的《随笔集》作为枕上书，把蒙田看成"另一个我"。福楼拜说，"你问我读什么书好，读蒙田吧……他能使你平静，你会喜欢他的，你会发现我说得没错儿。"18 世纪杰出的散文学家夏多布里昂⑤对待蒙田的态度和其他人不一样，他对蒙田的态度有了大的改变。开始他反对蒙田，觉得蒙田和拉伯雷一样，都是斯宾诺莎⑥的先驱之一。后来又承认蒙田，对蒙田写的《雷蒙·塞邦赞》表示感谢。最后他在《墓畔回忆录》里把自己的生活经历和蒙田的做了一个比较，他羡慕蒙田宁静如水的心境："亲爱的米歇尔（蒙田），你谈了许多令人神往的事，但是，你看，在我们这个年

---

① （英）彼得·博克著. 蒙田. 孙乃修译. 北京：工人出版社，1986.

② 赫尔德（1744～1803），德国 18 世纪著名学者、作家、文艺理论家，著有《民歌集》。

③ （英）彼得·博克著. 蒙田. 孙乃修译. 北京：工人出版社，1986.

④ 福楼拜（1821～1880），19 世纪法国著名作家，代表作《包法利夫人》。

⑤ 夏多布里昂（1768～1848），法国 18 世纪杰出的散文家，代表作有《论古今革命》、《墓畔回忆录》等。

⑥ 斯宾诺莎（1632～1677），荷兰哲学家，唯理性主义者，著有《神学政治论》、《伦理学》等。

纪，爱情给我们的回报并不如你所设想的……"法国著名文学评论家圣伯夫①把蒙田看成是一位古典主义者。圣伯夫说，"蒙田最与众不同并使他成为旷世奇才的地方，是他在那样一个时代，始终是节制、谨慎和折中的化身。"圣伯夫称赞蒙田："蒙田的《随笔集》是《随笔集》的教科节。"英国著名文学评论家和散文家威廉·赫兹立特称蒙田为"第一位敢于抒发自己内心感受的作家"。②德国著名哲学家尼采称赞蒙田的文化相对主义思想和蒙田的"勇敢快活的怀疑主义。"③除此之外，还有英国的著名诗人拜伦、英国著名短片小说家萨克雷④和史蒂文森⑤、英国著名学者赫胥黎⑥以及美国思想家、散文家爱默生⑦。

20 世纪，蒙田被认为是撰写随笔的巨匠。英国著名女作家伍尔夫⑧、英国诗人兼文学评论家艾略特⑨、法国作家纪德⑩，都被蒙田的作品迷住了。人们接受了蒙田还对蒙田有了新的认识，在自己心中重塑蒙田的形象。一位研究蒙田的名叫萨依斯的学者说，蒙田到了威尼斯发现这座城市没有心中想象得那么美好，不免有些失落。这种感觉和普鲁斯特小说的主人公马塞尔在巴尔贝城的失落情绪是一样的。有人指出，蒙田是弗洛伊德的先驱。有的人认为，蒙田的有些思想和中国的道家思想不谋而合，比如：

---

① 圣伯夫（1804～1869），法国 19 世纪著名文学评论家、作家。
② （英）彼得·博克著. 蒙田. 孙乃修译. 北京：工人出版社，1986.
③ （英）彼得·博克著. 蒙田. 孙乃修译. 北京：工人出版社，1986.
④ 萨克雷（1811～1863），19 世纪英国著名小说家，代表作《名利场》。
⑤ 史蒂文森（1850～1894），19 世纪英国作家，代表作有《金银岛》。
⑥ 赫胥黎（1825～1895），19 世纪英国著名学者，著有《进化论与伦理学》。
⑦ 爱默生（1803～1882），美国思想家、散文家、诗人。
⑧ 伍尔夫（1882～1941），英国 20 世纪女作家，代表作有小说《黛洛维夫人》等。
⑨ T. S. 艾略特（1888～1965），英国诗人，成名作为《荒原》。
⑩ 纪德（1869～1951），法国著名作家，1947 年诺贝尔文学奖获得者。

他的文化相对论思想、崇尚自然思想以及乐知天命看待死亡的态度。在早年，蒙田赞美犬儒学派的简单朴素的生活方式，有的人认为他曾经羡慕第欧根尼和中国道家传说人物许由。不同时代的人对于古典作品有不同的解释。

20世纪初，阿曼戈博士创建了蒙田学会，如今，这个学会已经遍布世界各个地方，从巴西、加拿大到印度、日本。蒙田的《随笔集》不仅为欧洲熟知，还流传到美洲、亚洲。第二次世界大战结束以后，日本出版了蒙田《随笔集》的日译本一万册，一年之内就销售一空。由此看来，蒙田的《随笔集》不是少数人喜爱的作品，而是人们手中的普遍的读物。

《随笔集》在中国也产生了广泛的影响。梁宗岱把蒙田的《随笔集》引入国门，介绍和翻译给中国的读者，让我们有机会认识了蒙田。

蒙田生平年表

1402 年

蒙田的曾祖父出生在法国梅多克地区的布朗克福市镇。蒙田的祖先们在拉卢塞耶小镇的海港区经营海运货栈生意长达数十年，主要靠向英国出口熏鱼、葡萄酒等杂货发家致富，成为远近闻名的富商家族。

1477 年

10 月 10 日，蒙田的曾祖父拉蒙·埃康花了九百法郎从波尔多大主教的手中买下了一座古堡。这座古堡位于法国西南部的佩里戈尔地区，在波尔多以东三十英里叫作波尔内的小村庄，距离卡斯蒂翁市镇还有四公里，是法国行政区加斯科涅郡。

1528 年

1 月 15 日，蒙田的父亲皮埃尔·埃康和母亲托瓦内特·德·洛佩结婚。

1533 年

米歇尔·德·蒙田在蒙田古堡出生，他是父母的第三个孩子，也是唯一存活下来的孩子，他的两个姐姐在出生后不久就夭折了。蒙田的父亲是天主教徒，而母亲是胡格诺教徒。蒙田在出生后不久便被送到邻村抚养。

1535 年

三岁的蒙田被接回到蒙田古堡生活，后来，父亲为他请来一位不懂法语的拉丁语老师。

1536 年

蒙田的父亲被任命为波尔多市的副市长。波尔多市是法国西南部阿基坦地区的港口城市，距离蒙田城堡三十英里。

1539 年

六岁的蒙田进入波尔多的吉耶讷学堂读书。吉耶讷学堂是当时法国最好的学堂中的一所。在教过蒙田的老师中有人文主义者布坎南和创作拉丁语戏剧的穆瑞。

1546 年

十三岁的蒙田离开吉耶讷学堂。

1549 年

蒙田来到图卢兹和巴黎的一所大学学习法律，曾经一度在法兰西学院听课。

1554 年

8 月 1 日，蒙田的父亲被正式任命为波尔多市的市长，一直任职到 1556 年。同年，蒙田被任命为佩里格间接税务局的税务法庭的推事。

1557 年

佩里格税务法庭并入波尔多最高法院。蒙田任命为最高法院推事。这所法院是构成法国最高法院即法国最高司法机构八个地区法院中的一个。

1558 年

蒙田认识他的挚友——人文主义学者拉博埃西，他比蒙田大三岁，在萨尔腊出生，距离蒙田古堡约一百公里。在那时两个人都是波尔多市的议员。拉博埃西是一位优秀的人文主义学者，以抨击苛政闻名，蒙田对他非常崇敬。

1559 年

蒙田跟随法国国王弗朗索瓦二世巡视巴黎。

1561 年

蒙田被波尔多最高法院派去巴黎解决吉耶讷地区的宗教纷争，共计一年半的时间。

1562 年

蒙田于巴黎最高法院宣誓要效忠天主教。同年，蒙田在塞纳河畔的鲁昂看望探险家德维莱加格农，并把三个印第安人带回法国。这次会谈对于蒙田形成文化相对论有重要影响。

1563 年

8 月，蒙田的挚友拉博埃西感染鼠疫，蒙田一直陪同他直到其离世。

1565 年

7 月，蒙田和波尔多一名议员的女儿弗朗索瓦·德·拉夏塞涅（生于 1544 年）结婚。

1568 年

蒙田的父亲去世，长子蒙田继承父亲的爵位和财产。

1569 年

蒙田在巴黎出版第一部译作《自然神学》。这本书由 15 世纪西班牙卡塔卢尼亚的医生、哲学家、神学家雷蒙·塞邦在 1487 年用拉丁语撰写，蒙田依从父亲的命令把这本书翻译成法语。

11月14日，波尔多最高法院否决了将蒙田从预审法庭——为初审诉讼进行书面审理的法庭晋升为大法庭推事的提案。这件事使蒙田可以有借口辞官隐退。

1570 年

蒙田辞去波尔多市最高法院的职务。

1571 年

三十八岁的蒙田隐居到自己的古堡之中，开始着手撰写自己的随笔。

同年，蒙田唯一的女儿莱奥诺出生。

同年，蒙田专程去了巴黎，为拉博埃西出版遗作《色诺芬家政术，普鲁塔克致妻子慰问书》。

1572 年

蒙田为挚友拉博埃西出版了《拉博埃西遗作法文诗》。

同年，法国胡格诺内战处于激战时期，法国国王查理九世的三支军队向新教徒进军。蒙田曾经和吉耶讷地区的天主教绅士们加入到其中的一支军队。

1574 年

蒙田作为圣米歇尔骑士团的骑士参加国王查理九世的葬礼。

1577 年

蒙田被瓦尔国王亨利·波旁封为侍臣。

1578 年

蒙田患肾结石，此病伴随其后半生。

1580 年

蒙田第一卷和第二卷的《随笔集》在波尔多由西蒙·米朗日出版商出版。

6月22日，蒙田离开自己的古堡，外出旅行。蒙田一队人先来到巴黎，蒙田把自己的《随笔集》赠送给国王亨利三世，好评如潮。随后，途经瑞士、德国、奥地利到达意大利。这次旅行的一个重要目的是去沿途经过的温泉浴场治疗肾结石。

9月5日，蒙田开始着手写《旅行日记》。

11月15日，到达罗马。蒙田在罗马拜见教皇，将《随笔集》交给教廷圣职部审核，并取得了认可。

1581 年

3月13日，蒙田接受《罗马市民身份证书》，被授予"罗马市民"的称号，这是蒙田通过自己的努力得到的。蒙田在《旅行日记》中提到，他得到教皇的膳食总管菲利波·穆索蒂的帮助，教皇的权威帮助他实现了自己的心愿。

8月1日，蒙田被选为波尔多市的市长，任期一直到1583年。

10月15日，蒙田离开罗马返回国内。

11月30日，蒙田回到了蒙田古堡家中。

1582 年

蒙田第一卷和第二卷《随笔集》的第二版出版。

1583 年

7月，蒙田第一次出任波尔多市长的任期结束，再次被选为市长，任期一直到1585年。

1584 年

12月18日至19日，那瓦尔国王亨利·波旁到蒙田古堡作客。请蒙田帮着在亨利·波旁和亨利三世间进行调解。

1585 年

蒙田第二次任波尔多市的市长的任期结束。

同年，波尔多地区爆发鼠疫，蒙田带着全家人离开古堡逃难，正是由于这个原因，蒙田没能回到波尔多主持他的卸任和新市长的交接仪式。

12 月，蒙田经过六个月颠沛流离的生活后又回到了蒙田古堡。

1586 年

蒙田开始写第三卷《随笔集》。

1587 年

10 月 26 日，瓦尔国王亨利·波旁再次拜访蒙田，请蒙田在亨利·波旁和亨利三世间再次进行调解。

同年，蒙田的《随笔集》第一卷、第二卷和第三卷在巴黎出版。

1588 年

5 月 12 日，蒙田为了促成亨利·波旁和亨利三世之间的和解来到了巴黎。当天，蒙田被反对和平谈判的天主教神圣同盟的武装人员逮捕，并被囚禁在巴士底狱，一天之后作为人质交换被释放。

蒙田离开了巴黎之后，首先来到皮卡迪，会见他的崇拜者古尔内小姐，古尔内小姐成为蒙田的"义女"。

10 月，蒙田列席了由亨利三世主持的布鲁瓦三级会议，这次会议是在吉斯公爵的要求下举行的，会上满足了天主教神圣同盟的所有要求。

同年，蒙田的《随笔集》第四版（包括第一卷、第二卷、第三卷）在巴黎出版。这是蒙田生前的最后一版。

1589 年

8 月，亨利三世遇刺身亡。亨利·波旁继承了法兰西王国的王位，史称亨利四世，从此开始了波旁王朝在法国的统治。

1590 年

蒙田给亨利四世回信，婉拒亨利四世的赏赐和继续为朝廷效力的机会。

1592 年

9 月 13 日，蒙田因扁桃体严重发炎，在蒙田古堡家中的居室听弥撒时去世。

1593 年

蒙田的遗体被安葬于波尔多的斐扬派修道院。

1595 年

蒙田的"义女"古尔内小姐将蒙田留下来的《随笔集》出版，世称"古尔内版"。此后两百多年的时间里，此书成为蒙田《随笔集》再版的蓝本。1803 年，人们在波尔多市立图书馆发现蒙田生前仔细修订过的《随笔集》修改本原件，世称"波尔多版"，这本书从 19 世纪开始被看作蒙田《随笔集》的最为精确的版本。

1770 年

蒙田在 1580~1581 年的国外旅行的日记手稿被普鲁尼神父发现。

1774 年

蒙田的《旅行日记》在巴黎由出版商默尼埃·德·凯隆出版，题名为《旅行手记》，但一般仍习惯称《旅行日记》。